U1015706

戴逸学术年谱

李惠 袁卫 编著

中国人民大学出版社
·北京·

今得返国，幸未失参加抗战机会，当尽匹夫之责。
苟有工作，无论前方后方，不拘报酬有无，生皆愿往。
——戴世光，1938 年

我感觉这是一场战斗，在认识上是比较有把握的。

——戴世光，1979 年

序

Preface

戴世光先生是我国著名的经济统计学家、人口统计学家，1981 年国务院学位委员会评定的首位经济统计学博士生导师，也是我熟悉和敬重的一位学术前辈。我受教育是在北京大学，然而戴先生实实在在是我的老师。20 世纪 80 年代初，我在北京大学经济学系读研究生，正是戴先生发表《积极发展科学的统计学，为我国早日实现四个现代化服务》，以一己之力为统计学正名的时候。那学期的数理统计课，本来应当由北大经济学系胡代光先生讲，后因胡先生时任系副主任公务繁忙安排不下，系主任陈岱孙先生便安排我们跟着戴先生读，说他那儿有个统计研究室，开了好几门新课。那个时候我们国家还没有合适的统计学教材，戴先生用的是他刚组织翻译的美国罗伯特·D. 梅森编的教材《工商业和经济学中应用的统计方法》。课程密度大，一周三次，6 个课时，习题也多，我们差不多隔一天就要骑车往人大跑，当时年轻，也不觉得辛苦，还挺有意思的。这门课的训练，使我建立起了模型的概念，懂得运用模型、函数以及相关分析、计量分析等数理工具去研究问题，对我后来做经济学研究帮助很大，由此我充分体会到了戴先生在课堂上一再强调的统计学就是方法论科学的真谛。

戴世光先生生于1908年，1927—1935年在清华大学经济学系读本科和研究生，师从陈岱孙、陈达、赵人儁等一批学术大家；1938年留学回国，追随清华大学到昆明西南联合大学，在清华大学国情普查研究所和陈岱孙先生领导的经济学系开始了毕其一生的统计事业；1946年清华复校回到北平，经过1949年中华人民共和国成立、1952年院系调整，直到1953年执教于中国人民大学，戴先生始终和陈先生共事，此后也多有来往，亦师亦友。两位先生的年龄只相差八岁，但是戴先生谦恭有礼，颇有古风，晚年还坚称自己是陈先生年龄最大的学生。受教于陈先生身边那些年，我有幸看到他们君子之交，淡然隽永，听他们回忆种种过往，初心不改，两位先生望之俨然，即之也温，通达睿智，言传身教，令我受惠至今。

我对戴世光先生怀有深深的敬仰之情。戴先生虽一介书生，却绝不文弱，在我眼里，他是个具有非凡勇气的人。1943年至抗战胜利，戴先生在教学的同时，毅然承担了昆明译员训练班的组织管理工作。他把原本计划用于考察、著述的时间和精力，投入为援华美军培养翻译人才、为坚持抗战输送力量的正义事业中，在民族大义面前，表现出了一个知识分子的家国情怀和责任担当。这段经历，在是非颠倒的特殊时期，让他蒙受过责难和屈辱，他却始终以“我为抗战做了工作”而无怨无悔。戴先生的勇气还表现在理论探索上。他在改革开放之初发表了《积极发展科学的统计学，为我国早日实现四个现代化服务》和《实践是检验统计科学的唯一标准》两篇论文，明确主张国际学术界只有一门统计学，即数理统计学，撼动了自20世纪50年代以来长期影响我国的苏联两门统计学的理论基础，在统计学界引发了长达十余年的大讨论，推动了我国统计教育改革，为今天“大统计”格局的开创做了最早最明确的指引。戴先生解放思想，拨乱反正，为统计学正名，其中深厚的学术积累、开阔的学术视野、独立思考的探索精神、坚持真理的学术胆识，何尝不需要巨大的勇气？

中国人民大学出版社曾于2008年出版《戴世光文集》，收录了戴先生在社会调查与人口研究、统计学基本问题研究、经济统计研究三个领域的若干代表性论文和论著节选，突出展现了戴先生的学术思想和学术成就。相较之下，全面系统地反映戴先生生平事迹、求学轨迹、治学过程及至为人和学养的著述暂付阙如，而随着时间流逝，早年散见于报端的政论文章、各种用途的教案和笔记等大有散佚湮没之虞，同时代亲历者渐次远去，其人其事更加飘忽难寻，不能不说是个缺憾。所幸中国人民大学统计学院袁卫教授和校档案馆李惠副研究员倾两年之力，完成了《戴世光学术年谱》，填补了戴先生学术思想研究的一大空白，为我国统计教育史、统计学科史研究贡献了一部佳作。本书按时间顺序分为五部分，完整而细腻地还原了戴先生91年的生命历程和学术思想涵养确立的过程，近现代高等教育史上的诸多关键时刻、意义深远的重大事件、志同道合的学术知己自然呈现，成为进一步了解、印证其思想观点的必要注释。本书编撰兼顾传记性和学术性，以戴先生本人的自传材料（部分未刊印）、言论著述、中国人民大学和清华大学留存的大量原始档案为主要依据，许多珍贵文献材料为首次披露。作者充分借鉴、吸收了国内外各种研究成果，包括校史校志校报，统计专业研究成果，已经出版的同时代学者的日记、传记、年谱和回忆录，访谈了戴先生生前的同事、朋友、学生，特别是戴先生的子女，他们给予作者充分的信任，提供了许多生动素材和家庭照片，这些都大大丰富了本书的内容，使之立体丰满而又亲切。

两位作者，一位是统计学知名教授，一位是档案和校史研究人员，他们的合作，令《戴世光学术年谱》尤其值得期待。在本书即将付梓之际，作者邀我写序，我欣然接受，既因我一向倡导的学术史研究又添新作而欣喜，也勾起了我对前辈先贤的怀念之情，写下来，是为序。

刘伟

2021年3月

目 录

Contents

卷一　1908—1935 年，出生～ 27 岁　001

卷二　1935—1938 年，27 ～ 30 岁　027

卷三　1938—1948 年，30 ～ 40 岁　053

卷四　1949—1977 年，41 ～ 69 岁　143

卷五　1978—1999 年，70 ～ 91 岁　203

附录一　统计科学研究 60 年 / 戴世光　301

附录二　戴世光学术成果目录　306

后记　312

卷一

1908—1935 年，出生～27 岁

1908年（清光绪三十四年），先生出生

先生清光绪三十四年旧历十一月初八出生于天津，时为公历1908年12月1日，年少时又名戴伟、戴世佻。

先生原籍湖北省江夏县纸坊镇，汉族。江夏（今武汉市江夏区）东接武昌，西界汉阳，南邻咸宁嘉鱼，北连黄冈，水路所至，犬牙交错。县治所在的纸坊镇历史久远，在唐代即因以造纸作坊著称乡里而得名。《江夏县志》载，江汉灵秀所钟，江夏尤为首善，生斯土者，追慕前哲，不胜高山仰止之思焉。先生祖父戴鸿钧，本在江夏置有田产，1895年左右在直隶总督府谋得文书职，做幕僚，遂举家迁入天津，1905年去世。祖母刘氏，1931年去世。

先生父亲戴沂（1880—1945），字伯詠（一作伯谧），母亲詹氏。戴沂早年就读于北洋大学堂，1904年通过了北洋天津银号资助的商人子弟出洋习商考试，留学日本，研习造纸工业，并赴美短期实习。北洋天津银号，天津当地习称官银号，1902年由北洋政府财政总长周学熙受命创办，是天津最早的官办金融机构。1904年7月29日的天津《大公报》以《记考试出洋习商子弟事》为题，报道了考试情形并公布了包括戴沂在内的20名考生姓名："官银号招考商人子弟出洋习商，其牌示早登本报。兹于昨日在草厂菴工艺学堂面试，早七点钟齐集点名时，绅保铺保送考人皆到。未考以前，先合照一相。考时十分严紧，坐位各有号数，每人各相隔四尺之远，以防枪替情弊"。考试规则为："上半日试汉文，下半日试英文日文算学。能英文者试英文，能日文者试日文，各从其便。试汉文东文者，各带笔墨，试英文算学者，各带墨水、钢笔并笔头二个及铅笔小刀，此外不得夹带片纸只字。"汉文考试题目是"人生各有志愿，诸生今日之志愿安在？其抒所

见以对”。

戴沂学成回国，1913 年曾离家往汉口，在官办谌家矶造纸厂任技正（即工程师）。谌家矶造纸厂，又名建国造纸公司，是武汉地区洋务运动中兴办的一家规模较大的近代企业，抗日战争爆发后一度迁址到四川成都。戴沂因与资方在管理方式上存在矛盾，加之患病，遂于 1914 年辞职回天津，赋闲养病，实业兴国的理想就此破灭。1916 年起，经朋友介绍，戴沂在盐务稽核所谋得职位，直至退休。

盐务稽核所系北洋政府根据善后借款条约，于 1913 年设立，北京设稽核总所，各产盐区域设分所，销盐区域设稽核处，是外国列强参与和控制中国盐务的机构，主要职责是收取和保管盐税，保证偿还以盐税为担保的外债。除华总办、洋会办及副会办由财政总长任命外，其他中方职员实行考试聘用制。应试者年龄须在 20 岁以上，中等以上学校毕业或具有同等学力，分所职员由总所任命。戴沂初在总所任汉文秘书，后派至湖南、山东、辽宁等地的盐务分支机构，历任科长、主任等职，1933 年到西安，任陕西省盐务税收局局长。1937 年，盐务机构改组，盐务署取消，盐务稽核总所改为盐务总局，隶属于财政部，产盐区域共设盐务管理局 11 所，销盐区域共设盐务办事处 7 所，4 月 15 日财政部公布了各管理局局长、办事处处长人选，戴沂为陕西盐务办事处处长①。同年，戴沂退休回到北平。盐务稽核总所第一任会办丁恩根据英国文官制度精神，制定了盐务稽核所人事管理制度，其基本原则始终未变，保障了职员，特别是高级职员享有职位保障和优厚的薪金待遇。盐务稽核所人事章则规定，服务愈久，待遇愈优，退休享有养老金，养老金数额也和服务年限相关。以 1920 年为例，分所经理月薪在 750 元以上，工作满 10 年后，给予一年半的薪金作为养老金，计洋 13 500 元；工作满 25 年后，给予三年零九个月薪金作为养老金，计洋 33 750 元。养老金的数量，虽后期比早期略有减少，但戴沂退休时服务已超过 20 年，领取的养老金仍然比较丰厚。北平沦陷后，因戴沂早年负笈东渡，通晓日语，又

① 参见天津《大公报》，1937 年 4 月 16 日。

在盐务机构做过官员，自然被要求参加敌伪政府工作，戴沂态度坚决，托故不就。戴沂不惜卖掉一套住房，靠卖房所得和养老金、少许积蓄以及部分房屋出租维持生活，供养子女读书，直至“坐吃山空”。为此，先生称许父亲晚年生活艰苦，但是“有一定的爱国思想”。

先生在 1959 年追述祖母、父母对自己的影响时，写道：

> 父亲、母亲都不信宗教，只敬祖先。母亲一直是家庭妇女，管家，识字不多，未做过事。
>
> 对我影响较深的主要是父亲，其次是祖母和母亲。
>
> 我对父亲的认识是这样：他比较的正直，有民族思想，头脑不算很封建，有些资产阶级思想。但是，他家长作风很重，有些专制；好胜好强，有些个人英雄主义。
>
> 祖母和母亲虽然都是家庭妇女，但是非常好胜好强，希望家庭由困难（祖父病而死时）、小康而向上发达。我是长孙、长子，她们把希望也寄托在我身上。①

先生的祖父和父亲均重视教育，寄希望于通过教育光耀门楣。先生是家中长子，兄妹四人均大学毕业。妹妹世佺，北平女子文理学院毕业。大弟世伦，中学毕业后曾求学日本，后入大夏大学，抗日战争爆发后转入西南联合大学，毕业于该校工学院土木系。幼弟世倜，上海医学院毕业。

11 月 14 日，清光绪皇帝病逝。11 月 15 日，慈禧太后病逝。

12 月 2 日，溥仪继位，改年号为宣统。

本年，美国国会正式通过庚款办学提案，决定从 1909 年起，逐步拨款资助中国派出留美学生。8 月 15 日，清廷准学部奏，开办分科大学，计经学、法政、文学、医、格致、农、工、商 8 科，开办费 200 万两白银。

---

① 戴世光：《自传》，完稿于 1959 年 3 月 10 日，未刊，存于中国人民大学档案馆。

戴世光的父亲戴沂和母亲詹氏

1909年（清宣统元年），1岁

7月，清廷从外务部、学部奏，由外务部下拨经费，设立游美学务处，作为办理庚款留美事务的专设机构，附设肄业馆，选取学生入馆，择其学行优美、资性纯笃者，随时送往美国肄业。9月，在北京招考第一批留美学生。10月，梅贻琦、秉志等第一批50名留学生赴美留学。

幼年时的戴世光

10月，游美学务处在北京西郊清华园旧址建肄业馆，建成后（1911年）改名为清华学堂。

1910 年（清宣统二年），2 岁

1911 年（清宣统三年），3 岁

辛亥革命爆发。先生父亲戴沂虽未参加任何组织，但在思想上支持辛亥革命，积极地参加了一些活动。

1912 年（民国元年），4 岁

清华学堂更名为清华学校。

1913 年（民国二年），5 岁

戴沂在汉口官办谌家矶造纸厂任工程师。先生随父南行，以后又因父亲工作地点的变动，往来于天津、汉口、长沙、岳阳等地。他在 1955 年回忆这段迁徙不定的生活：

> 由于父亲工作地点关系，家庭曾数度由津迁鄂，返津后再迁湘，再返津后不久又迁北京。我除去在天津、在岳州读小学外，幼年的其余时间即在家中由姑母教我读书写字等。①

这里先生说的是由父母和弟妹组成的小家庭，事实上，先生的家是以祖母和父亲为核心的大家庭，除父母外，叔父和姑母也都生活在一起，先定居在天津，1923 年以后迁居北平。先生的姑母未嫁，不幸在 1917 年早逝，先生入小学前，便由这位姑母教导读书识字。在先生印象中，姑母的个性和祖母一样好胜，唯恐不如人。家中长辈均要强好胜，且对长子长孙寄予厚望，

---

① 戴世光：《自传》，完稿于 1955 年 8 月，未刊。

这对先生性格形成有很大影响，先生谈起自己读小学时，“经常考第一，考第二就伤心痛哭”①。

1914 年（民国三年），6 岁

先生随父亲从汉口迁回天津，在家中随姑母读书识字。

1915 年（民国四年），7 岁

9 月，先生入天津直指庵小学，读初小。清朝末年，清政府颁布“废庙兴学令”，即以天津为试验区，新学运动随之兴起。在严范孙②的推动下，借旧庙庵之地改建新式学堂成一时之风。官办直指庵小学因直指庵得名，位于南运河与子牙河交汇处的四马路，紧邻大悲禅院，是一所只招收男童的两等新式小学堂，办学成绩突出，和天津私立第一小学享有同样声誉，先生在读期间的校长是宋祝庭。和先生同时代的天津人士植物生理学家殷宏章（与先生同期考取第二届留美公费生）、作曲家张肖虎、诗人朱英诞都曾在直指庵小学就读，周恩来早年寄居天津伯父周贻谦家中时，也是该校学生。很多直指庵小学的毕业生进了南开中学。

1916 年（民国五年），8 岁

本年，先生继续在直指庵小学读书。

5 月，天津劝学所举办 31 所高等小学国文算术观摩会，直指庵小学获得第二名。

---

① 戴世光：《自传》，完稿于 1959 年 3 月 10 日，未刊，存于中国人民大学档案馆。

② 严范孙（1860—1929），名修，直隶天津人，中国近代著名教育家，南开系列学校创办人。

1917年（民国六年），9岁

本年，先生继续在直指蓭小学读书。

1918年（民国七年），10岁

7月，先生从直指蓭小学初小结业。

本年，盐务稽核总所在长沙设立湘岸稽核处，8月，戴沂携先生入湘就职，先在长沙，继而转赴岳州（今岳阳市）。

1919年（民国八年），11岁

9月，先生入岳州市湖滨小学读高小。

1920年（民国九年），12岁

先生继续在岳州市湖滨小学读书。

1921年（民国十年），13岁

8月，先生在岳州湖滨小学高小结业，随父迁回天津，入补习学校学习。

1922年（民国十一年），14岁

暑期，先生考取天津南开中学初中一年级。入学体验时，因先生肺有微恙，几不录取，先生入学心切，保证一定好好运动，锻炼身体，经苦苦哀求，才准予入校。南开中学坐落在天津旧城西南角，校门右侧有一口井，是

1918 年由毕业十年的第一届毕业生捐建的，井架横楣上梅贻琦的名字赫然在列。校门左侧内壁明镜高悬，供学生整理衣冠，鉴定容止。镜上端有横匾，上铸“容止格言”是严范孙的亲笔。南开对学生实行“半军事化”管理，学生统一着装，穿制服，黑鞋黑袜，男生理光头，三个星期统一理一次，作息时间也有严格规定，外出要经请假批准。除走读生外，住校生每两周方可在周六回家一次。先生虽然家就在城内，但也遵校规在校住宿。

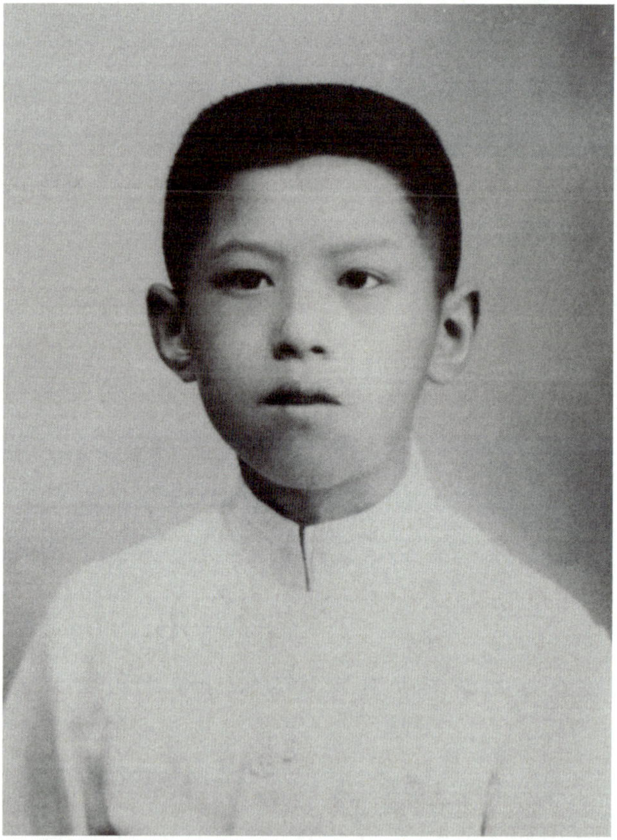

少年戴世光

9 月 4 日，南开中学举行始业式，新聘舒舍予、范文澜等 19 位教师。

10 月 17 日，梁启超到南开中学讲演《母校纪念与祖国观念》。

南开中学是天津名校，1904 年由严范孙、张伯苓共同创办，是近代中国私人办学的典范，培养了一大批杰出人才，俊采星驰。学校秉承以“公能”教育为核心的“教育救国”理念，后在1934年由张伯苓概括为“允公允能，日新月异”。“公”即培养学生爱国家、爱集体的公德心，培养公民意识；“能”表现为智能、才能、技能、体能各个方面，旨在培养学生为人类、为国家、为社会服务，为世界造福，从事各种实际工作的能力。先生入学当年，适逢南开奉行新颁的“壬戌学制”，由原来的四年制改为“三三制”（初中三年，高中三年）。“三三制”课程改革首先从一年级开始，课程分为两部分：第一部分为学科方面，有国文、英文、算学、社会常识、自然现象等，每周共约20学时，时间均排在上午。第二部分为动作方面（即实践和训练），时间均在下午，有：（1）改编的童子军训练；（2）体育；（3）图画乐歌等艺术训练；（4）金工木工等职业训练；（5）观察，包括社会观察、自然观察；（6）练习自治。

1923年（民国十二年），15岁

戴沂携家迁居北平，置房产于西黄城根15号，近西四牌楼。先生继续在南开住校，只在假期到北平与家人团聚。下图为先生1946年手绘之北平住家方位图，图中“西苑”“南苑”指北京的两个飞机场。

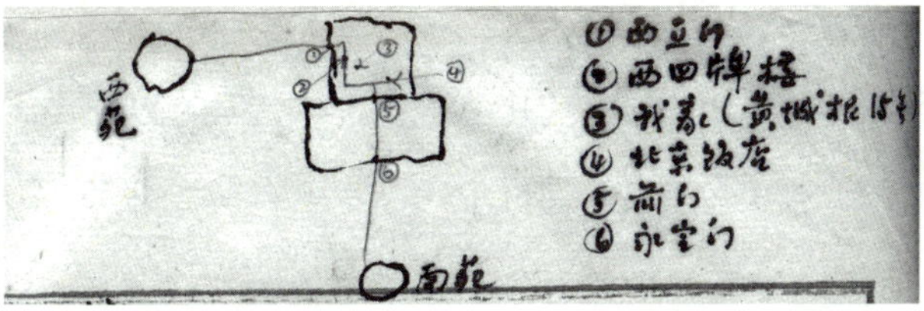

1924年（民国十三年），16岁

体育是南开中学最鲜明的办学特色之一，也是张伯苓教育思想重要的组成部分。为了普及体育，南开中学在各年级开设体育课，分为正式课军操和课外活动篮球、足球、田径等两部分，要求学生下午四点之后必须到操场上活动，人人参加体育锻炼。为了兑现入学时“好好运动”的保证，先生积极参加各种球类运动，激发了极大兴趣，特别对于篮球，可说痴迷，为他在清华期间入选校队打下了基础。先生回忆这个时期“有工夫就在球场上”，几次坦言“这时读书就差一些，不太用功，靠自己的聪明和记忆力”，“初中的三年，读书成绩中上，或上下；玩的时间用在打篮球”[①]。

本年，以南开篮球队为主力的华北代表队获得全国篮球赛冠军。

本年，南开学生宁恩承批评南开“轮回教育”，引发争论。张伯苓辞职未获批准，导致南开教育改革。宁恩承1925年翻译了威斯康星大学金氏（W.I.King）的《统计方法》（*Elements of Statistical Methods*，商务印书馆），后任东北大学校长。

1925年（民国十四年），17岁

9月，先生初中毕业，升入南开高中。南开的高中阶段实施通识教育，课程主要有三大领域，几乎涵盖了教育教学的所有科目：人文社会学科有哲学、伦理学、政治学、法学、社会学、语言、文字、文学、艺术、历史、宗教等；自然科学学科有数学、天文、物理、化学、地学、生物；商学学科有商业知识、经济学、簿记学、财务学、保险、汇兑、公司理财、商业英语、统计学等。李继侗[②]曾任过先生的化学老师。高中阶段实行分科，第一学年分文理科，第二学年分文理商三科。父亲放弃造纸专业影响了先生的选择，认为学理科用处不大，没有前途，遂在高一选择了文科。

本年，清华学校正式成立“大学部”，开始从实为留美预备学校的初级大学向完全正规的大学过渡。

① 戴世光:《自传》，完稿于1955年8月，未刊。
② 李继侗（1897—1961），江苏兴化人，植物学家、生态学家，1925年获耶鲁大学博士学位，先后在金陵大学、南开大学、清华大学、西南联合大学、北京大学、内蒙古大学任教。中国科学院学部委员。

1926 年（民国十五年），18 岁

暑期期末，先生化学考试不及格，更有升入高中后，经常和朋友出外打牌，被记过处分一次，屡犯校规，被南开中学开除。情急之下，先生转考南开大学预科，幸被录取。不敢将开除之事禀告父母，只推说是因为南开大学读书环境好些，父母远在北平，也便不再深究。先生汲取了教训，玩心有所收敛，读书比较用功，牌不敢再打，唯有篮球割舍不下，照打不误。在南开预科，结识了同学冯华德，成为球友。

1927 年（民国十六年），19 岁

8 月，先生在南开预科已经读了一年（预科一共两年），感觉学有余力，而且被南开中学开除的阴影挥之不去，于是跳一班报考清华学校本科和南开大学本科。两处全考取了，先生心仪清华，家又在北平，决定入清华：

> 我不敢叫父亲知道（被南开中学开除了），找一个借口投考大学预备班，居然又考取了南开大学预备班。在南大预备班不打牌了，玩的也少一些。念了一年，总觉着被开除，转念预备班有些差劲，不光彩；因而，在 1927 年又跳考清华、南开本科（预备班应该读两年）。结果，又考取了，我选择了清华。[①]

9 月，先生入清华学校经济学系，他在南开中学的同学严仁荫[②]考入化学系。这一年经济学系入学考试的试题覆盖了利率、关税、金本位、商业房地产价格、国际贸易和国际比较等领域，要求考生联系日常生活中所观察到

① 戴世光:《自传》，完稿于 1959 年 3 月 10 日，未刊，存于中国人民大学档案馆。
② 严仁荫（1908—1977），天津人。1931年毕业于清华大学化学系，1937年获美国威斯康星大学哲学博士学位，先后在贵阳医学院、西南联合大学、清华大学、北京大学任教。

的经济现象，根据经济学原理进行具体分析和计算，以期全面考查考生对基本概念的理解、逻辑思维能力和知识面[①]，论述题目是“试论中法两国人口繁殖之不同点及其原因”。

经济学系设立于 1926 年 4 月，是清华学校最早开设专修课程的学系之一。1916 级清华毕业生、哥伦比亚大学硕士朱彬元为首任系主任。经济学系早期确定了“造就人才，改良社会组织，发展国民经济能力”的办学目标，课程编制借鉴哈佛大学，分为经济与商业两组，分别研究社会经济和企业经济，“科目不求其多，而求其材料充实，范围广大，这一科得兼数科之用”[②]。考虑到近代经济研究注重定量方法，除经济学外，经济系将统计学、会计学也作为必修课，经济组的选修科目规定为经济学选读、经济思想史、银行货币、财政学、劳动问题、中国财政史、近代经济问题、农村经济、专题研究。

按照经济学系的课程安排，第一学年，先生学习了古今文选、英文、生物学、植物学、政治经济、经济学、体育等课程，选修日文、历史研究法等课程。

本年，与本系同学张民醒、曲秀芳同宿舍，时常一起打球。

1928 年（民国十七年），20 岁

1920 级清华毕业生、哈佛大学博士陈岱孙继任经济学系主任。陈岱孙强调“理论、事实与技术兼重”，旨在让学生打下坚实的理论基础、了解国家实际状况，同时获得在经济界服务所必备的技术训练。对于经济学概论、货币银行学、财政学等基础课程，陈岱孙要求理论及事实兼重；对于中国财政史、中国经济思想史、中国金融市场等与中国国情研究相结合的课程，要求注重理论与中国现实结合；而对于会计、统计、国际汇兑和财政学等工具应用类课程，则注重练习。经济学系每年至少聘任五名以上专任教授，他们

①② 朱彬元．各系介绍：经济学系．清华周刊，1927，27（11）．

都具有在欧美名校深造的专业背景，逐渐形成了秉持学术独立之精神、运用现代和科学的研究方法、坚持国际视野和国际学术标准、关注当时中国社会问题研究的鲜明的学术特色。

在清华的第二学年，先生学习英文、统计学、财政学、货币银行、商业组织、商业管理、经济思想史、劳动问题、人口问题等课程。经济学系将统计学视为“研究经济科学内任何部分所必需之工具，允为研究特种实际经济问题者所必不可少之工具”①，规定经济学系学生中有志“在泛涉中求专进”者，必须认真修习统计学，数学根底差的，要在数学系选修微积分。

本年，清华学校更名为国立清华大学。

本年，先生在清华结识赵夔、赵镈兄弟，1935 年同赴美国留学。

1929 年（民国十八年），21 岁

在清华的第三学年，先生学习初级会计学、欧洲经济发达史、国际贸易与关税问题、都市财政、法文、西洋近百年史、市政论等课程。

本年，清华大学法学院成立，经济学系划归法学院，陈岱孙兼任院长。

1930 年（民国十九年），22 岁

秋天，清华大学设经济研究所，“增加高深课程，鼓励独立研究，作为校内外成绩优美、富有研究兴趣之学生研读之所”②。

在清华的第四学年，先生学习财政、算学、民国财政史、法文和法律原理等课程。

---

① 陈岱孙．经济学系概况．清华周刊，1931，35（11/12）：65–68.
② 陈岱孙．经济学系概况．清华周刊，1936（向导专号）：18–19.

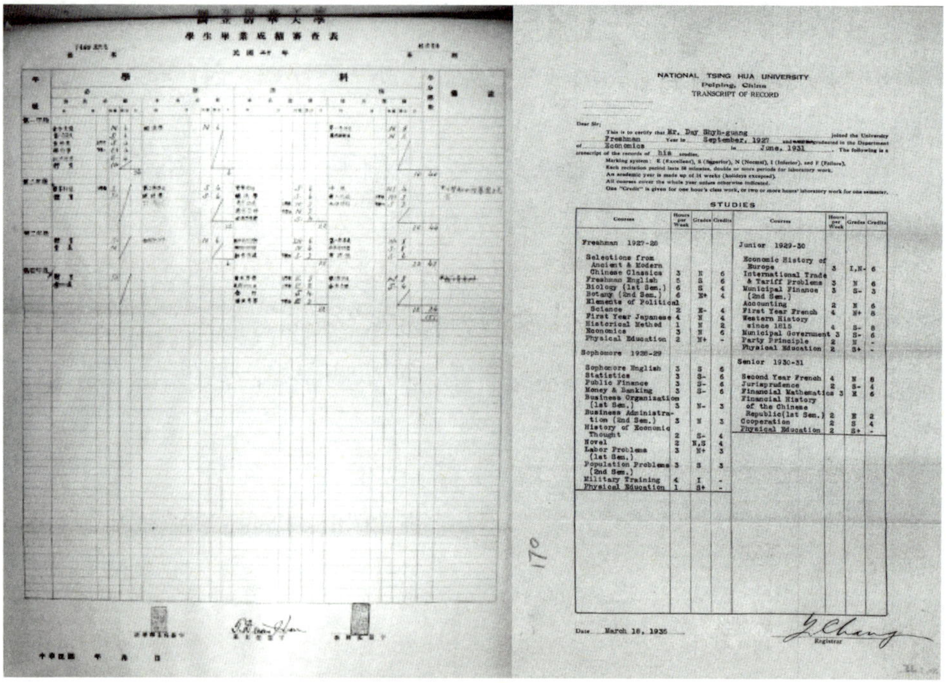

NATIONAL TSING HUA UNIVERSITY
Peiping, China
TRANSCRIPT OF RECORD

Dear Sir;

This is to certify that Mr. Day Shyh-guang joined the University Freshman Year in September, 1927 and graduated in the Department of Economics in June, 1931. The following is a transcript of the records of his studies.

Marking system: E (Excellent), S (Superior), N (Normal), I (Inferior), and F (Failure).
Each recitation period lasts 50 minutes, double or more periods for laboratory work.
An academic year is made up of 34 weeks (holidays excepted).
All courses cover the whole year unless otherwise indicated.
One "Credit" is given for one hour's class work, or two or more hours' laboratory work for one semester.

STUDIES

Courses	Hours per Week	Grades	Credits
Freshman 1927-28			
Selections from Ancient & Modern Chinese Classics	3	N	6
Freshman English	5	S	6
Biology (1st Sem.)	6	S	4
Botany (2nd Sem.)	6	N+	4
Elements of Political Science	2	E-	4
First Year Japanese	4	N	4
Historical Method	1	N	2
Economics	3	N	6
Physical Education	2	N+	-
Sophomore 1928-29			
Sophomore English	3	S	6
Statistics	3	S-	6
Public Finance	3	S-	6
Money & Banking	3	S-	6
Business Organization (1st Sem.)	3	N-	3
Business Administration (2nd Sem.)	3	N	3
History of Economic Thought	2	S-	4
Novel	2	N,S	4
Labor Problems (1st Sem.)	3	N+	3
Population Problems (2nd Sem.)	3	S	3
Military Training	4	I	-
Physical Education	1	S+	-

Courses	Hours per Week	Grades	Credits
Junior 1929-30			
Economic History of Europe	3	I,N-	6
International Trade & Tariff Problems	3	N	6
Municipal Finance (2nd Sem.)	3	S-	3
Accounting	2	N	6
First Year French	4	N+	8
Western History since 1815	4	S-	8
Municipal Government	3	S-	6
Party Principle	2	N	-
Physical Education	2	S+	-
Senior 1930-31			
Second Year French	4	N	8
Jurisprudence	2	S-	4
Financial Mathematics	3	E	6
Financial History of the Chinese Republic (1st Sem.)	2	E	2
Cooperation	2	S	4
Physical Education	2	S+	-

Date March 18, 1935

Registrar

戴世光经济学系中、英文成绩单，存于清华大学档案馆

1931年（民国二十年），23岁

夏天，先生经济学系毕业前夕，谋清华大学助教职位不成，决定升入研究院继续深造。在父亲劝说下，曾去南京参加第一届高等文官考试，父亲认为，只要“考了，就是一个好资格”①。

8月，先生入清华研究院经济研究所深造。与朱民声②同宿舍，遂成好友，与黄玉佳、张光祖等均为球友。

按清华规定，研究生选习学程，应于入研究所时，即有具体之计划。学生应首先决定其志趣之所在，及所拟研究问题性质之概略，然后与部主任

① 戴世光：《自传》，完稿于1959年3月10日，未刊，存于中国人民大学档案馆。

② 朱民声，戴世光好友，清华大学土木工程系毕业，密歇根大学工程硕士，1937年回国，1942年被聘为重庆大学教授，中华人民共和国成立后曾任职于交通银行湖南省分行，上海市力学学会理事。

磋商选课，务求两年所选习者，互相连贯，且于其拟做研究工作有最大之辅助。先生回忆选择统计作为专业的原因：

> 1931年，我毕业于清华大学经济系，获得经济学学士。随之，我按“大学四年，学习成绩平均分数在80分以上，得以升入经济研究院”的规定，进入清华大学研究院研究“社会、经济统计方法应用问题”。
>
> 至于专业选择，先选的财政，念念看觉着空；当时已经在美慕学工程的算算画画很实际，因而念了半年财政，就改搞统计，重新学起来。①

经济研究所确定赵人儁（字守愚）为先生的研究导师。赵人儁是清华学校1921级毕业生，哈佛大学硕士、博士，主攻银行、统计，1931年被清华聘为教授。先生选习的主要课程有铁路经济、土地经济、经济选读、高级统计学、经济理论、经济统计、高级算学、微积分等。

10月31日，清华篮球队与北平盐务学校篮球队举行友谊赛，清华大获全胜，先生作为中锋，表现出色，备受瞩目。天津《大公报》对比赛和先生的过人球技做了精彩报道：

> 届时银角一鸣，比赛开始，清华连络颇佳，传球敏捷，投篮又准，盐务身体巧小，又因连络欠佳，终于失败。双方接触以来，激战甚烈，正杀的难解难分时，忽听混战中呐喊一声，闪出一员大将，清华中锋戴世光大喝一声，单身侵入敌方，抵篮下，玉手一掷从容投入，先声夺人。后声势汹涌，再接再厉，盐务亦群起反攻。

清华大学以培植全才、增进国力为宗旨，以进德修业、自强不息为教育

① 戴世光：《自传》，完稿于1959年3月10日，未刊，存于中国人民大学档案馆。

方针，培养学生有高尚完全之人格，为立足社会之准备，重视学生体育锻炼，学校素以要求严、学风好、外语好、体育好而著称。先生热爱体育运动，特别是篮球，是清华大学篮球队队员、田径比赛选手，二年级下学期因此获准免修公共必修课军事训练。先生在本科和研究生期间，多次代表清华大学参加平津两地的大学篮球比赛，是赛场上的明星球员，以下仅是天津《大公报》报道过的赛事：

时间	地点	比赛双方
1929 年 11 月 11 日	清华大学	清华大学—老母鸡队
1930 年 12 月 21 日	南开同仁里篮球场	清华大学—南开大学
1930 年 12 月 23 日	天津实业银行篮球场	清华大学—银行队
1931 年 10 月 31 日	北平东城灯市口盐务球场	清华大学—北平盐务学校
1934 年 10 月 28 日		清华大学—北京大学
1935 年 1 月 1 日	南开中学操场	清华大学—南开大学

清华大学篮球队合影，前排右三为戴世光

12月，梅贻琦任清华大学校长，在就职典礼上发表演讲："所谓大学者，非谓有大楼之谓也，有大师之谓也。我们的智识，固有赖于教授的教导指点，就是我们的精神修养，亦全赖有教授的 inspiration。"从此，先生将梅贻琦视为精神导师，长期追随，终生敬仰。

本年，南开大学在经济研究所的基础上成立了经济学院，下面设有统计学系，建有统计实习室。何廉为经济学院院长兼财政学与统计学教授。

1932年（民国二十一年），24岁

10月，先生获得清华大学研究院奖学金。

1932年研究院部分学生合影，左起，第一排：赵康节、管彤、张永懋、戴世光、徐雄飞、王元照、姚琮铭、谢志耘、陈仲秀；第二排：曹增禄、童家骅、霍世休、张青莲、曾特、乔友忠、张为申、何会源、田德望、邵循恪、马奉琛、吴大任；第三排：邵循正、朱莽、黄廷鉴、梁方仲、姚薇元、王信忠、张德昌、陈省身、闻人乾。

1932年清华大学研究院部分学生合影

1933年（民国二十二年），25岁

11月28日，先生通过毕业考试。清华大学规定研究生至迟须于毕业六个月前应考毕业考试。应考一个月以前，由本人提出考试申请，经研究导师签字同意、部主任核准后，确定考试日期。先生的毕业考试由陈岱孙任主席，经济研究所全体教授及他系两位教授吴景超、王化成组成考试委员会，考试形式为口试，时间三个小时，地点在图书馆162室。

本年，教育部责成清华大学从本年起连续三年举办考选留美公费生，先生初试国势清查统计①门，带病参加了两门考试后弃考。

1934年（民国二十三年），26岁

暑期，先生从经济研究所毕业，准备留美公费生考试：

> 知道清华第二届留美公费，又有一门国情普查统计，我就搁下论文，准备考试，孤注一掷。1934年暑假参加了留美考试，9、10月间出榜录取了，规定国内准备一年，1935年夏季出国。②

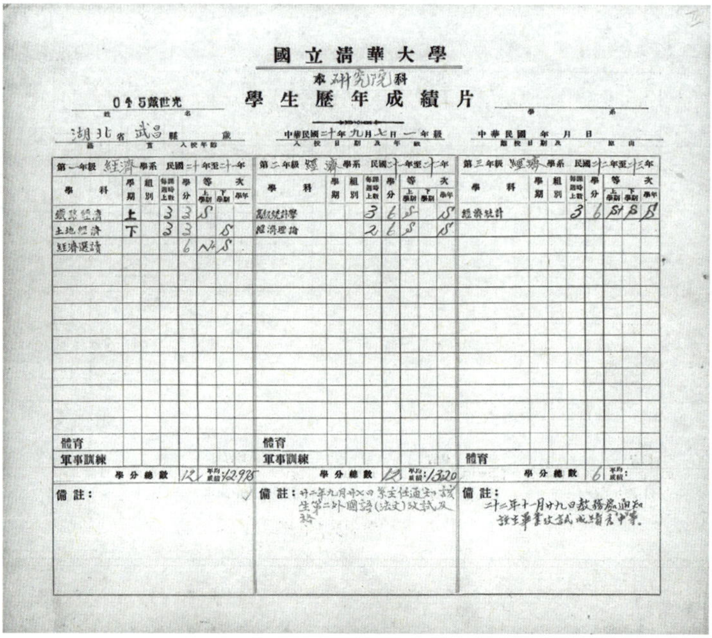

國立清華大學

本研究院科

學生歷年成績片

0 4 5 戴世光 姓名

湖北省 武昌縣 籍貫

中華民國二十年九月七日 一年級 入校日期及年級

第一年級 經濟學系 民國二十年至二十一年

學科	學期	組別	每週上課時數	學分	上學期	下學期	學年
鐵路經濟	上		3	3	S		
土地經濟	下		3	3		S	
經濟選讀				6	N+	S	

學分總數 12 平均成績 12.975

第二年級 經濟學系 民國二十一年至二十二年

學科	學期	組別	每週上課時數	學分	上學期	下學期	學年
高級統計學			3	6	S		S
經濟理論			2	6	S		S

學分總數 12 平均成績 13.20

備註：廿二年九月廿七日系主任通知該生第二外國語（法文）考試及格

第三年級 經濟學系 民國二十二年至二十三年

學科	學期	組別	每週上課時數	學分	上學期	下學期	學年
經濟統計			3	6	S+	S	S

學分總數 6

備註：二十二年十一月廿九日教務處通知該生畢業考試成績為中等。

戴世光研究院成绩单，存于清华大学档案馆

8月21日，先生参加第二届留美公费生考选，仍然投考国势清查统计门。本届考选名额25人，共21个学门，清华大学、中央大学、交通大学、武汉大学、金陵大学等20所大学共保送（即校方推荐）考生128名（其中清华大学推荐了本校考生35人，先生不在其列），另有个人报名的

---

① 即 Census Statistics，初译为“国势清查统计”，后译为“国情普查统计”。本书中随年代不同，两种译法都有出现。

② 戴世光：《自传》，完稿于1959年3月10日，未刊，存于中国人民大学档案馆。

北平考生84人，南京考生88人。各科总成绩共为一百分，党义必须及格，普通科目占20%（其中国文8%，英文8%，德文或法文4%），专门科目占70%，研究及服务成绩占10%（大学毕业论文亦可作为研究成绩）。国势清查统计门的专门科目有经济理论及其历史、近代欧美经济史、统计学、高等数学、政治学。考选委员会由清华大学校长一人、教授二人，校外专家四人及教育部专家四人组成，负责规定各门应试科目和阅卷员名单。

8月，先生陪朱民声到南京参加考试。回京途中经过泰安，登泰山。

10月1日，梅贻琦、刘树杞、叶企孙、顾毓琇、张子高、张可治、周鲠生（燕树棠代申述意见）、秉农山（张震东代申述意见）等考试委员会委员举行第二次会议，调阅各类卷宗，审核各科成绩，决定录取标准为至低总成绩须在50分以上，最终选定包括先生在内的20名合格生，5个缺额保留下届候选。20名合格生是：

历史学门（注重美国史）	杨绍震
考古学门	夏　鼐
油类工业门	孙令衔
造纸工业门	时　钧
陶瓷工业门	温步颐
理论流体学门	王竹溪
高空气象学门	赵九章
海产动物学门	萧之的
应用植物生理学门	殷宏章
农学门（注重选种）	杨湘雨
农村合作门	杨　蔚
人口问题门	赵　铸
国势清查统计门	戴世光
劳工问题门	黄开禄
成本会计门	宋作楠

国际私法门	费　青
地方行政门	曾炳钧
水利及水电门（河工组）	张光斗
水利及水电门（水电组）	徐芝纶
航空门（机架组）	钱学森

10 月 2 日，清华大学向社会发布考选留美公费生揭晓通告。

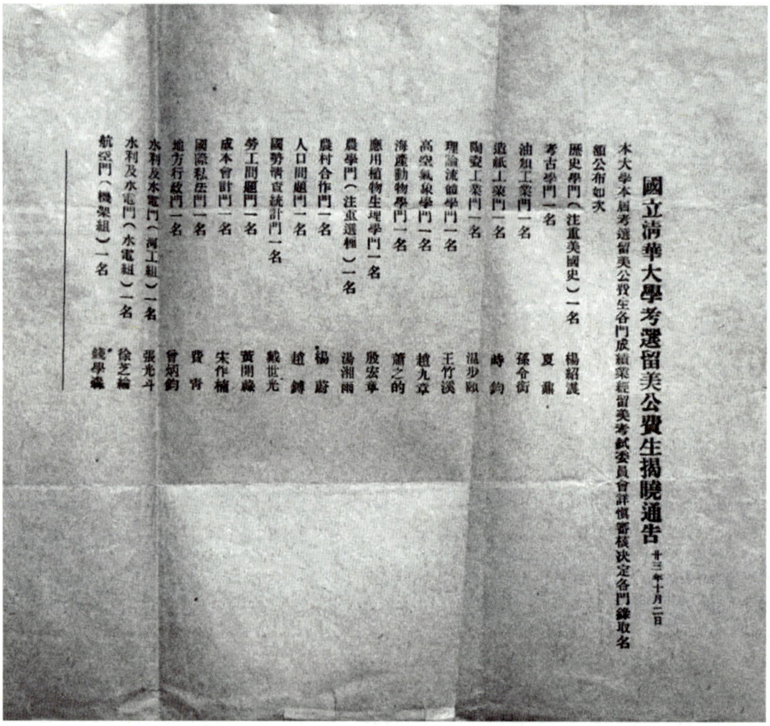

國立清華大學考選留美公費生揭曉通告 廿三年十月二日

本大學本屆考選留美公費生各門成績業經留美考試委員會詳慎審核決定各門錄取名額公布如次

歷史學門（注重美國史）一名	楊紹震
考古學門一名	夏　鼐
油脂工業門一名	孫令銜
造紙工業門一名	時　鈞
陶瓷工業門一名	溫步頤
理論流體學門一名	王竹溪
高空氣象學門一名	趙九章
海產動物學門一名	蕭之的
應用植物生理學門一名	殷宏章
農學門（注重選種）一名	湯湘雨
農村合作門一名	楊　蔚
人口問題門一名	趙　錚
國勢清查統計門一名	戴世光
勞工問題門一名	黃開祿
成本會計門一名	宋作楠
國際私法門一名	費　青
地方行政門一名	曾炳鈞
水利及水電門（河工組）一名	張光斗
水利及水電門（水電組）一名	徐芝綸
航空門（機架組）一名	錢學森

清华大学 1934 年考选留美公费生揭晓通告

国势清查统计门，即“人口、农业、工业、商业等普查资料的统计整理方法、技术研究”①。清华公费生的培养制度规定，所有录取生在留学前，需要在国内准备半年至一年，补习必要的专业课程和英语，做研究调查或实习工作，由清华分门聘请指导员，代拟其研习计划，于必要时，先在国内做

① 戴世光．戴世光文集．北京：中国人民大学出版社，2008：2.

调查实习工作[①]。“指导员”也称导师，清华大学正式指定的国势清查统计门指导员为经济学系教授赵人儁、国民政府主计处统计局局长吴大钧、南京国防设计委员会杨公兆，实际在研究和实习中对先生进行过指导的还有清华大学社会学系教授陈达、中国经济统计研究所所长刘大钧、国民政府资源委员会统计主任孙公度。

11月29日，经得导师赵人儁、杨公兆、吴大钧同意，先生向留美公费生考选委员会汇报了自己的研习计划：

> 由本年十月起，即专在清华攻读高级算学、微积分、微分方程等课，预定在明年一月中旬可完毕大考，然后径至南京国防委员会、统计局及上海全国经济委员会，参加调查工作，注意中国日下稍具规模之国势清查，研究其调查方法、所根据之材料来源及其基础性与普遍性等。在京沪约可停留一个月，即需北返清华，补读算学。俟至五月底再南下继续实习两个月，八月中旬，即可放洋去美。此为大致计划，至于详细实习步骤，自应随时受指导员指定，最后于完毕实习，自有报告送呈备案。[②]

12月28日，先生向留美公费生考选委员会和梅贻琦递交书面申请，请予拨付旅费，得到批准：

> 光前曾上实习研究计划书一纸，已邀批准在案。兹经指导员赵守愚先生商定，决于本校大考后离平。光已定明年一月十四日起程晋京，然后转沪，逗留不足一月即可回校。[③]

① 清华大学史料选编：第二卷（下）. 北京：清华大学出版社，1991：650.

②《戴世光致函留美公费生考选委员会，汇报在南京、上海实习情况》，清华大学档案馆存，档案号1-2：1-89：1。

③《戴世光致函留美公费生考选委员会，请求发给上海、南京实习费用》，清华大学档案馆存，档案号1-2：1-89：1。

1935年（民国二十四年），27岁

1月14日，高级算学、微积分、微分方程等课程考试结束，先生按照研习计划，去往南京、上海实习，分别借住在好友赵夔和朱民声家中。此次南行，先生分别拜见了导师吴大钧、刘大钧、孙公度，三位导师都为先生介绍了他们主管的统计工作情况，对在国外学习研究提出了建议，并提供了一些统计方面的资料。至于计划中五月底的南下实习，则没有成行。

3月3日，天津《大公报》根据北平方面消息，报道了先生等清华第二届留美公费生十人将于年内出国的消息，报道称："近有费青等十人，以国内研究实习业已完竣，研究工作报告，已经指导专员评定合格，准予出国研究，并分别规定各生应入学校及放洋日期……戴世光七月底出国赴美，入米希根大学，专事国势清查统计"。

3月12日，先生签具《清华大学留美公费生志愿书》，承诺"自愿遵守国立清华大学现在及将来所订关于留美公费生管理规程并国立清华大学校长随时所发训示，决不违背"①。

戴世光毕业照

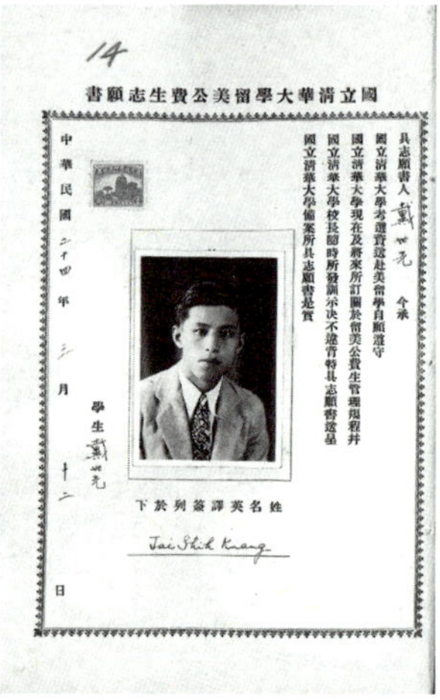

留美公费生志愿书，英译姓名 Tai Shih-Kuang，存于清华大学档案馆

---

①《国立清华大学留美公费生戴世光的志愿书及保证书》，清华大学档案馆存，档案号1-2：1-89：1。

春假，先生参加清华学生组织的西北旅行团，经张家口、大同到包头。

7 月 22 日，天津《大公报》称先生等十六名公费留美生“已于昨日由平搭乘平沪通车赴沪，同乘美船林肯号放洋赴美”，此报道有误。

7 月 29 日，先生函请傅任敢为其准备台头空白的英文介绍信数件，以备在美不时之需[①]。

8 月 7 日，先生由北平城内家中去清华，向梅贻琦辞行，未遇。

8 月 8 日，先生致函梅贻琦辞行并表达感激之情，信中写道：

> 昔年光由南开考入清华，毕业后又入研究院。光阴如白驹过隙，迄今已八年矣。去暑又蒙录取清华留美，得专习国势清查统计。光本碌碌，适际校长栽培、师长等教诲，春风化雨，光受益实深。每念及此，常愧无往报答于万一也。但信今暑去美，竭其忠诚，努力学业，庶不负国家、校长以及师长等之期望。光现已定于八月廿日由申乘杰克森号去美，本届录取者多数同行。光则定于九号离平，昨日曾到校趋谒辞行并聆教诲，适校长因公南下，光行期已定，不克恭候校长北返，歉疚弥深。光到美后，自当随时将研究情形上陈校长并祈时赐训言，俾得遵循有自无任。[②]

8 月 9 日，先生辞别父母，离开北平去上海。

①《戴世光致函傅任敢先生，本人准备离平赴沪，请先生代备英文介绍函》，清华大学档案馆存，档案号 1-2：1-89：1。写信日期为“二十九”，没有月份。傅任敢，时任清华大学校长办公室秘书。

②《戴世光致函梅贻琦，赴美前与校长辞行》，清华大学档案馆存，档案号1-2：1-89：1。

卷二

1935—1938 年，27～30 岁

1935 年（民国二十四年），27 岁

8 月 20 日，先生从上海搭乘杰克逊总统号邮轮横渡太平洋，前往美国留学，同船有清华公费生，也有从清华毕业的自费生，共 21 人。在船上，这 21 人组成了“沐社”，沐，即“水木清华”，喻示不忘同学情义、不负母校培植，先生是发起人之一并被推选为干事。同船还有同期留美公费生、上海交通大学毕业的钱学森。

9 月 3 日，杰克逊总统号停靠在西雅图，先生等人抵达美国。在美期间，先生使用英译姓名 Tai Shih-Kuang。

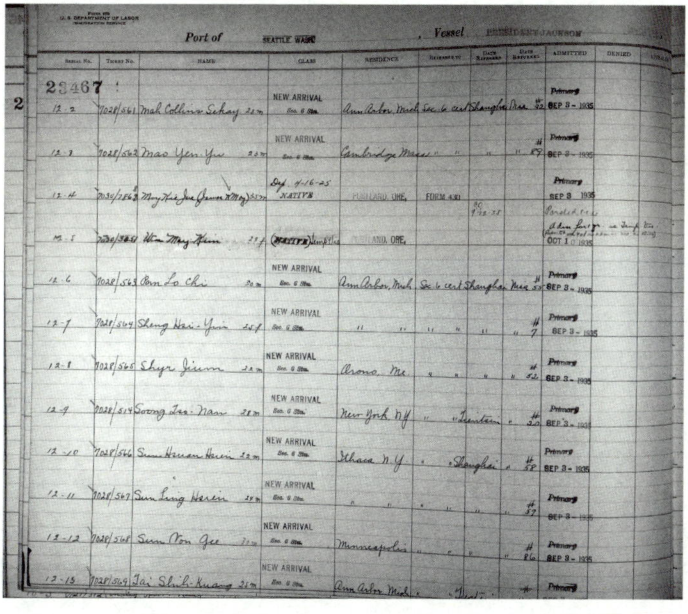

戴世光在美国西雅图海关的入境记录（编号 12-13，25 岁，男性，入境身份是学生，首次入境，美国的居住地是 Ann Arbor，Michigan，入境日期是 1935 年 9 月 3 日）

注：此处年龄有误，实为 27 岁。

9月4日，先生一行人乘火车前往密歇根，中途在芝加哥稍事停留。

9月10日，先生到达密歇根大学所在的安娜堡，和朱民声、赵夔合租，住在大学街南1209号。

9月12日，先生给梅贻琦写信，详细描述了“沐社”成员一路偕行的情形：

> 新制留美同船能有廿一人，实为盛事。在船中计二周，清华同学集会数次，其中自助教，而一级至第八级，不缺一级，颇谓有趣，且起居咸在一处，感情益呈融洽。同学中有国旗，有校旗，每集会时，国歌校歌，声震碧波。惜第四级同学韩鸣在校，否则校长苍老稳重之语调，亦将随国校之光，远播海外矣。兹寄上清华同学在船上留影，请傅任敢先生转交周刊社或校友通讯录制锌板以留纪念。如何之处，敢祈校长定夺为祷。杰克森号于九月三日正午抵西雅图，同胞皆无问题登岸，因该城有盛大欢迎，故全体留西雅图一日。四日除少数留西城及一部分去旧金山外，余七十四乘北太平洋所备专车直去芝加哥。清华同学除卓年来、谢北芬外，余均乘此车东行，抵芝加哥为九月七日上午。大部下榻国际公寓，承清华老同学马祖圣、严仁荫及晏成后三君殷勤招待，久别重逢，宛如又欢集在水木清华也。同学等逗留一二日，即分头去目的地，怆然话别时，各留地址于生处，将来各同学所习学科、生活情形，以及长期通讯处，当由生集齐后，寄上备呈钧览。①

信中，先生向梅贻琦袒露了自己初到美国的观感：

> 屈指计来，生等已离祖国三周矣，梦中不知身是客，依恋之情，无时或已，似在教室聆诲，或体育馆中运动也。生自到美以来，所经城市

① 戴世光：《致函梅贻琦，报告今年大部分赴美留学同学情况》，清华大学档案馆存，档案号1-2：1-89：1。

1935 年 9 月 3 日，杰克逊总统号邮轮即将抵达西雅图，戴世光（上数第一排右五）、朱民声（上数第一排右四）、钱学森（上数第二排右）等清华留美学生合影

虽仅西雅图、芝加哥及安阿堡[①]（Ann Arbor，University of Michigan 所在地）三处，而走马所及，实有感于衷。美国实力充溢，已迈过生产过程，一般生活皆在水平线上，数年来因遭恐慌之压迫，津津欲求维持现状，但于迷茫享受之心理下，不求恐慌之原因，唯以金钱是图。因之一般美国国民未免失之浅薄，但维其如此，国民皆努力生产，无论老少男女，皆在求得工作。由此观之，目下之社会经济制度，固为世界问题，而中国尚多一心理建设问题也。吾祖国苟不双管齐下，则任何制度，皆将如橘之过淮为枳，难期其成效卓著也。校长明达，不知以生区区所见以为然否。

生留芝加哥三日，十日来安阿堡，已寻得住房，请傅任敢先生将校友通讯录以及周刊赐下为祷。现校中尚未起始注册，容接洽已妥，当立即陈明钧览不误。明年同学如有来美者，生愿将最近可参考之处，尽量告知，或能助我同学一臂之力也。专此敬陈，敬请勋安不一。

---

① 即安娜堡。

后，根据梅贻琦的指示，此信经傅任敢略作删改，刊发在《清华校友通讯》[①]第九期，分发各地校友。

9 月，先生入密歇根大学数学系研究院研习数理统计，经常来往的同学有杨西孟[②]、邹依仁[③]等。和本科学习数学的同学比起来，数理统计对于经济系出身的先生而言难度不小，他只有更加勤奋学习才能赶上，自述“在学校中主要是上课，作习题，写短篇论文”[④]。

10 月 19 日，清华大学校长办公室以梅贻琦的名义给先生回信，称此次清华出国同学之多，殆为近数年来所仅见，且大多数系官费派遣，所习学科大半为国内当时最迫切需要的，这既是国家建设的佳息，也是清华的光荣。信中嘱咐先生代为分发本月出版的《清华校友通讯》20 余册。

11 月 30 日，先生写信给梅贻琦，告知已遵嘱将《清华校友通讯》转寄在美同学，并表达了时局之下，对梅贻琦和各位师长的关切之情：

> 生等身寄万里，心在咫尺，颇以清华前途及校长及师长等近况为虑，本年来美之清华同学联络甚好，均各安心读书，惟不免时时以国校为念。[⑤]

12 月 23 日，先生参加南开校友会密歇根分会活动，与田镇瀛、曾用修、李达、余世郊、陈字华、孙东录、胡钟庆、齐松、罗毅、朱民声共度圣诞节。

---

① 1934 年 1 月 1 日，清华同学会总会编辑出版的《校友通讯》创刊，1935 年更名为《清华校友通讯》，1950 年 4 月 29 日停刊。

② 杨西孟（1900—？），1937年获密歇根大学硕士学位，历任西南联合大学、北京大学经济系教授。中华人民共和国成立后在对外贸易部长期从事经济研究。

③ 邹依仁（1908—1993），1937年获密歇根大学硕士学位，历任复旦大学统计系、中央大学经济系教授。中华人民共和国成立后任上海商学院、上海财经大学统计系教授。

④ 戴世光：《关于我在国外留学期间的情况》，1967年10月29日，未刊，存于中国人民大学档案馆。

⑤ 戴世光：《致函梅贻琦，感谢校长心系海外学子》，清华大学档案馆存，档案号1-2：1-89：1。

寒假，先生和朱民声搭乘南开校友、时在密歇根大学读工程专业的田镇瀛的小汽车到附近几个州旅行，在艾奥瓦工学院看望了清华同学衣复得。

1936 年（民国二十五年），28 岁

The Chinese Students' Club

OFFICERS

Clayton Lem	*President*	R. B. Chen	*Publicity Chairman*
Miss M. K. Lee	*Vice-President*	Mrs. Doris Lau	*Social Chairman*
Mrs. K. H. Ting	*Corresponding Secretary*	Vincent Liu	*Manager of Athletics*
Miss C. H. Lee	*Treasurer*	A. T. Liu	*Directory Chairman*
H. C. Cheung	*Recording Secretary*	Raymond Huang	*Loan Fund Chairman*

MEMBERS

Chi Shing Bang
Yu Beh
Doris Y. Chan
Shih Ming Chan
Theodore Chan
Tsung Nin C. Chan
Chang Ling Chang
Chung Yuan Chang
Seng Chang
Wei Koo Chang
Kwe Chao
Shu Yu Chen
Ly Kwong Chen
Nyih Shun Chen
Ren Bing Chen
Shu Vain Chen
Tang Yuan Chen
Hei Chau Cheung
Sung Chi
Tsai Hwa Chiang
Jo Ching Chien
Nai Jen Chien
Ming Chi Chou
C. S. Chow
S. S. Chow
Hsi Tun Chow
Zong Chow
Edith J. H. Chu
Min Sheng Chu
Rose D. Chu
Siu Ting Chui
Ting Shu Djao
I. Ren Djou
Ming Sze Fung
Shiu Ngai Fung
Ruby Tu Han
Ng Violet Hing
Ng William Hing
Daniel R. Ho

I-Djen Ho
Tsung Sheng Ho
Charles Juay Hong
Chang Chih Hu
Chung Ching Hu
Jerry Sinnan Hu
Yueh Hu
Julius H. Huang
Soong Huang
Tao Huang
Tsu Kuei Huang
Weu Shi Huang
Yao Nan Huo
Jennie Hwang
Shao Chi Hwang
Pong Cheh Jen
Hong Joe
Wing Yue Ko
Yan Siong Ku
Cho Shun Kwan
Kwan Yu Kwang
Chi Kan Lam
Rudy Tang Lau
Yuan Lay
Bay Yung Lee
Bow Yim Lee
C. H. Lee
Chen Ling Lee
Eugene W. P. Lee
Hoen Zau Lee
Kuo Chu Lee
Ping Lee
Tsing Wei Lee
Clayton Lem
Cheuk Wa Leung
Wing Hong Leung
Man Kuei Li
Ta Li

Khe T. Liem
B. C. Ling
Ang Tsung Liu
Cheng Yin Liu
Cheng Yuan Liu
Pearl M. C. Liu
Poo Rem Liu
Vincent H. T. Liu
Shih Ching Lo
Yih Loh
Foo F. Louis
Lawrence Louis
Chung Chow Ma
Liong Shih Ma
Tseng Li Ma
Collins Sekay Mah
Robert Fong Mah
Yuan Hsiang Mei
Wa To Mok
Chester Chew Moy
Lo Chi Pan
Yin Hong Pang
Fern Anne Quon
Yu Seto
Felix Shen
Hsi Yin Sheng
Herbert C. Shu
Minnie Soo-Hoo
Nuo Su
Jun Tao Sun
Tung Lu Sun
Hsung Chang Sung
Yuan Mei Sung
Shih Kwang Tai
Jen I. Tan
Sik Ling Tang
Chen Ying Tien
Kuan Hai Ting

Vung Yuin Ting
Tze Yee Tong
Jen Tao Tsang
Wei Sang Tsang
Eugene Tsao
Utah Tsao
Charmaine Tseu
Yung Hsin Tseng
Dah Tu
Kwei Tsun Wang
Yi San Wang
T. Y. Wang
Shou Heng Waung
Bon L. Wong
Charles Wong
Koon Ngok Wong
Sai Ping Wong
Chia Ying Wu
Hang Mien Wu
Shang Zhih Wu
William Quo Wu
Yuan Hao Wu
Ching Kun Yang
Simon Yang
Tsu Cheng Yang
Edward Goey Yee
Robert Fon Yee
William M. L. Yin
Mark You Yong
C. M. Young
Canning K. M. Young
Pok-Eng Yu
Shih Chiao Yu
Shu Lun Yu
Shun Wei Yu
Shao Chi Yuan
Shao Wen Yuan
Chun Wai Yung

W. H. Leung J. T. Sun Ko L. K. Chen R. T. Lau Liem Tsang S. Y. Chen B. L. Wong Waung K. H. Ting E. Tsao Loh Tseng
T. L. Sun Su Shu Yong Young Lam Yung Yin Lim Tsan Huo S. P. Wong Mok Louis
S. Z. Wu Ma N. S. Chen Joe Shen S. Huang H. M. Wu D. R. Ho Hu Z. Chow W. P. Lee K. Y. Kwang C. W. Leung Y. Lay
Seto Kwan J. H. Huang Yuan Chi K. N. Wong H. Z. Lee S. N. Fung Djao Wang B. Y. Lee Lo M. C. Chow U. Tsao
Li Chan Sung Chu S. S. Chow C. L. Lee Chiang K. C. Lee A. T. Liu R. B. Chen Yang Moy J. S. Hu
T. S. Hu V. Y. Ting H. T. Liu Han T. Huang C. H. Lee Lem Mrs. K. H. Ting Cheung Mrs. R. B. Chen Yee, Mrs. Doris Lau
Tu T. K. Huang M. S. Fung C. Wong Tien Chang T. S. Ho H. T. Chow

Page 278

密歇根大学中国学生俱乐部名单（名单第一列的 I. Ren Djou 即邹依仁，Min Sheng Chu 即朱民声，第三列的 Shih Kwang Tai 即戴世光，第四列的 Simon Yang 即杨西孟）

春天，应朱民声之约，先生和杨西孟加入“建社”，到纽约州水牛城参加“建社”活动，顺便观赏尼亚加拉大瀑布。朱民声在密歇根大学学习工程。“建社”是由上海交通大学在美国学工程的中国留学生发起组织的，大部分成员都是学工程的，只有先生和杨西孟是学统计的。顾名思义，“建”就是“建设”之意，结社的目的是希望回国后一起合力搞工业建设，组织起来，可以互相援引、提携，在业务上互相帮助。

3 月 15 日，先生首先向清华大学指导员赵人儁等征求意见，继而向梅贻琦提出申请，拟在密歇根大学完成统计理论和方法的学习后，于下半年转入哥伦比亚大学“继续研究经济统计一年，以求得应用统计方面之学识”[①]。

3 月 21 日，先生致函傅任敢，请其通知注册部，代为制作并寄出他在清华大学及研究院的英文成绩证明书各一份。先生问候傅任敢，“华北多事，母校处境困难，先生上助校长，下又代校友分劳，尚望顺时珍摄，以慰远人”[②]。

4 月 12 日，导师赵人儁认为先生转入哥伦比亚大学之请求妥善，提请梅贻琦决定。

4 月 14 日，清华大学以梅贻琦名义致信先生，告知“所请下期改入哥伦比亚大学肄业一节，可即照准”，信中并以“年来国事败坏，校务自亦多受影响，然而多难兴邦，吾人亦惟有勉励奋斗而已”相勉[③]。

6 月，先生获得密歇根大学理学硕士学位。在密歇根大学一年，先生系统学习了初级统计分析、高等统计理论、概率论、高等微积分、有限差数、经验公式、卫生与公共健康等课程，对于统计理论、实操、组织、数据搜集、制表、统计应用等均有掌握，取得了优良的成绩。在取得数理统计基础

① 戴世光：《致函梅贻琦，是否同意转学哥伦比亚大学》，清华大学档案馆存，档案号1-2：1-89：1。
② 戴世光：《致函傅任敢先生，请费神通知注册部，代制其清华大学及研究院之成绩证明各一份》，清华大学档案馆存，档案号1-2：1-89：1。
③ 戴世光：《致函梅贻琦，汇报本人留学情况》，清华大学档案馆存，档案号1-2：1-89：1。

后，先生决意继续在应用统计领域探索和完善，下定决心要学有所成，开创中国未来的国情普查统计事业。

先生到纽约，商请中美文化协会（也称华美协进会）清华办事处孟治办理了哥伦比亚大学商学院经济研究院的入学手续。虽然此时的哥伦比亚大学尚未成立统计系，但统计学学术活动的开展相当活跃，政治学、经济学、社会学等学科的教授积极从事统计学的研究和研究生指导工作，特别是 1931 年哈罗德・霍特林（Harold Hotelling）被聘为哥伦比亚大学教授，直接带动了哥伦比亚大学统计学迅速发展，使之达到了世界先进的学术水准。

6 月 28 日，先生写信给梅贻琦，信中说，"决定暑假选修人口统计、统计计划及经济理论等课"。先生表示，"祖国多难，生仰校长培植，得此国外留学机遇，决努力所学以求报效国家，庶不负校长之期许也"[①]。先生初时住在哥伦比亚大学学生宿舍 John Jay Hall 603 室，不久与转学到哥伦比亚大学读生物化学的高学中在哥伦比亚大学附近合租了一处民房。在哥伦比亚大学就读期间，先生与高学中、罗毅等人过从甚密。

7 月 16 日，先生再次就转学一事致函梅贻琦，汇报了自己的学习计划：

> 此地暑期已开学多日，生计选人口统计分析等两课，按生本奉派研究国势清查统计，而 Census Statistics 之中又以人口统计为主，工业农业副之。适哥伦比亚大学之人口统计教授系 R.E.Chaddock[②]氏在此方面颇有名望，且在华府 Census Bureau 主持相当工作，生如能继续随彼研究，除理论方面可得教益外，而于将来实习工作亦殊多便利也。经济统计方面有 Mills[③]教授亦极孚众望，故生拟于秋季选卡氏之人口统计研究组及

---

① 戴世光：《致函梅贻琦，汇报本人留学情况》，清华大学档案馆存，档案号 1-2：1-89：1。

② 罗伯特・E. 恰道克（R. E. Chaddock，1879—1940），即下文中之"卡氏"，美国哥伦比亚大学教授，人口统计学家，戴世光在哥伦比亚大学求学期间的导师。

③ 费德里克・C. 米尔斯（Frederic C. Mills，1892—1964），即下文中之"米氏"，美国哥伦比亚大学教授，经济学家。

米氏之经济统计，一年后果能至华府实习，则主要理论及应用方面皆可兼顾矣。①

9月，先生正式跟从罗伯特·E.恰道克和费德里克·C.米尔斯等人学习人口统计和经济统计、统计方法，并继续选修数理统计课程。恰道克是美国著名应用统计学家，1925年起任美国统计学会会长，长期主持哥伦比亚大学统计实验室，1912年被哥伦比亚大学聘为统计学副教授，1922年被聘为社会学和统计学教授，1940年离世时担任社会学系系主任。恰道克著有《意向性投票：政治预测研究》《1850年以前的俄亥俄州》《统计学原理与方法》《内战前的美国州立银行业》等专著，主持了纽约州军事人口普查、1850年以来的美国人口普查研究等多个项目。在恰道克指导下，先生开始研究美国人口普查的方法以及与其他国家的比较研究，恰道克评价其研究报告阅读广泛，对很多问题理解充分。

秋天，先生被选为留美清华同学会会长，直到第二年离开美国时卸任。先生回忆：

在这一年中，清华同学会并没有开过会（分散各地，不可能开会），我只是用通信办法与美国各地的清华同学联系，组织各地交换一下各地清华校友学习研究的情况，各地校友有路过纽约的，常找我谈谈，联系一下；我曾将清华留美同学的学习研究情况，写成综合性的材料，寄给国内清华大学校长梅贻琦。②

本年，在纽约的中国留学生组织抗日会，先生被推选为主席，组织过方振武等人的抗日报告会。全国救国会代表陶行知、全国学联代表陆璀③一行

① 戴世光:《致函梅贻琦，汇报本人留学情况》，清华大学档案馆存，档案号1-2：1-89：1。

② 戴世光：《解放前，我的一些其他情况的交代说明》，1969年4月27日，未刊，存于中国人民大学档案馆。

③ 陆璀（1914—2015），清华大学社会学系学生，“一二·九”学生运动领袖，与戴世光相识于1934年。

抵达纽约，向华侨和国际友人宣传抗日救国的正义主张，先生积极参加接待工作，提供便利。

1937年（民国二十六年），29岁

先生希望能够延长公费一年，专事国情普查调查与实习。根据清华大学《留美公费生管理规程》有关转赴欧洲研究或实习以及延期的规定，他需要提出申请和计划书，并得到导师同意。

1月22日，先生留学前的校外导师、国民政府主计处统计局局长吴大钧写信给梅贻琦，认为国势清查统计应理论及应用兼顾方可致用，替先生争取延期机会。梅贻琦答复近期将提交评议会决定。

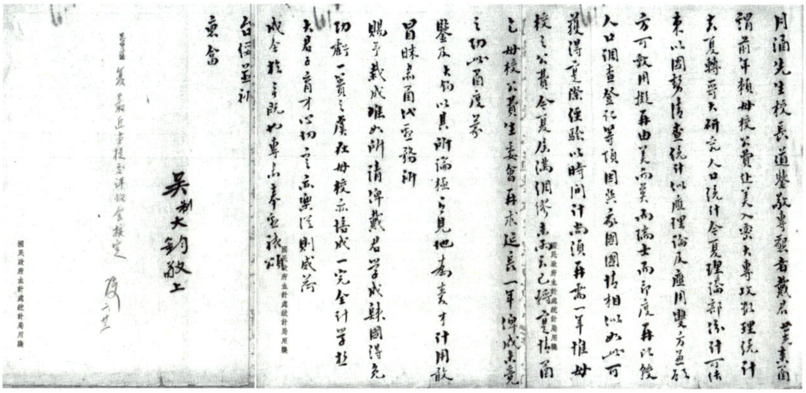

吴大钧致函梅贻琦，建议准允戴世光延期一年。原件存于清华大学档案馆

同日，密歇根大学卫生与公共健康部教授 L.R.Yates 致函梅贻琦，赞许先生学业出色、善于合作，有专业前途，希望清华大学批准先生延长公费一年。

1月30日，恰道克就先生延期事致函梅贻琦[①]。恰道克认为攻读社会学或经济学博士学位要投入大量的时间，无助于中国国情普查事业，反之，积

① 参见杨公兆等：《致函梅贻琦，为戴世光申请延长公费留学一年之事，恳请允准》，清华大学档案馆存，档案号 1-2：1-89：1，原文为英文。

累实际经验才更为必要和经济。恰道克建议延长先生留学期限一年，专事人口普查实习。恰道克对于第三年的实习给出了坦率的意见，即首先到美国国情普查局实习三到四个月，熟悉美国人口普查的组织机构和技术手段，然后到英国实习三个月，再到印度。恰道克认为，印度采用英国体系开展了人口普查，而中国在很多方面与印度面临着同样的困难和问题，研究现代方法如何因地制宜与印度国情相适应，一定会深受启发。恰道克还建议先生一并对瑞士、德国等欧洲国家进行考察。

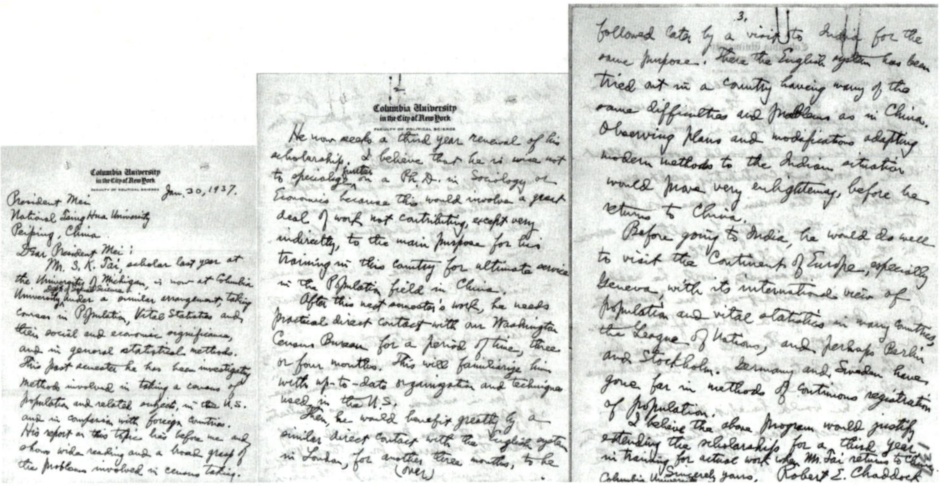
Columbia University
in the City of New York
Faculty of Political Science

Jan. 30, 1937.

President Mei
National Tsing Hua University
Peiping, China

Dear President Mei:

Mr. S. K. Tai, scholar last year at the University of Michigan, is now at Columbia University (Dept. of Social Science) under a similar arrangement, taking courses in Population, Vital Statistics and their social and economic significance, and in general statistical methods. This past semester he has been investigating methods involved in taking a census of population and related subjects, in the U.S. and in comparison with foreign countries. His report on this topic is before me and shows wide reading and a broad grasp of the problems involved in census taking.

2.

Columbia University
in the City of New York
Faculty of Political Science

He now seeks a third year renewal of his scholarship. I believe that he is wise not to specialize further on a Ph.D. in Sociology or Economics because this would involve a great deal of work not contributing, except very indirectly, to the main purpose for his training in this country for ultimate service in the Population field in China.

After this next semester's work, he needs practical direct contact with our Washington Census Bureau for a period of time, three or four months. This will familiarize him with up-to-date organization and technique used in the U.S.

Then, he would benefit greatly by a similar direct contact with the English system in London, for another three months, to be (over)

3.

followed later by a visit to India for the same purpose. There the English system has been tried out in a country having many of the same difficulties and problems as in China. Observing plans and modifications adapting modern methods to the Indian situation would prove very enlightening, before he returns to China.

Before going to India, he would do well to visit the Continent of Europe, especially Geneva, with its international view of population and vital statistics in many countries, the League of Nations, and perhaps Berlin and Stockholm. Germany and Sweden have gone far in methods of continuous registration of population.

I believe the above program would justify extending the scholarship for a third year in training for actual work when Mr. Tai returns to China.

Sincerely yours,
Robert E. Chaddock
Columbia University

恰道克致函梅贻琦，就戴世光实习计划提出意见。原件存于清华大学档案馆

2月8日，先生向清华留美公费委员会提交延长公费留学一年的申请：

生自民国廿三年秋考取清华大学留美公费生国势清查统计门（Census Statistics），经在国内实习一年后于廿四年九月来美，遵指导员赵守愚先生指定入密西干大学专攻数理统计，当于廿五年夏结束。除已将一年研究成绩备呈钧览外并得梅委员长之同意转入哥伦比亚大学研究经济统计及人口统计，按照清华留美公费期限之规定，生应于今年夏期满归国惟念。生所研究者为国势清查统计，实包括人口统计、工业统计、农业统计及资源调查，乃国家社会建设事业及学术研究绝不可缺少之至要材料，其调查及分析，应于理论及实际双方兼顾，而于组织训练

调查及整理各方面，尤需根据现在各国已有之方法求得实际经验，然后参照吾国情形加以修正改良方可致用。今生对理论方面已略有心得，而对于实际方面尚毫无经验，故敢恳请钧会俯准于本年夏七月起延长公费一年，专作调查实习及参观工作。①

随申请书一起，先生附上了实习计划：

国势清查统计（Census Statistics）实包括人口统计、工业统计、农业统计及资源调查，在美国则有国势清查局及中央统计局负责，其组织近集权制度，以组织严密、材料详确见称，其人口调查方法，系用住宅制（De Jure）；而英国则采分权制度，以灵活简洁、经济便利著名，其人口调查方法系采用实际制；至于资源调查之详尽，统计制度，中央与地方分工合作之完善，则德国实有特长；而人口登记方面，则当首推瑞士，援用私密登记制，便利准确。故生拟于本年七八九三个月，在美京华盛顿国势清查局实习，并在中央统计局参观，九月底去英，实习三个月，廿七年一、二月在欧洲，主要国家为德及瑞士。惟按以上国家各国对国势清查统计，皆有悠久之历史，但距我国国情尚多差异，调查研究与参观，固万不可遗缺，但事实似难完全引以为法，惟有印度于一八八一年由英政府负责举行国势清查，用近代方法参照印度国情稍加改良，施行以来，成绩昭著，且其国情与吾国相似之点特多，其可借镜之处亦必不少。即生离国时，清华大学陈达先生亦曾以“于欧美实习后，应至印度，有裨此项工作甚大”等相嘱。因此，生拟于三月初离欧，经地中海而达印度，再作三个月之实习，然后于七月返国。查上述计划，业经商得指导员赵守愚先生同意。如承钧会通过，尚乞早期函请教育部，径与美、英、德、法、瑞士及印度各国之国势清查局接

① 戴世光：《致函留美公费委员会，请求延长公费留学一年》，清华大学档案馆存，档案号 1-2：1-89：1。

洽，于［予］[1]以实习或参观之便利，不胜企祷之至。

先生初步拟定了实习目的地及时间分配，1937 年 7 至 9 月，在美国国势清查局（即国情普查局，U.S. Census Bureau）和中央统计局实习；10 至 12 月，到英国国势清查局实习；1938 年 1 至 2 月，在柏林、巴黎、日内瓦，分别在德国、法国和瑞士的国势清查局、国家统计局实习；最后在 4 至 6 月，到德里，在印度国势清查局实习。

先生将以上申请书和实习计划转发给梅贻琦，恳请鼎力提携。

2 月 16 日，杨公兆就先生延期实习发表书面意见：

窃以历来留学外邦人士一旦学成，即挟其书本上之知识匆匆返国，国内情形既不熟悉，世界实情亦不明瞭。今戴生有志考察英美统计之实施，旁及瑞士印度，可谓博采众长，国家既年耗巨币以培植实用才人，又何惜延长一年，俾获他山之助也。拟代恳先生允准以竟其志。[2]

3 月 1 日，在梅贻琦授意下，清华大学教务长潘光旦将先生在哥伦比亚大学的成绩单、延期申请和实习计划等转交陈达，请其提出意见，评判是否有批准价值。

3 月 6 日，陈达回复潘光旦[3]，认为先生“请求延长一年之事，可以照准”。但是对于实习计划，陈达建议修改，即“美国人口清查局三个月，英国人口总监等处三个月，瑞士两星期，余时在印度”，陈达尤其建议要注重对印度的实习考察，特别延长了在印度的时间。

3 月 15 日，清华组织审查委员会对先生在美学习情况和延期申请进行了审查，经第 124 次评议委员会审议通过，批准先生延长一年，可以赴英

① 原文如此。现代汉语中应为“予”，以方括号附于其后，下同。
② 杨公兆等：《致函梅贻琦，为戴世光申请延长公费留学一年之事，恳请允准》，清华大学档案馆存，档案号1-2：1-89：1。
③ 潘光旦：《转交关于戴世光延长公费一年的申请》，清华大学档案馆存，档案号1-2：1-89：1。

国、德国、印度考察。

4 月 29 日，为便于先生在美国国情普查局实习，清华大学以梅贻琦的名义，出具了介绍函，由华美协进会转交给先生。清华大学还提请教育部协商外交部，请驻美大使馆设法帮助先生接洽实习事宜。

6 月，朱民声到纽约，好友重逢，小住数日后，朱从纽约回中国。此前，先生曾专程前往安娜堡探望朱民声。在哥伦比亚大学期间，先生曾去过费城访友，去波士顿参观哈佛大学经济研究所。

夏天，先生结束了在哥伦比亚大学的研究生学习，随即进入华盛顿的美国国情普查局实习一个月，学习和了解人口、工业、农业、商业普查的调查方法，搜集各种有关统计方法的材料，并参加了部分统计整理计算工作。实习期间，先生结识了美国国情普查局研究抽样调查的统计员

戴世光在美国留学

莫里斯·H. 汉森（Morris H. Hansen）[1]，先生称其为“韩生”，其后来被誉为20世纪在调查方法革新领域最有影响力的统计学家。当时美国国会刚刚批准对失业状况和部分失业人口开展全国性的非官方普查，正是在这次普查中，莫里斯·H. 汉森因成功运用抽样调查方法而声誉鹊起。他和先生年龄相仿，兴趣相投，曾邀请先生去家里做客。先生去欧洲考察后，二人偶有通信。

7月7日，日本发动卢沟桥事变，平津地区沦陷，抗日战争全面爆发。

8月，北京大学、清华大学、南开大学于长沙组建长沙临时大学。

9月，先生将两年来在美国搜集的统计专业书籍和资料、美国国情普查局赠送清华大学以及他本人的多卷统计报告细心整理好，经海运发给在香港的密歇根大学同学张喜洲，拜托他代为保管，自己则只身搭轮船去英国伦敦，开始了为期一年的欧洲各国和印度之行。到达伦敦后，先生住在清华经济系同学汪一鹤处，随后汪一鹤经德国回国。

按照实习计划，先生到英国人口普查局生死登记处及工业、农业、商业等部门的统计机构进行调查、参观，搜集调查和统计方法的有关材料。实习之余，先生到伦敦大学学院应用统计系旁听数理统计课程，得以直接受教于小皮尔逊 (E.S.Pearson)、杰兹·内曼 (Jerzy Neyman) 等，沉醉于统计学的无穷魅力中。此时，许宝騄、唐培经、唐沅、徐钟济等中国留学生都在应用统计系攻读学位。多年后，先生回忆：

> 听数理统计课时，与皮而申（E.S.Pearson，统计老师）、雷曼（Neyman，统计老师）有些接触（业务上），别后未通信。[2]

当时有些费边社学者、英国工党人物在伦敦大学学院比较活跃，先生也

---

① 莫里斯·H. 汉森（1910—1989），美国统计学家，历任美国数理统计学会主席、美国统计协会主席、国际调查统计学家协会主席，著有《抽样调查方法与理论》。

② 戴世光：《关于我在国外留学期间的情况》，1967年10月29日，未刊，存于中国人民大学档案馆。

去旁听他们关于政治经济政策和理论的学术报告和演讲，这也成为他日后在西南联合大学热心于“稷社”活动的思想和理论基础之一。

在伦敦时，先生曾去剑桥大学观光。往来的朋友多为南开、清华旧日同学，包括攻读数理统计的许宝騄、攻读财政学的冯华德、攻读政治学的郑康祺、攻读工程学的张维、攻读经济学的罗凤超以及攻读经济地理的鲍觉民。后许宝騄、鲍觉民与先生共同执教于西南联合大学。

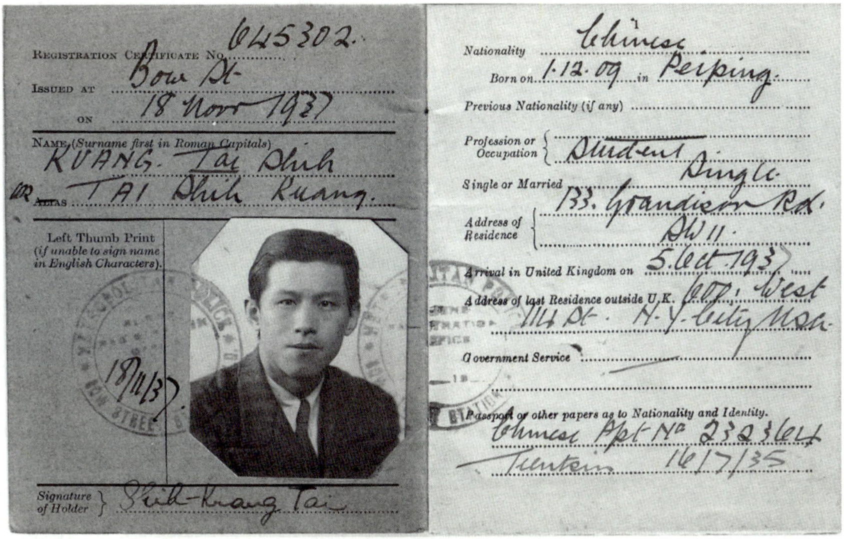

戴世光留学使用的护照

1938年（民国二十七年），30岁

春，受战事影响，长沙临时大学被迫迁往云南昆明，改名为国立西南联合大学，由南开大学校长张伯苓、北京大学校长蒋梦麟、清华大学校长梅贻琦组成校务常委会，梅贻琦被推举为常委会主席，主持校务工作。

2月，先生离开英国伦敦，买了一部英文版的苏联宪法，准备回国时在船上阅读。先生先到德国波恩拜访徐维镕，徐是先生在哥伦比亚大学时的同学，在波恩工厂实习会计成本核算。住一二日后，先生即去柏林，住在毛鹤年家。毛鹤年在密歇根大学学习工程时，即与先生是好友。先生在统计局调查实习，两三周后离开。

3 月，先生到巴黎，经毛鹤年介绍，在巴黎大学学生物的留学生于志忱为先生安排了住处。先生在法国的统计局以及各部门的统计单位调查、实习，半个多月后离开巴黎到瑞士。先生在日内瓦小住数日，一方面做了一些市政府统计工作的调查，一方面等候徐维镕由德国来日内瓦观光。由日内瓦起身，先生和徐维镕乘坐火车进入意大利境内，游览了威尼斯、米兰、罗马、那不勒斯等城市。在罗马时，先生仍然挤出时间到市政府调查、了解统计工作。

4 月，先生与徐维镕结伴在意大利布林迪西搭船东行，20 日抵达印度孟买。

先生离船上岸，徐维镕继续航行回国。22 日，先生由孟买到德里，先住在青年会，后迁至德里市政府建设局副局长潘第特府上。潘第特是由郑康祺辗转介绍的，在德里给先生提供了生活便利。先生回忆：

> 我在英国时除了由中美文化协会清华办事处寄来的德、法、瑞士、意大利及印度统计机关的介绍信以外，并由在英读书的清华同学介绍，认识印度驻英国的某专员，该专员写一些介绍信给德里的一些官吏及教授。潘第特即该专员所介绍的印度朋友之一。[①]

4 月 25 日，先生写信给梅贻琦，汇报了自己在印度的工作情况，更坦露了回国效力的急迫心情：

> 月涵[②]校长勋鉴：
>
> 生于柏林时寄上一函，报告工作情形，想已早收到矣。敬维履祉绥和，起居安适，是为所祷。生于柏林将实习工作结束后，即径到巴

① 戴世光：《关于我在国外留学期间的情况》，1967 年 10 月 29 日，未刊，存于中国人民大学档案馆。

② 清华大学校长梅贻琦，字月涵。

黎，然后转日内瓦，一切工作皆极顺利。旋于四月初搭轮东行，于四月廿日抵Bombay，留二日即北上到印度首都Delhi。光离英前曾索得公私介绍函多种，不意到Delhi后，方知政府高级官吏因Delhi太热，皆于月前北迁至Shimla，因此光尚需到该处接洽。关于人口统计之材料尚有一部在Calcutta，故后尚需东行到该处。生此次来印不幸为该国最热时间，非久居者，皆深感不适，酷热非常。但生每念及祖国为生存而争死疆者，何止百万，相较之余，心体奋发，除努力工作外，尚感惭疚也。预计六月中旬当可结束，届时生拟东入Burma①，北上至我国云南边境，然后设法搭汽车到昆明，然后再候钧旨，以定行止。按生受祖国、母校十余年之培植，今得返国，幸未失参加抗战机会，当尽匹夫之责。苟有工作，无论前方后方，不拘报酬有无，生皆愿往，便中尚乞校长费神留意也。生前提及昆明缅甸间公路，系间接闻之，是以敢请校长代询一切，如有消息，务请赐知为祷。通讯处为：

S.K.Tai/Chinese Consulate General，Calcutta，India

昨阅印度中国报纸，据云由香港转出之消息，长沙湖南及清华两大学同时被炸，损失百万之谱，不知确否。生身在万里，心寄母校师长，祖国胜负，读之殊为忐忑不安也。暑中炎热，校长久居北方，尚乞诸多珍重。专此敬请

暑安。

生戴世光敬肃

四月廿五日

岱孙②、通夫③、守愚④诸师前请代问候不另。⑤

---

① 信中Bombay、Delhi、Shimla、Calcutta，分别为印度城市孟买、德里、西姆拉、加尔各答，Burma，即缅甸。

② 岱孙，即陈岱孙，时任西南联合大学经济系教授、系主任。

③ 通夫，即陈达，字通夫，时任西南联合大学社会学系教授、系主任。

④ 守愚，即赵人儁，字守愚，时任西南联合大学经济系教授。

⑤ 戴世光：《报告在印度工作情形》，清华大学档案馆存，档案号X1-3：3-102。

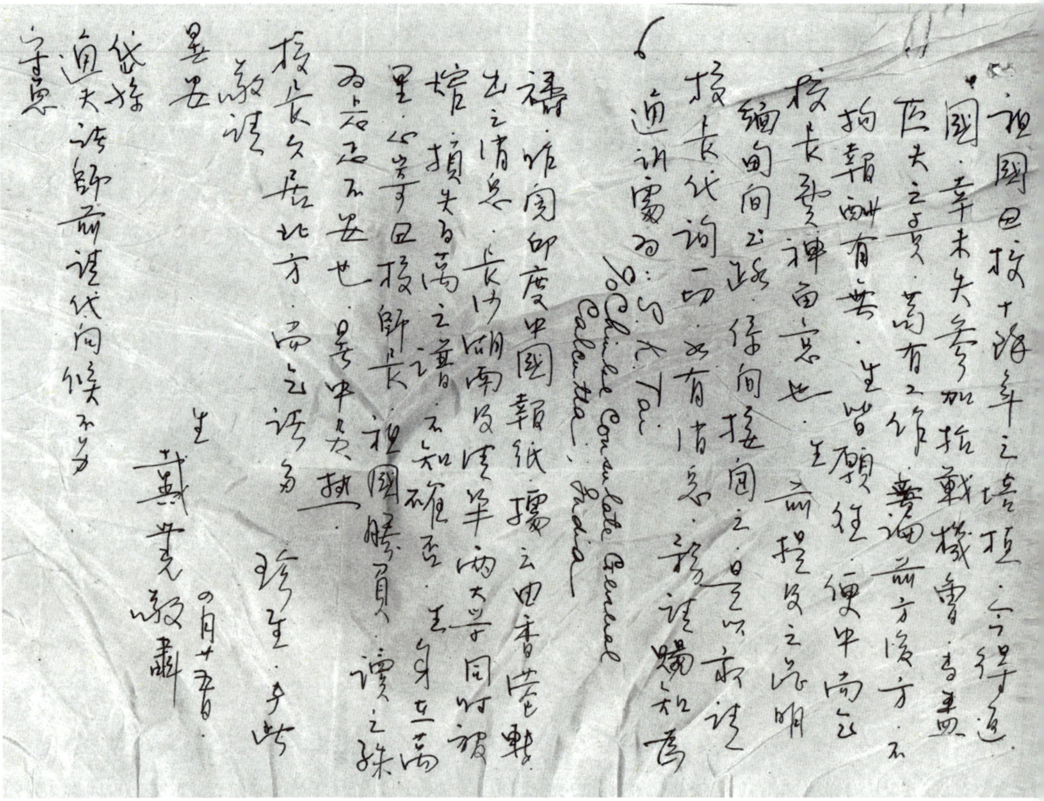
祖國回校十餘年之培植，今得追
國。幸未失參加抗戰機會。書盡
臣大之責。萬有之餘，並論前方後方，不
拘報酬有無。生皆願往。便中尚乞
校長費神留意也。生前提及之說明
編留向公路，係向接洽之日，是以求請
校長代詢一切。如有消息，務請賜知為
通訊處為：S. K. Tai
% Chinese Consulate General
Calcutta, India
禱。昨閱印度中國報紙，據云由香港載
出之消息，長沙湖南及清華兩大學同時被
炸，損失為萬之譜，不知確否。查身在萬
里，心實日損。師長祖國勝負，讀之殊
為忐忑不安也。是中頭執
校長久居北方，尚乞諒宥。
專此敬請
崇安
生 戴世光敬肅
四月十五日

戴世光致函梅贻琦，表示愿回国参

因天气炎热，印度政府某些机构和高级官员临时前往有“夏都”之称的西姆拉办公，于是先生在完成了德里的调研后，也赶往西姆拉。

在西姆拉十几天，先生在内务部人口普查局出生死亡登记处进行了比较详尽的调查和实习，着重考察了普查人员训练、普查经费管理、调查时间等实际操作问题，大量查阅了该处的调查记事及有关调查和统计的文件、小册子，了解了一些工业、农业的统计调查方案。 正是在这里，先生第一次系统学习、实际考察了人口资料的统计方法——条纸法，包括具体方法、时间、人力、经费等，深受触动。回国后，先生创造性地将条纸法应用在清华大学国情普查研究所在云南呈贡的人口普查中。

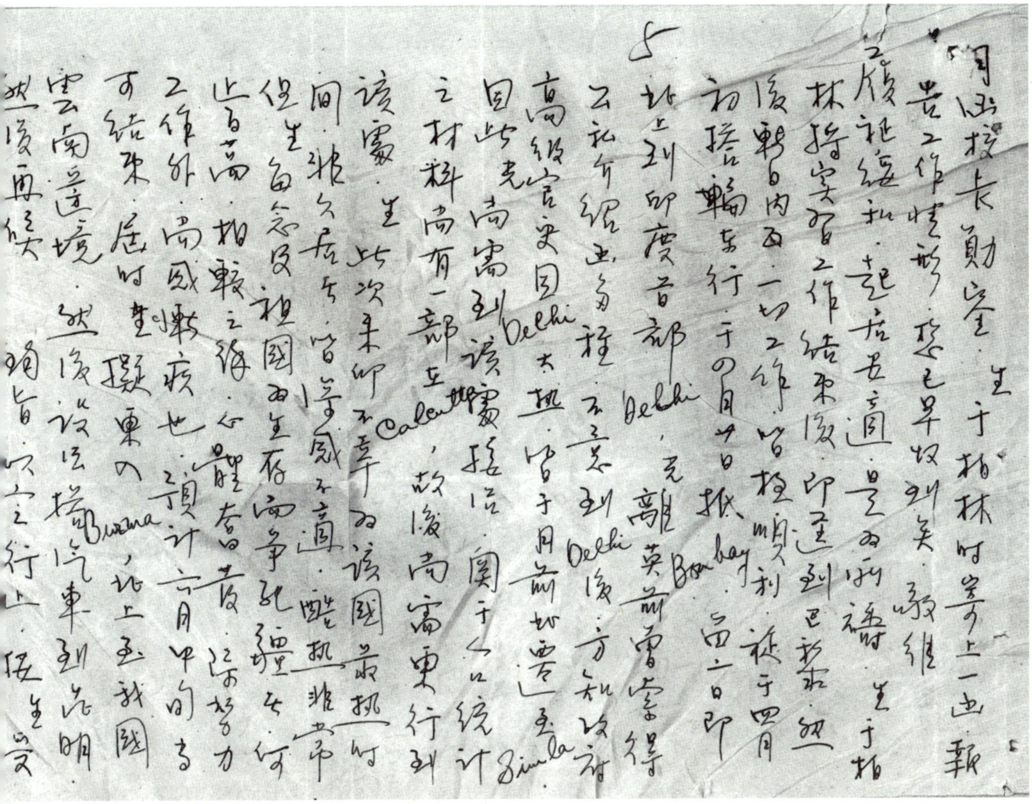

加抗战。原件存于清华大学档案馆

先生在西姆拉住在青年会，青年会不时组织演讲会，先生应邀做过一次演讲，主题是“日本侵略中国是强盗行为，是杀人犯”，并应报纸记者要求写成了文字。

离开西姆拉后，先生到加尔各答实习了一个多星期，在各级统计机构考察了人口出生死亡、工业、农业的调查、统计方案。

6月初，先生由加尔各答搭船去香港，圆满结束了三年的留学生涯，返回已经处于战火中的祖国，准备追随撤退至西南边陲艰苦办学的清华大学。先生客居在香港九龙的一家小旅馆里，他到干诺道西廿四号广丽隆商行拜访了张喜洲，知道由美国和英国托运的几箱书籍、资料均已运到，但清华大学尚无信来。

6月18日，先生致信梅贻琦，报告行程：

> 生计在印度考察凡一月有半，一切顺适，当于本月初结束。当时因不知母校在湘折迁滇，兼去岁生在美京国势清查局实习时，蒙该局更赠我母校图书馆国势清查报告全套，计一大木箱，已由美运港，需生亲到港照料妥收，是以生放弃由缅返滇之路，□舟东返到港最近将来。生返滇至母校报到时，是否携该报告到滇，抑暂存香港？此外，校长、诸师长及联大有否需在港购置之书籍、药品或其他各物，统计赐知。俾生购妥携滇，便中并恳联大发一免验书籍护照，更为便妥。按生受国、校十载培植教育，今年已而立，尚未得报深恩于万一，每念及此，既痛且愧。今得至临国门，不禁感慨而泣也。谨此敬俟钧谕，敢恳早日赐知。匆匆敢请勋安不一。①

在香港小住数日，先生搭轮船，坐四等舱到上海，住在朱民声家中。此时朱民声在重庆大学教书，不在上海，朱的家人款待了先生。先生本想到上海后，看看是否有可能回北平看望父母；朱民声的家人和先生的堂妹等人都劝阻他不要回北平，以免在敌伪势力下出不来或被迫害，先生只好作罢。先生在上海住了一周余，其间与密歇根大学同学刘相荣、哥伦比亚大学同学徐维镕小聚叙旧，仍搭轮船坐四等舱返回香港，即收到梅贻琦5月21日签发的信函，信中表示清华大学拟聘其开展国情普查研究工作：

> 关于回国工作问题，本校由今夏起将在滇举办国势清查研究，由陈通夫先生负责主持，届时拟请足下参加该项工作。甚望回国后即来昆明

① 清华大学校长办公室：《致戴世光，函复闻已到港不日来滇甚慰》，清华大学档案馆存，档案号X1-3：3-102。

或先赴蒙自与陈先生一谈亦善。[①]

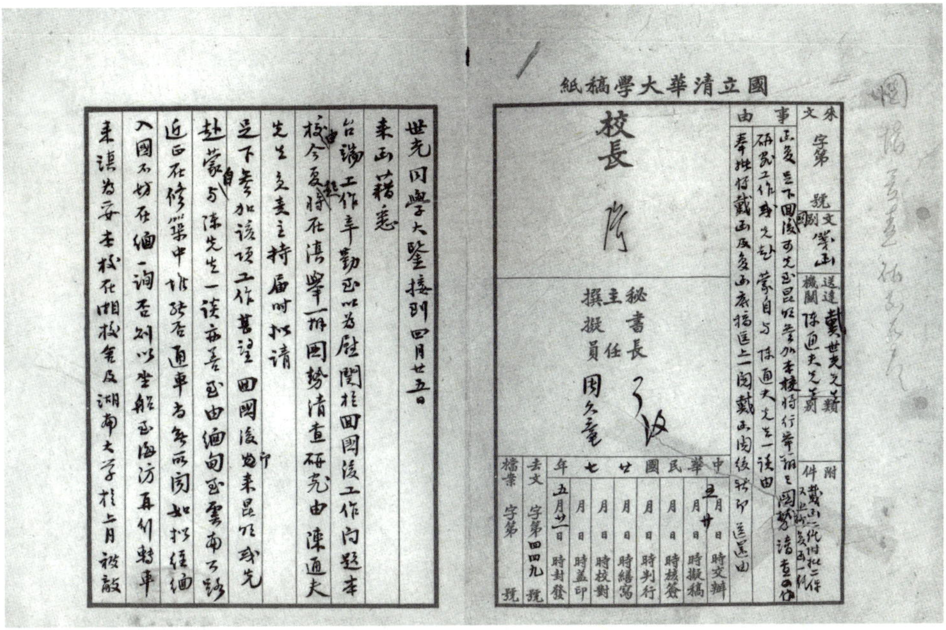

世光同學大鑒接到四月廿五日
來函藉悉
台端工作辛勤至以為慰關於回國後工作問題本
校今夏擬在滇舉辦國勢清查研究由陳通夫
先生主持届時擬請
足下參加該項工作甚望回國後先來昆明或先
赴蒙自與陳先生一談亦善至由緬甸至雲南之路
近正在修築中能否通車尚無所聞如擬經緬
入國不妨在緬一詢否則以坐船至海防再行轉車
來滇為妥本校在湘校舍及湖南大學於上月被敵

國立清華大學稿紙

校長

梅贻琦签发函件，邀请戴世光参加国情普查研究工作。原件存于清华大学档案馆

西南联合大学迁到昆明后，梅贻琦与清华教授会相商，除了把原有的农业、航空、无线电三个研究所迁往云南外，又根据云南当地与时势的需要，添设国情普查及金属学两个研究所，五所共同组成一个特种研究事业委员会，由叶企孙任主席。

7月10日，先生致函梅贻琦，欣然接受邀请：

盖半年来未得校长及母校消息，系念之情，无时或已。今奉手谕，不啻此身已在校长左右也。目下生已将存港报告取出，定于十三号离港西行，拟先到蒙自见岱孙师及通夫师，报告一切，然后到昆明面谒校

① 清华大学校长办公室：《致戴世光等，函复足下回国后可先至昆明参加本校将行举办之国势清查研究工作》，清华大学档案馆存，档案号 X1–3：3–102。

长。海防刘领事处已电请照料并告船期，一切承校长爱护周至，感念极深，趋谒在即，一切容当面陈。①

7月13日，先生匆匆整理行囊，携带所有的书籍和美国国势清查局赠送清华的国势清查报告，由香港搭船到越南海防，然后由海防经河内搭火车进入云南。先生先到蒙自，拜见昔日的老师陈岱孙、陈达，初晤国情普查研究所李景汉、王秉厚等人。蒙自位于昆明以南约300公里，联大初到昆明时，文学院、法学院临时设在蒙自，一个学期后撤回昆明。关于西南联合大学迁滇初期的校舍分布，陈岱孙在《往事偶记》中有记：

迁校的先遣人员，在云南省府的大力协助下，只能在昆明东南城外租赁了几个大会馆为工学院校舍；又向西城内外省立学校区内之昆华农院、昆华师范、昆华中学等所学校各商借若干间课室和几栋宿舍楼以供理学院暂用。至于文学院和法学院，则只是最后由较熟悉地方情况的人提出在昆明南边三百公里的蒙自县城南近郊有一片空闲的公房或有可谋，并经先遣人员现场察看认为可用后，才得到切实的安顿。②

陈达对先生简要谈了筹备国情普查研究所的初步设想，选一个地方作为试验区，做小规模的人口普查，请先生协助。陈达还有意请本年经济系毕业生沈如瑜、李天璞，社会系毕业生任福善、袁可尚入所帮忙，同时请李景汉在调查方面予以指导。

先生在蒙自时，恰逢蒙自为纪念抗战一周年举行“七七”献金活动，分校师生一共献金约2 000元。先生积极响应，表达支持抗战的热忱：

① 清华大学校长办公室：《致驻海防刘领事》，清华大学档案馆存，档案号X1-3：3-102。
② 陈岱孙. 往事偶记. 北京：商务印书馆，2016：123，124.

我捐献100元，是当时捐献最多的人。为此，还为我贴了一张大布告。从美国回国前，思想上做好了打游击的准备，为适应游击活动的需要，凭想象只买了一个不用电池的手动电筒。在蒙自这些具体事实，说明我当时的心情和精神面貌。[1]

① 戴世光．怀念抗战中的西南联大 // 笳吹弦诵情弥切：国立西南联合大学五十周年纪念文集．北京：中国文史出版社，1988：24．

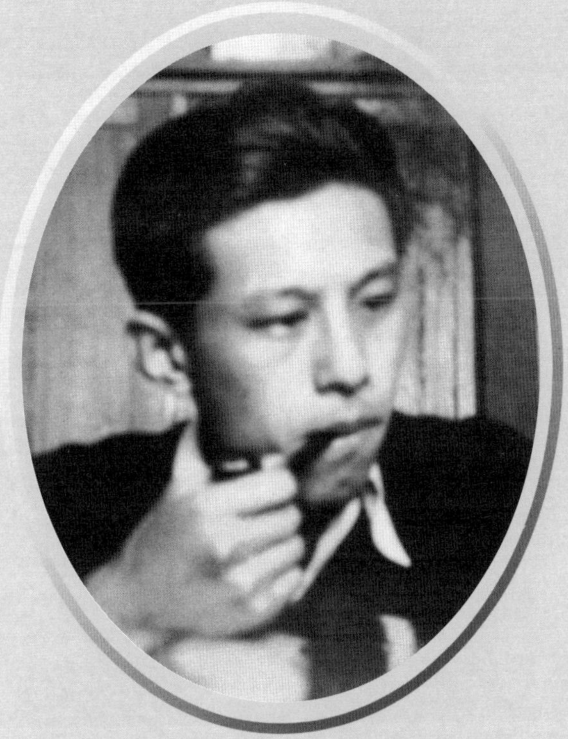

卷三

1938—1948 年，30～40 岁

1938年（民国二十七年），30岁

清华战时设立的五个特种研究所中，金属、无线电、航空、农业四所均与自然科学有关，国情普查研究所是唯一的社会科学研究机构，特别注重人口调查与研究，正式成立于 1938 年 8 月，经费每年四万元。国情普查研究所设立的缘起在于“近年来，我国社会科学研究者，感觉关于本国政治经济及社会各方面，缺乏基本事实，以致各种建设，各种讨论及研究，难得系统的发展”[①]。研究所以清华大学原社会学系学术基础为支撑，希望通过实验并采用比较科学、经济的方法，搜集并整理国内人口及相关问题的材料，加以研究并发表研究成果，在全国产生示范作用，以期对于政府及社会科学研究有所贡献[②]。国情普查研究所早期设立在昆明市青云街 169 号，紧邻翠湖，环境幽静，由西南联合大学社会学系主任陈达担任所长，社会学系教授李景汉担任调查主任，先生担任统计主任，汇集了苏汝江、周荣德、罗振拔、沈如瑜、倪因心等一批年轻教员和毕业生。研究所在 1938 年至 1946 年间开展了呈贡人口普查（1939 年）、呈贡人事登记（1939—1940 年）、呈贡农业普查（1940 年）、昆阳人事登记（1941 年）、环湖市县户籍示范（1942 年）等多项调查和研究，发布了《云南省呈贡县人口普查初步报告》（1940 年）、《云南省户籍示范工作报告》（1944 年）、《云南省呈贡县昆阳县户籍及人事

① 北京大学、清华大学、南开大学、云南师范大学编. 国情普查研究所概况（1940 年 5 月 12 日）// 国立西南联合大学史料（三）. 昆明：云南教育出版社，1998：695.

② 参见《国立清华大学国情普查研究所工作概况》，1941年3月，清华大学档案馆存，档案号X1-3：3-87。

登记初步报告》(1946年)等一批调研报告，先生和陈达、李景汉、苏汝江等陆续发表了基于各项普查研究的学术成果。国情普查研究所是民国时期中国唯一专门以人口调查为主的社会调查机构，其持续的、开创性的调查与研究工作不仅为政府战时及战后制定适合国情、通盘周密的统治计划与整个国策提供了社会情报、理论根据及技术经验，而且是中国科学的、现代的社会学研究的典范①。先生甫一回国，即受聘担任清华大学副教授，主责国情普查研究所之统计工作，与陈达、李景汉两位国内卓有成效的社会学家合作，发挥在国情普查领域的专业优势，将西方现代的理论与技术运用到中国实际中，从此开启了毕其一生的人口学、统计学学术研究事业。此间，先生还承担了西南联合大学经济学系的统计教学工作，并在1943年至1945年间承担了昆明译员训练班工作。

8月1日，梅贻琦签发聘书，聘任先生“为清华大学国情普查研究所副教授，每月薪金国币贰百捌拾元整。聘期自民国二十七年八月一日起至民国二十八年七月三十一日止”②。

8月2日，陈达回上海接家眷，先生到昆明，拜见梅贻琦，正式受聘清华大学国情普查研究所副教授，开始了与昆明和西南联大的渊源：

> 1938年回到清华。当时西南联大成立，从那时起，我与西南联大有了联系。那时我受聘为清华大学副教授，在国情普查研究所工作，担任调查和统计员，云南省的许多县和呈贡县的许多村留下了我的足迹。这段历史，对我来说，树立了爱国思想和毕生从事统计研究的思想，并贯彻到日后的生活中。③

① 钱颖一，李强. 老清华的社会科学. 北京：清华大学出版社，2011：220.

② 《致戴世光：聘为本大学国情普查研究所副教授》，清华大学档案馆存，档案号X1-3：3-44。

③ 戴世光. 怀念抗战中的西南联大 // 笳吹弦诵情弥切：国立西南联合大学五十周年纪念文集. 北京：中国文史出版社，1988：24.

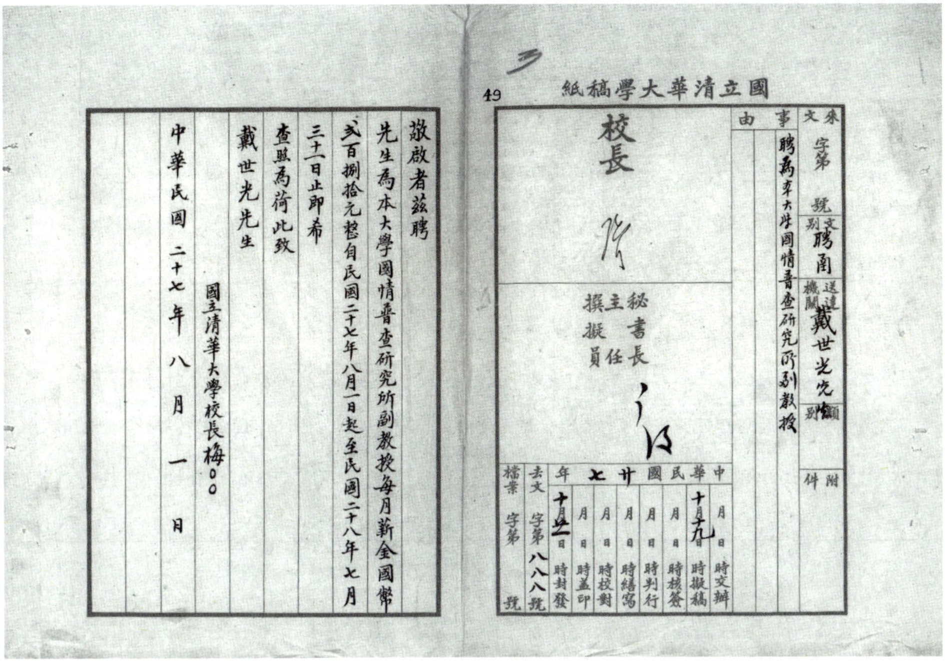
敬啟者兹聘
先生為本大學國情普查研究所副教授每月薪金國幣
貳百捌拾元整自民國二十七年八月一日起至民國二十八年七月
三十一日止即希
查照為荷此致
戴世光先生
國立清華大學校長梅○○
中華民國二十七年八月一日

國立清華大學稿紙 49
來文 字第 號
文別 聘函
送達機關 戴世光先生
事由 聘為本大學國情普查研究所副教授
附件
校長
秘書長
主任
擬稿員
中華民國廿七年
去文 字第八八八號

梅贻琦具名聘请戴世光为清华大学副教授。原件现存清华大学档案馆

8月23日，蒙自分校课程结束，文法学院师生迁返昆明。

12月，学期开始，经系主任陈岱孙力荐，先生以清华大学副教授身份在西南联合大学法商学院经济商业学系兼课，为本科二年级学生开设2个学分的统计学课程，为四年级学生开设6个学分的高级统计课程，为期一学年。这是先生教学生涯的开始，除了在西南联大任教，他的教学活动还包括1940年至1946年间几度兼任云南大学统计学讲师，1944年至1948年间连续兼任辅仁大学、北京大学、燕京大学统计学讲师；先生还在呈贡县立中学一度兼任过英文教员、数学教员，教学之余热心指导中学生打篮球。李铭1944年考入西南联大经济系，1938—1942年在呈贡中学读书时就跟着先生学习打篮球：

戴老师喜欢打篮球，晚饭后常在球场和中学生们打篮球，他告诉我们：他在清华大学时是篮球队长。他的球艺确实很高，他教我们如何进攻、防守。过一段时间，呈贡中学建立了篮球队，选我任队长，戴老师教我如何当好队长，准备参赛。结果，我们比赛时，得了第一名，得学校奖励。以后呈贡中学的篮球常常举行比赛，增进友谊，锻炼了身体。戴老师是名教授，没有架子，平易近人，对我们当时的农村青年影响很深，他教我们做人、成材及爱国的道理。我暗自下决心：一定要学习戴老师这样的好人，勤苦学习，努力上进。后来，我转云大附中读高中，毕业后，果然考入了西南联大经济系。①

先生虽新近归国，但是能够随遇而安，很快就适应了昆明的生活。他住在国情普查研究所所在的青云街169号，和研究所的同人食宿均在一处。各同人自发组成“饭团”，解决吃饭问题。联大在新校舍修好前，借用云南农业学校为校址，在小西门外三华里，先生从研究所去联大授课，只需步行25分钟。

先生着手进行普查准备工作，招聘助理和统计练习生若干人加以指导和培训。他先后到云南省民政厅、昆明市政府、呈贡县政府、宜良县政府、晋宁县政府所属之人口普查机构参观调查，通过云南省民政厅第三科（即云南全省编查保甲户口办事处），商借包括公共处所、普通户、船户、寺庙在内的各县户口调查表格等资料，自行进行研究、统计、整理与分析。通过分析比较和实地考察，先生发现呈贡县作为人口普查区优势明显，此地距离昆明市不足20公里，有火车与昆明相连，交通便利，居民以经营农业为主，人口数量合理。

12月2日，陈达自上海携眷返回昆明，先生和倪因心、李作猷、沈如瑜等国情普查研究所同人到火车站迎接。

先生向陈达汇报了自己已对周边各县进行的考察情况和意见，随后，陪同陈达在昆明县官渡镇及附近乡村、呈贡县回龙乡等地视察，与地方官员接洽商谈，拜访呈贡县县长李晋笏（字右侯），促使陈达决定以呈贡为试验区。

① 见李铭的文章《怀念戴世光老师》，被收入《国立西南联合大学一九四四级通讯（六）》（2005年4月，非正式出版）。

对此，陈达写道：

戴世光对于选择试验区事，已着手进行，除路远者不适宜外，余亲赴昆明市近处视察，先到昆明县属官渡镇及其近村。官渡离昆明市南门外约五里，一日下午与戴步行去，归时沿滇越铁路走，遇火车来到九门里时，车虽徐行但不停，余等一跃登车。

余与戴君另一日往呈贡见县长，并到回龙乡在乡公所与乡长、保甲长、小学教员相谈。余有意选呈贡县为试验区。李景汉兄适由迤西归昆明，某日请李与同人二人，往官渡及呈贡视察，以便汇集各人的印象，作最后的决定。[①]

1939年（民国二十八年），31岁

1月1日，清华、北大、南开举办新年三校篮球赛。先生参加清华与南开的对阵，引得清华学生啦啦队摇旗高喊："不要慌，不要忙，清华来了戴世光。"新年师生篮球赛是西南联大的传统，梅贻琦日记中有记载特为比赛开球。

1月，国情普查研究所决定将呈贡县作为试验区，拟开展的试验包括三项，即人口普查、人事登记（包括生育登记、死亡登记）、农业普查（包括土地利用的情形、农作物和食粮的生产及运销情形）。开展试验的目的有两个：一是搜集事实，一定程度上满足云南省政府及中央政府的行政管理需要，如壮丁的选拔、选举的推行、租税的征收、义务教育的推行、公众卫生的推广、贫穷的救济等；二是试验材料整理方法，为搜集事实服务。试验拟采取呈贡县政府与研究所合作的方法，以最大限度地保证效率，县政府负行政及推动的责任，研究所负技术及经济的责任。为取得云南省地方政府的指

① 陈达. 浪迹十年之联大琐记. 北京：商务印书馆，2013：189.

导和支持，便于合作，清华大学组织了顾问委员会，聘请云南省省政府主席龙云为名誉顾问，聘请云南省政府秘书长袁丕佑、曲靖公署秘书长赵宗瀚、民政厅厅长丁又秋（后由继任厅长李培天接任）、教育厅厅长龚自知、建设厅厅长张邦翰、财政厅厅长陆崇仁等人为顾问。首先开展的试验是人口普查。

1 月 14 日，清华大学以梅贻琦的名义致函民政厅厅长丁又秋，再次陈明国情普查研究所选定呈贡县为试验区，请民政厅予以指导并通过民政厅协调呈贡县政府予以协助，具体要求有两点：一是由呈贡县政府委托国情普查研究所开展社会调查（包括人口普查）、人事登记、农业普查；二是呈贡县政府增设调查统计科，人员和薪金由研究所承担。此前，陈达曾专门前往民政厅拜会丁又秋，适逢丁外出公干，未能面谈，遂请秘书转达此意。

1 月 19 日，陈达拜访教育厅厅长龚自知，请其下令呈贡县县长，以便聘任全县小学教员为调查员。

1 月 26 日，由陈达陪同，梅贻琦前往民政厅拜访丁又秋，请其下令呈贡县对人口普查给予便利，并协助进行。

同日，梅贻琦派人给龚自知送去信函，请教育厅协助国情普查研究所在呈贡县开展研究工作。梅贻琦请教育厅下令呈贡县教育局，要求全县各小学校教员“兼任该所人口普查员，以收驾轻就熟之效”①。梅贻琦信中介绍了工作时间和薪金支付办法，特别说明“国情普查工作为国家目前所亟需，对于抗战建国直接间接均有关系”，务请给予鼎力赞助。两日后，龚自知函告梅贻琦，赞同呈贡县教育局与国情普查研究所合作，表示遵照办理。

2 月 5 日，先生在《今日评论》第 1 卷第 6 期发表文章《国情普查与云南的人口调查》。《今日评论》由西南联合大学政治系教授钱端升于 1939 年 1 月创办，该刊“议论政治，评价政策，成为抗战期间刊载国内各界著名专家学者著作的重要论坛和发表独立见解的权威平台”②。先生从类别、目的、

① 《国情普查研究所致龚仲钧函》，龚自知，字仲钧。清华大学档案馆存，档案号 X1–3：3–102。

② 钱颖一，李强．老清华的社会科学．北京：清华大学出版社，2011：序言Ⅸ．《今日评论》，1939年1月1日创刊，1941年4月13日停刊，共发行5卷114期。

特质和实施四个方面对“国情普查”这一国人还比较陌生的新名词做了介绍，并将其应用到1938年云南省为编制保甲而举办的人口调查实际中。先生认为云南的人口调查在抗战时期有重大意义，调查的组织和进行也反映了地方行政的高效：

那次调查，由性质而论，是的确想向人口普查方面走，其目的是想求得十八岁到四十五岁之间的各地壮丁数和六岁到十二岁大之间的就学儿童数。际此抗战期间，云南地居后方，此种工作意义之重，自可勿［毋］庸赘述，关于调查方法及统计手续，大致系根据立法院通过之保甲条例及地方自治法规。调查后统计人员完全利用各地方乡镇长等及小学教师。原则上是义务工作，并无报酬，统计整理部分也由各乡镇自己负责。结果这种大规模的工作差不多都能按期完成。这一方面表示云南行政系统的相当健全，一方面也表示各地方人员和小学教师肯热心服务。

先生认为，就国情普查的性质及内容而论，云南此次人口调查有四点可以改进：

第一，本次调查分公共号所[①]调查表、船户调查表、寺庙调查表，及普通户口调查表四种。在原则上，如果根据人口调查中的实际，是可以用这四种调查表格来调查的，同时以任何一县四种调查表的结果加起来，应当等于全县的总数。不幸这次调查方法似乎是根据住所制，而公共号所调查表只要填人数，其余基本竟［尽］付缺［阙］如，一方面公共处所调查的结果和其他三种不能加，一方面人口质量的分析不完备。此处应预先制定一种调查表，根据住所制以户口为唯一的对象，勿论公共处所、寺庙、船户、普通户，应根据一致的内容来调查。第二是缺少

① 原文如此，疑为“公共处所”。本书引文皆以原始档案为准。

前面所讲的截断性。各县调查并不一致，而且什么时候调查就记载什么时候的事实。此处应该估计各县大致筹备就绪后，决定某一天为普查日作截断的标准。第三是统计整理方面有点头重脚轻的毛病。因为分乡镇各自整理，工作是太繁重，而且统计人员不敷分配。此点至少是应将各县乡镇之调查表集中在县政府，由有经验的人员统一整理。第四是在调查表上的项目，除公共处所以外，本已包括的项目有：性别、年龄、教育、婚嫁情形、职业、受军训否与废疾。可惜在统计方面仅制有年龄与性别（包括儿童教育与军训）、职业与性别和废疾人数三种。事实上全省的材料如能经过合理的整理，其结果不仅是对施政方针是一个很重要的根据，同时由各方面的学术研究而论，也是很有价值的资料。当然以上各点仅就实际情形所允许的而论，尤以第四点如果现在能将全县所属乡镇之调查集中统计，为时尚不算晚，其结果不仅有益于本省行政及学术研究，而且其统计结果及整理方法也足可以供全国或各省人口普查的参考。

2月5日，梅贻琦在国情普查研究所设宴，宴请新任民政厅厅长李培天（字子厚，原厅长丁又秋辞职）和呈贡县县长李晋笏，陈达和先生作陪。席间，宾主共同商议人口普查进行事宜。

2月8日，陈达前往呈贡县政府，商议由清华大学与呈贡县政府合作组成人口普查研究委员会，李晋笏和陈达任常务委员，主持普查工作，李景汉、陈岱孙、潘光旦和先生等清华大学教授以及呈贡县党部书记长邓迪民等担任委员。

2月12日，人口普查研究委员会在呈贡县党部召开成立会，梅贻琦、叶企孙到会，先生和陈达、李景汉、李晋笏、邓迪民等委员悉数出席，云南省教育厅代表、地方各团体代表及国情普查研究所同人共同出席。呈贡人口普查正式启动，县党部作为普查工作站。

3月1日至6日，人口普查调查员训练班在呈贡县文庙开班，担任调查员的小学教员82人、全县保甲长约200人参加培训。训练目的是使调查员能了解各调查问题的意义，并能忠实地填写表格。

3 月 12 日，调查开始。全县划为 82 个区，调查由保甲长具体负责实施，由调查员入户调查登记，国情普查研究所负责到各调查区予以指导、监察巡视，进行必要的抽查。陈岱孙、吴文藻、潘光旦等人也曾组队，和陈达、李景汉、先生等一起入村抽查。调查覆盖全县 559 平方公里土地上的 82 个乡村，共计 71 223 人，对每个被调查人登记 10 个项目，即姓名、与户长的关系、通常住所、籍贯、性别、年龄、婚姻、教育、职业和废疾。调查至 5 月 1 日结束。

5 月，因昆明时有敌机轰炸，为安全起见，研究所决定将资料整理工作由昆明迁往呈贡乡下进行。经与李晋笏县长相商，李县长同意将文庙借给研究所整理资料，进而同意研究所迁址文庙。

6 月下旬，国情普查研究所人员携带资料、设备从昆明青云街迁往呈贡县文庙，从此以文庙为工作、生活基地。呈贡县文庙历史悠久，始建于明洪武十六年（1383 年），初址在伽宗城，后迁至县城东门街，700 米处即为魁星阁。文庙是一组规模宏大的建筑群，由崇圣祠、大成殿、东西两庑、棂星门、泮池虹桥等组成，院内有百年以上古柏数百棵，环境幽静，正是研究所成员工作和生活的理想场所。因其院落平展开阔，普查人员培训也可在此进行。国情普查研究所托庇于文庙时，费孝通主持的云南大学社会学研究室迁入魁星阁，中国社会学界两大精英团体汇聚呈贡。在云南社会学系任教的吴文藻和夫人冰心在安家于华氏墓庐之前，曾栖身于文庙，与先生比邻而居。先生有感于冰心随遇而安的乐观，在她居室门上写了一副对联：“半间东倒西歪屋，一个千锤百炼人。”

在文庙，研究所通过考试方式录取了统计练习生 12 人，大部分是参加人口普查的调查员。先生也利用休息日为练习生授课，和史国衡、倪因心、沈如瑜等教员一起，为练习生讲授国文、英文、数学等课程。

在先生主持下，人口普查进入资料整理即统计阶段，至 12 月，完成了划记法和条纸法两种统计方法的实验。

国情普查研究所同人在工作

7月2日，《今日评论》第2卷第2期刊登先生的文章《我国政府统计事业的商榷》，这是先生对回国一年来普查工作实践的总结和关于政府统计工作的考察心得。文中，先生指出，若要切实发挥统计资料在增强生产力量、赢得抗战胜利中的参政作用，则政府的统计事业有外在和内在两方面的问题值得注意。外在的问题表现为统计事业与统计学术之间的联系不健全、不连锁，二者不能互相提携，平均发展。内在的问题有两点：一是把搜集统计资料当作目的，而根本忽略了搜集统计资料是为了解决问题；二是统计人才缺乏。有鉴于此，先生建议对政府的统计工作加以调整：

由外在的问题来说，最好多由实验入手，多讨论各应用范围中的规范问题。各国的客观条件不同，非由本身的经验谋规范不可，而内在问题，则应该在经济的条件下，搜集的统计资料只限于少数几种重要的，而务必先把搜集该种统计资料的目标确定，各机关宁可不办统计，要办就是重要的，可靠的，同时是有意义的。在统计人材方面，应该有一个最低的训练，去负责办各基本单位的统计事业。如此上有确定的目标，下有健全的基础，然后旁与统计学术取得联系，那么我们政府的统计工作才能发扬光大，而有稗［裨］于将来建国者也非常之多。

9月，新学期开学，先生继续在西南联合大学法商学院经济商业学系授课，开设统计学和高级统计两门课程，各占6个学分，为期一学年。先生授课注意调动课堂气氛，启发学生，半个多世纪后，林富德[①]回想起来，仍然津津乐道：

> 我和戴老师有很多年接触。1938年他回来后在清华教书，当时他住在昆明郊区，除了上课以外不大进城。在昆明时我没有上过他的课，但我知道有这么一位年轻老师。怎么知道的呢？戴老师上课很开放，他在介绍自己姓名时，自称 Put the world's light on my head，这样学生都很接受他。[②]

先生住在文庙，到昆明城里给学生上课，经常徒步到呈贡火车站，然后搭乘滇越铁路[③]火车到昆明，住在西南联大教师宿舍集中上两天课再返回呈贡。为了乘车方便、节省交通费用，清华大学还与滇越铁路公司商议，给国情普查研究所人员以乘车优待或票价减半。

人口普查结束后，人事登记和农业普查两项试验随即展开。

9月26日，陈达从上海回到呈贡，当天正逢人事登记训练班结业，在文庙举行了聚餐会。

10月1日起，人事登记先在呈贡县城近处27个乡镇试办，由倪因心在

---

① 林富德（1925—2017），中国人民大学教授，1943—1947年就读于西南联合大学、清华大学经济学系。

② 戴世光先生人口理论学术座谈会会议记录 // 戴世光文集. 北京：中国人民大学出版社，2008：366.

③ 滇越铁路是我国西南地区第一条铁路，修建于1901—1910年，连接越南海防—中国河口—昆明。

李景汉指导下主持。登记人口2万余人，约占全县总人口的三分之一，登记项目为出生与死亡两项，填写出生表和死亡表。每个乡镇每月有出生及死亡报告，报告人为保甲长与家长，登记员为小学教员，登记的责任由保甲长承担。研究所指定本所辅导员李尚志、李忠、马兴仁巡视各乡村，指导监督，以利进行。

12月6日，国情普查研究所在文庙召开人事登记会议，李悦立[①]县长及呈贡县政府民政科长、教育科长、卫生顾问、四位乡长、警察局长、安江警察分局长、国情普查研究所部分人员出席，会议由李悦立主持，研究解决人事登记中出现的问题。

12月24日，国情普查研究所在文庙召开呈贡农业普查委员会会议，邀请萧叔玉、潘光旦和陈达、先生等研究所同人共同出席，会议决定举行呈贡县农业普查。规定于1940年1月9日起小学教员受训一星期，于1月18日起开始调查，2月4日至17日为旧历年假，休息14天，之后继续工作，至全县调查完竣为止。

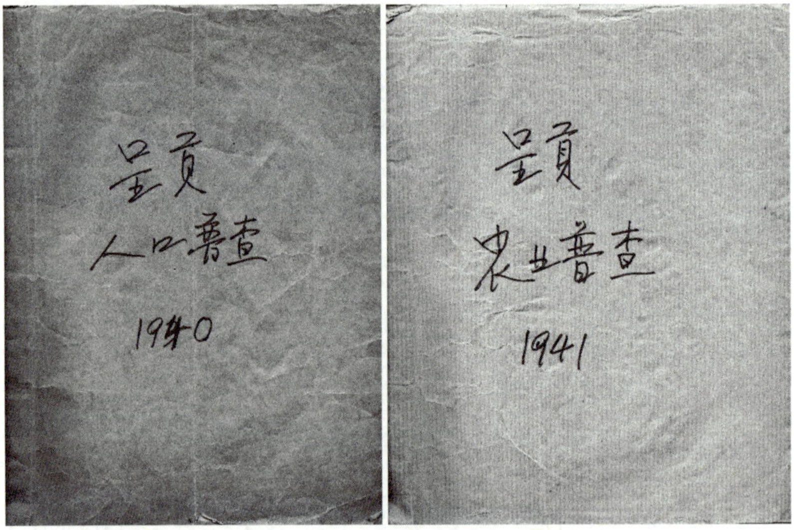

戴世光签名并保留的《呈贡人口普查》《呈贡农业普查》报告油印本

① 李悦立，字之桢，1940年1月接替前任李晋笏任呈贡县县长，1943年8月调任玉溪县县长。

本年，先生作为导师，指导西南联合大学经济系学生肖嘉魁和李士亭翻译蒲兰（英国）的原著《统计学纲要》，作为二人的毕业论文。

1940年（民国二十九年），32岁

1月，研究所开始在呈贡全县开展农业普查。普查项目既包括耕地面积及其种植状况、农户地权、各种农作物的产量、灌溉情形和牲畜等具有普遍性质的项目，也包括具有呈贡地域特点的菜蔬和果产。普查以农场（或农户）为调查单位，将全县按照自然村落划分为139个调查区，聘任小学教员为调查员，经过两个阶段的调查和调查后的抽查，至5月3日调查阶段结束。

2月1日起，人事登记推及呈贡全县，由乡镇长及保甲长负责管理，由小学教员负责登记。全县有81保139村，每个保有一所国民学校，以保小学为中心，将全县划成81个登记区，共有登记员94人，每个登记区约有200户，约1 000人，面积约6.9平方公里。每个登记区每月均有报告，除原有出生与死亡两个登记项目外，加增婚姻与迁徙两项。

春天，先生加入清华经济系教授伍启元等组织的“清华年轻教授小组”，被提名为清华大学评议会竞选人。

6月，先生当选为教授评议员，本年度同时当选的还有苏国桢、李谟炽、张奚若、周培源、任之恭、陈铨、王信忠、陈省身，共九位。任期内，先生与其他评议员一起提出“增加年青［轻］教授薪金”的提案，后由评议会做出决定“薪金低者普遍增加”。评议会和教授会、校务会议共同构成清华大学“教授治校”领导体制的基础，评议会是这一体制的核心，实际上是教授会的常务机构，是校内最高的决策、立法和审议机构。评议会由校长、教务长、秘书长、各学院院长及教授互选出的评议员若干人组成，职权包括：决议大学的重要章制；审议预决算；决议基建及其他重要设备；决议学院、学系设立及废止；决议选派留学生计划和经费分配；决议校长和教

授会交议的事项①。

8月，国情普查研究所完成《呈贡县人口普查初步报告》。《呈贡县人口普查初步报告》在“引言”部分阐明此项研究是对于人口普查找寻适当方法的实验，此种方法包括人口资料的搜集、人口资料的整理（统计）、人口资料的分析。实验的主要原则是结果务求比较可靠、经费务求比较节省、时间务求比较经济、手续务求比较简单。实验的工作可总结为三类：设计、调查、统计。除“引言”和“附录”外，《呈贡县人口普查初步报告》分九章：

第一章　调查以前的筹备

第二章　调查经过

第三章　统计方法的选择

第四章　划记法

第五章　条纸法

第六章　划记法与条纸法的比较

第七章　经费

第八章　呈贡县人口材料的一部与我国他县的比较

第九章　呈贡县主要人口统计表及图（计有个人统计表19种、家庭统计表8种、统计图10种）

《呈贡县人口普查初步报告》最后附录呈贡县人口普查工作人员名录：

设计组主要工作人员：陈　达、李景汉、戴世光

调查组主要工作人员：陈　达、李景汉、戴世光、倪因心、李作猷
苏汝江

统计组主要工作人员：戴世光、沈如瑜

调查员（呈贡县小学教员兼任）：（84人，略）

统计员（本所练习生）：（11人，略）

9月，杨西孟回国，先生和杨西孟同在西南联大法商学院经济商业学

① 陈岱孙. 往事偶记. 北京：商务印书馆，2016：77，78；国立西南联合大学史料（一）. 昆明：云南教育出版社，1998：128.

系开设初级统计课程，此前先生开设的高级统计课程由杨西孟接替，使先生有更多精力从事国情普查研究所的项目。二人教学各有侧重，杨西孟偏重数理统计，先生偏重应用统计，就此形成经济商业学系统计教学二分天下的格局。先生与杨西孟同在密歇根大学研究数理统计，是同窗好友，两人是美国留学生团体“建社”最早、最忠实的会员，在昆明时仍然参加“建社”活动。先生认为两个人开课各有侧重，恰恰反映了联大学术民主的传统：

联大保留了学术民主的传统……统计学，杨西孟着重数学理论，我偏重于应用，两个人都开课，学生可以自由选听。只有社会学例外，陈达认为社会学主要搞应用，指定我的统计课为必修。①

10月，先生带领6名统计员开始农业普查的统计工作，至1941年6月结束，共计九个月时间。调查所得资料中调查单位与统计单位一致的，称之为“分类资料”，采用条纸法进行统计；调查单位与统计单位不一致的，称之为“直加资料”，采用人工计算，即简单直加进行统计。具体来说，1940年10月1日至22日，是编号审核阶段；1940年10月23日至1941年3月9日，是直加统计阶段；1941年3月10日至4月29日，是分类统计阶段；1941年4月28日至6月30日，是校对修正、根据求得的总表并参考农业选样调查结果对农业资产森林等做估计、正式制表阶段。在统计工作进行时，“空袭是有相当的影响的。虽然我们的工作地点是在呈贡县，不过遇有警报，也只好停止工作疏散到附近安全地点去。统计9个月之中，我们遇到有紧急警报的日数是23日，其影响至少是半个月以上的时间”②。

---

① 戴世光．怀念抗战中的西南联大 // 笳吹弦诵情弥切：国立西南联合大学五十周年纪念文集．北京：中国文史出版社，1988：25.

② 戴世光．呈贡农业普查报告 // 戴世光文集．北京：中国人民大学出版社，2008：218.

12月，国情普查研究所拟将呈贡人事登记进一步推广到呈贡相邻的县，以增加登记人口数量。国情普查研究所在呈贡县的人事登记包括7万余人，如再增加3万人，即可编制生命表。用登记的方式搜集人口材料来编制生命表，尚无先例，在学术上具有探索和先验价值。为此，梅贻琦和陈达会晤民政厅厅长李培天，提出推广工作的设想。李培天认为距离呈贡县约90华里的昆阳县，是可能推广的区域之一。

清华大学以梅贻琦的名义，致函云南省政府，首先通报了国情普查研究所成立的目的以及自成立以来以呈贡为试验区开展的各项普查工作的成果，信中提出，需要将人事登记工作扩充至邻县，希望得到省政府的指导。

在昆明和呈贡工作时期的戴世光

本年度，先生被聘为清华大学教授①。

1941年（民国三十年），33岁

1月15日，在与两位厅长面商达成一致意见后，梅贻琦致函云南省民

① 戴世光首次聘为清华大学教授的原始档案未见，此据1955年8月本人《自传》所述。另，《清华大学志1919—2010》（第二卷）（陈旭、贺美英、张再兴主编，清华大学出版社2018年4月版）第80页和白重恩著《清华经济系八十五周年》（清华大学出版社2011年4月版）第123页所记为1939年。

政厅、教育厅，正式备案国情普查研究所拟将人事登记工作推广至昆阳县，从中可见研究所开展的几项主要调查的进度：

> 敝校为求对于我国人口及相关问题，获得研究技术及搜集材料，以便对于政治、经济及社会的建设，有所贡献；并期为辅助学术的研究，作试验的调查工作，乃于迁滇之始，设立国情普查研究所，选定贵省呈贡县为人口普查试验区，迭承贵厅惠予指导并令知该县县政府合作进行调查。其工作已告一段落者，计有呈贡县人口普查一项，并已出报告一种名曰呈贡县人口普查初步报告。至呈贡县农业普查调查工作，亦已于二十九年初春完成。其材料现正在整理中。人事登记工作则于民国二十八年九月在呈贡县二十七乡村试办，业于二十九年二月推及全县。兹为扩充范围增长经验起见，拟将该项普查工作推广至于本省昆阳，其办法业经该国情普查研究所所长陈达先生，分别商得贵厅长惠予同意。①

2月10日，国情普查研究所再次以梅贻琦的名义致函云南省政府，通报国情普查研究所“拟于最近期内将该项普查工作，由呈贡县扩充至邻近县份，并已选定昆阳县为初步的扩充试验区，在该县先作人事登记的试验”②。梅贻琦希望通过云南省政府，得到昆阳县政府及县长朱光明的协助，在昆阳县进行各项普查工作，以取得合作之实效。

2月20日至27日，第一次全国主计会议在重庆召开，陈达以顾问身份应邀出席。会议共通过会计、统计、岁计方面的议案230余项，其中一项决定1941年起各县试办人口普查，1943年起各省试办人口普查，1947年起全国试办第一次人口普查，以后每隔十年举办一次。陈达在会上提出的第147号提案获得通过，交由主计处参酌办理。陈达提议“以四川、贵州、云

①《清华大学致云南民政厅、教育厅》，清华大学档案馆存，档案号X1-3：3-102。
②《清华大学致云南省政府》，清华大学档案馆存，档案号X1-3：3-102。

南三省为人口普查试验区，在每省之内，按政治、经济与社会情形，选出若干县份，举行现代式的人口普查，及进行相关的研究。此种试验工作即可作全国人口普查的根据。既以适应长期抗战的需要，并为战后确定政府各项设施的标准，及树立我国社会科学的基础”①。陈达进一步建议有关部门与学术机关合作，详细讨论实施的具体方法及调查与管理技术，训练各种人口普查人才。

3月16日，先生在《今日评论》第5卷第10期发表文章《抗战中的生活费用与生活程度》。先生以昆明市为例，选取1937年1月和1941年2月两个时间点，比较了14种与生活有重要关系的物品的价格，得出了物价平均上涨了10倍的结论。文章进一步分析了物价上涨、生活程度降低的事实对农民、劳工、商人、固定薪金收入者四个阶层的不同影响，呼吁为了长期抗战和战后建国，政府要对此有合理的控制与管理，使抗战的力量日益充实起来，使人民安心工作并提高效率，同时，应该由优生的观点出发，鼓励知识阶级多生育。

4月6日，先生在《今日评论》第5卷第13期发表文章《国府新颁户口普查条例的商榷》，针对国民政府主计处1940年制定的全国户口普查条例，发表了意见。先生充分肯定了全国户口普查条例的制定和发布，认为该条例“内容周详缜密，实属我国对户口普查方面，第一种比较完备的法令。目前为了应国家迫切的需要，自应早日付诸实施”。先生从人民受教育程度、居住条件、社会对国情普查的认识程度等客观实际出发，对全国户口普查条例中关于人口及户的划分、普查的项目、填表方式、举办普查的机构等规定提出了意见和建议：

一、关于人口及户的规定。先生认为条例中“常住人口和实际人口两种标准并用”的规定，不适用于我国，应仅采用常住人口标准，不必同时又采用实际人口标准。“因普查工作在我国尚系初办，缺乏完备的基础，调查员极难同时运用两种原则，若填写不明，统计之时当然极易发生错误”，故条

① 陈达. 浪迹十年之联大琐记. 北京：商务印书馆，2013：261.

例将“户”分为普通户、营业户、公共户，没有必要。

二、关于户口普查的项目。先生本着明晰、具体的原则一一给出了修改意见。

三、关于填表方式。条例规定采用“挨户查填”和“户长自填”两种方式，先生认为我国人民的教育并未普及，对人口普查工作的认识与了解也不够，极难用“户长自填方式”。

四、关于各级政府举办户口普查。先生认为只有全国户口普查，无所谓“省市及县的户口普查”，省市及县只是此次全国户口普查中的地域单位。

先生还建议，为了全国国情普查工作之发展与进步，应进一步永久保留一部分组织，作为长期设计和研究的机构。

4 月，清华《社会科学》第 3 卷第 1 期以抽印单行本的形式，发表了先生的论文《选样人口普查问题的研究》。全文分正文和附录两部分，正文部分包括六个问题：一、选样人口普查的意义；二、选样人口普查的中心问题；三、选样方式及其统计方法；四、各选样统计结果的分析；五、各选样所需经费的估计；六、结论。

关于选样人口普查的意义，先生认为，我国当时一切设施皆比较落后，普查经费缺乏，且除去少数小规模的人口普查试验外，尚未举办过近代式的全国人口普查。因此，在我国，关于人口普查需要解决的问题有两个：一是需要研究是否应援引英美的制度，十年举行一次人口普查，或者在开始时就决定建立五年普查一次的办法；二是如果需要迫切，则需要考虑是否尚有其他办法，能对我国的人口数量及内容得出一种估计的结果，而这个办法就是选样人口普查：

> 就已有的讨论，我们公认比较理想的办法是采用选样人口普查。在国内曾有陈达教授及内政部与中央统计局作过此种建议；在国外也曾被挪威和日本两个国家分别试用过；并且现在美国也为了同样的目的，正在作种种的选样农业普查的尝试。如果选样人口普查的结果能证明是满意的话，则由人口普查的期限论，不妨仍定为十年普查一次，而

在中间的第五年另举行选样人口普查。而且即为我国目前的迫切需要计，第一次也不妨直接举办选样人口普查，一方面可以节省经费；一方面可以缩短人口调查及统计的时间。不过，普通选样的结果只能对全域（Universe or Population）的相对内容加以估计，而很难推论全域的绝对数量，除非（1）从前已经有过全域普查，选样后即根据从前全域的数量，利用该选样结果在不同时间下的变动比例，来推论现在全域的数量，或（2）在同一时间内，除选样外，还对全域做一次简单的计数，根据选样大小（Sample Size）与全域计数的比例，以选样结果来概括全域的情形。在已有普查的国家，全域为已知，可按（1）种方式，以选样结果在时间上的变动来推论全域的变动；在我国为初办，全域是未知，则可采用（2）种方式，按全域简单计数的办法，以选样大小与全域的比例来概括全域。

就已有的尝试和建议的办法来说：挪威和日本所采用的选样方式是近乎分层自由选样 (Stratified Sampling)；而陈达教授所建议的是代表选样。前者在调查时不太适用；后者在结果上尚难断定准确程度的高低。因此作者偏重我国目前的需要，系以前述第二种方式来估计全域的人口数量和推论全域之各相对内容为中心，至于研究方法则利用实验的结果来做比较。

文中指出，选样人口普查的中心问题有两个，一是选样方式，二是选样统计的结果。选样方式的取舍是有限度的，选样方式需要简便；选样的结果要有意义，能够代表全域的内容，如选样结果不能代表全域的内容，则选样方式即使非常简便，也不应勉强采用。总之，在做选样人口普查之前，首先要研究这两个中心问题，确保调查工作的简便和统计结果有意义，有一方面不能解决，就不如直接举办全域的人口普查。

先生以呈贡县 1939 年人口普查中以条纸法整理出的结果为前述研究的全域统计，作为比较各种选样方式的统计结果的对照标准，采用了五种选样方式，即自由选样、分层代表选样、分层自由选样、分层代表小选样、代表选样，进行了相对内容统计和人口数量估计的实验。通过对各选样方式结果的比较分析，最终得出结论，分层自由选样是最好的方式。针对将呈贡人口普查的实验经验应用于全国选样人口普查，先生给出了如下建议：

> 根据本研究的结果不妨采用分层自由选样作全国的选样人口普查；整理则用条纸法。唯有一个值得考虑的问题即全域分层和决定选样单位，这可以有两个途径：一是仍按本届实验的办法，将全国所有县分为三层；一县是一个全域，选样单位仍为乡镇；至于城市（如省会或市）则按县城的办法，因为原则上在第一层只有一个县城，如另有省会或市，则与县城受同样处置加以调查，第一是无需［须］加权的，故统计结果不至于有偏误；而且都市既被调查，则另外还可以编制各都市人口统计（其结果是调查得到的，非如全县的统计为概括式的）。按这种做法全国选样人口普查结果，可以发表的最小单位为县统计。另一种是以省为全域，分层标准可按县区域大小，及社会相似性，例如第一层为都市，第二层为一等县份，第三层为二等县份等；选样单位是县。这种办法等于说：把乡镇单位扩充为县单位；全国选样人口普查结果，除了同样的可以编制都市人口统计外，并可以发表省统计，但不能发表县统计（此处所指为相对内容统计，至于人口数量，当然还可按县的户数估计之）。比较之下，前者手续较繁，经费较多，而统计较细，结果可靠性较高；后者手续较简，经费较省，而统计较粗，结果可靠性较低。至于这两种方式的选择，就要根据当时需要和经费的多少而定。

5月4日，星期日，国情普查研究所同人举行交谊会，游览海晏，参观石龙寺、昆华女中，先生与陈达、吴泽霖①等同往。海晏位于呈贡县城西南，

① 吴泽霖（1898—1990），江苏常熟人，社会学家、民族学家。1922年毕业于清华学校，1927年获美国俄亥俄州立大学博士学位后回国从教。1941年受聘西南联合大学担任教授，与戴世光因共同管理昆明译员训练班而交流甚密。

滨昆明湖。

7月27日，先生在《当代评论》[①]第1卷第4期发表《抗战中的粮食问题》，认为抗战时期粮食问题的重要性不亚于军火，呼吁为了维持长期抗战的国策，实行粮食统制不容再缓。文章分析了可能导致粮食问题发生的原因，指出粮食统制的目的、措施都离不开相关的统计资料，如全国的人口及其组合，国内粮食在常年中的生产量，我国人民体质需要的粮食和各种粮食所能产生的热量，“必有此种统计资料作根据，然后方能估计全国粮食在常年下的盈余或缺乏，以至于推定荒年的不足和不足的程度。如有不足，且也能测知不足的程度，方能进一步具体计划解决的办法”。文章希望政府立即在缺乏统计资料的不利情形下，“多方搜集有关的事实，来作比较准确的估计，并应早期估计今年秋收的收成，以定来年粮食供给不足的程度。同时，再调查唯一的国际交通线滇缅公路的运输量，如加上可能输入还有不足，则须进一步研究我国人民应有的粮食混用消费标准，以为节约的最高限度。至于囤积及国内运输，自应另外规定合理的统制和管理，勿使之消极的再增高粮食不足的程度”。

8月2日，先生与陈达、李景汉一起，由昆明大观楼乘轮船前往昆阳，参加昆阳人事登记讲习班。

8月3日，在昆阳县立中学举行昆阳人事登记讲习班开学式，到会者有县长朱光明（竞烈）、第一科（民政）科长唐嘉学、第三科（教育）科长朱映桢、卫生院张院长、苏汝江。朱光明、朱映桢、李景汉、先生、陈达先后讲话。讲习班学员共有88人（报到者81人），讲习期自4日起至7日止，共计4日。

不同于户籍调查隔若干年举行一次，人事登记是动态的、连续不断的过程，每个登记区每个月都有报告，登记人事变动情况。研究所在呈贡、昆阳的人事登记持续进行到1945年，1946年形成《云南省呈贡县昆阳县户籍及人事登记初步报告》。

夏，先生与伍启元、孙毓棠三人参加联大在徵江举办的夏令营，先生发

---

①《当代评论》于1941年7月创刊，西南联合大学编辑发行。

表演讲“中国人口问题”。

8月，《呈贡县人口普查初步报告》（油印本）出版。

9月，新学年开始，先生在西南联合大学法商学院经济商业学系承担6个学分的初级统计课程。

9月1日，《当代评论》第1卷第9期发表了先生的文章《呈贡县农业普查的实验》，文章回顾、总结了呈贡县农业普查的实验，首先表明普查的实验性质，“是对我国目前的需要，根据我国的国情，用实验的方法，以企对我国基本事实的搜集、整理及分析三方面的问题，能得到比较适当的答案。并且希望再由结果的分析中，能指出事实背后的许多重要问题，进而求其解决的方案”。先生简明扼要地总结了1939年秋开始的呈贡农业普查：

一、农业普查实验的目的

具体地说，可分为两方面：（甲）方法的实验。由搜集资料的内容、搜集资料的方法及整理资料的方法，试研究一简单易举合乎国情的农业普查方法，并且随时记录所用的时间及经费，以为计划推广全国时之参考。（乙）结果的分析。呈贡县是云南省的一个三等县份，颇能代表我国西南一般的农业区域，我们试用选样的观点，根据所得的资料，来研究及推论我国目下农业方面的重要问题。

二、农业普查实验的内容

（甲）耕地面积及其利用状况；（乙）农场地权；（丙）农作物产量；（丁）灌溉情形；（戊）牲畜与家禽。

三、调查经过

农业普查是在民国二十九年一月底开始举行的，冬季是农闲时期，可以给调查工作增加很多的便利。呈贡县全县计有大小村庄一百三十五个，这次即将每个村落划成一个单位，成为一个农业调查区，于是共有一百三十五个调查区，计包括一万四千个农场，在调查区之上又分为三个调查监察区。每监察区有监察员一人，由研究所同仁担任，负责指导及监察调查工作之进行。调查员由本县小学教员担任，全县计有调查员80人。

在开始调查以前，先对调查员加以短期的训练，训练地点在县城，主要科目为调查员须知与调查表格的解释及实地调查实习等。教师全由监察员担任。此外还有宣传晓喻的工作，向全县农民及保甲长将农业普查的意义加以解释。

关于调查的填表方式，是用调查员口问填表。

四、统计经过

农业资料的整理在未开始之前，有三个问题应该加以规定。兹就本届农业普查统计的规定，分述于下：（甲）统计方法。按农业资料的性质，在统计上应分为两类，一类是需要直加的……第二类是需要分类计数的，这一类的资料整理需要按一定的统计程序，如给符码，分类及计数等，方法上可用划记法、条纸法或机器法。本次实验系用条纸法。（乙）分析的精粗程度。本届农业普查统计，即决定充分利用资料，俾能多方发现各种现象变化之间的关系。（丙）统计单位。在统计时，需要将本地单位折合成标准单位。至于折合的步骤，可以有两种方式举行：一是先折合，后统计；一是先统计，后折合。本次规定，按后者。先按原有单位求各地域的总数，得总数后再折合成标准单位。

统计工作计设监察员一人，统计员六人，第一期统计工作为审核编号，第二期统计工作为第一类直加统计，第三期统计工作为分类计数统计，第四期统计工作为校对及正式制表。由时间上来说共用九个月，计得卅个统计表。

文章的第五部分为“结论”，提出了呈贡农业普查中暴露的问题，提请政府在举行全国农业普查前加以重视和解决。作者建议政府应先设法推动单位标准化的工作，并举行全国划一的土地清丈；由农业研究机关编制作物分类以及作物俗名和科学名称对照表；设法利用各地农业学校或大学农学院的学生来充任调查员，或者对小学教员严加甄别和培训；加强对农民的具体宣传，解决农民不肯据实上报的问题；统计机关负责解决统计员缺乏的问题，设法长期保留一部分有经验并且受过训练的统计人员。

10 月 6 日，针对政府通令各省取消征钱办法，代之以实物征收田赋，先生在《当代评论》第 1 卷第 14 期发表文章《论田赋征收实物》，从改制的原因、实施中的具体问题、改制的影响三个层面进行了分析，对尚未正式公布的实施办法提出了两点建议：一、农民缴纳田赋，可“以银代课”，原则上以实物征收，同时规定可以用货币来代替。至于货币代替的标准则是以各县征收田赋月份的平均米价为根据。二、税率的规定应该定低一点儿，以减轻农民的负担。

11 月 25 日，经过陈达建议，内政部部长周惺甫商得云南省主席龙云同意，决定与清华大学合作，设云南省环湖市县户籍示范实施委员会，试办户籍调查及人事登记试验工作，以利户政的推行。这项计划经国民政府行政院第 541 次会议通过，清华大学与云南省各出资 10 万元，国民政府行政院另拨 20 万元予以支持。国情普查研究所在呈贡、昆阳的人事登记工作借此得以扩展。

11 月 28 日，先生在《当代评论》第 1 卷第 22 期发表《印度一九四一年的人口普查》。文章介绍了印度 1941 年人口普查和其以往举办的人口普查在人口标准、调查项目、调查表格、统计制度及整理方法、调查员的人选及训练等方面的不同，并加以评论，希望作为政府推广人口普查的参考。对于印度 1941 年人口普查，作者表示非常赞同其采用住所制的人口标准和典型选样的统计方法，也指出了其未能严格执行以住所制为标准存在的弊端：

> 关于人口标准住所制，是比较的能表示某区域内的常态人口，而且在调查进行时，住所制也比较容易运用，尤其是地大人多的国家，如同我国或印度，可惜这次印度人口普查当局并未严格的运用住所人口标准，这一层，由对离开原来住所人口之规定，可以看出。按理暂时离开住所的人口，是应该以其通常住所为准。而印度的规定，却以调查期为标准。实际上调查期最多不过一周，为了判断某人究竟应该记入何处的

人口，七天的期限似乎是太短。这次印度的人口普查，在原则上虽然是采纳了住所人口标准，究其实，尚脱不掉历史上所遗留下来的实际制的精神。由于此才有所谓“流动”人口的规定。这种情形会使调查员在调查时感到困难，并且增加重复及遗漏。另外一点，是调查期限太短，因为期限短，则需要多数的调查员。当人才不够分配时，难免有滥竽充数的情形，结果会影响调查工作的成绩。关于典型选样。普通普查统计对于相对分析的资料，常因地域分类单位太大，而将某种区划下的显著区别给抹杀掉，如地域分类单位太小，又难免使统计工作增重，所需经费加多。为了解决这个问题，只有将全国分为若干典型区域，而用选样结果来概括全域，如此不仅可以节省统计的经费，而且可以因放弃行政区划的关系，使统计结果更有意义。

1941 年的印度人口普查，用条纸代替了调查表，对此先生表示了不同意见，认为此举非但不能达到节省的目的，而且还会延缓调查进度，容易发生不能检查的错误。调查项目太多，也是先生不赞同的，“按理普查所包括的项目，应该着重基本重要而简单易填的项目，这次印度所定的问题，本身是非常合理妥当，不过不必放在人口普查的问题中，最好的方式是另用小规模的选样调查研究，可以从详从细的统计，分析。按这次印度的办法问题烦多，不仅影响调查成绩，而且违反节省经费的根本原则”。另外，印度人口普查以通告代替调查员须知，采取分散的统计制度，先生认为这些都会导致准确率降低。

1942 年（民国三十一年），34 岁

1 月 14 日，先生和陈达、李景汉参加环湖市县户籍示范实施委员会在清华大学昆明办事处举行的预备会，会议由云南省民政厅李培天厅长主持，出席者还有梅贻琦校长和内政部代表张尊欧次长。会议决定以昆明市、昆明县、昆阳县及晋宁县为户籍示范区。

1 月 19 日，环湖市县户籍示范实施委员会在云南省民政厅召开成立会。当日召开委员会第一次会议，决定 2 月 15 日以前完成对各类户籍工作人员的培训，包括监察员、调查员、登记员和管理员，以 3 月 1 日（农历正月十五日）为户口普查及设籍开始日期。

1 月 27 日至 30 日，国情普查研究所在文庙开办训练班，培训监察员，讲解地方自治、《户籍法》、户籍人事登记、监察员须知、调查员须知，进行登记实习。

2 月，环湖四个市县分别进行调查员和管理员培训。

2 月 20 日至 28 日，利用张贴政府告示、户政宣传画，街头演讲宣传，大会宣传等方式，在民众中广泛宣传环湖户籍调查与人口登记的意义和方法。

3 月，入户调查，户籍登记。

5 月 1 日，户籍示范工作继续进行，开始人事登记，登记项目根据《修正户籍法实施细则》之规定为四项，即出生、结婚、离婚、死亡。

5 月 17 日、18 日，先生和西南联合大学教授伍启元、李树青、沈来秋、林良桐、张德昌、费孝通、杨西孟、鲍觉民等在重庆《大公报》连续两天，联名发表《我们对于当前物价问题的意见》。文中说，1942 年暮春初夏时节，“由于物价剧烈变动，整个后方的社会经济都作畸形发展，其影响所及，甚至道德人心也有败坏的趋势”。作者认为：“此项关系重大的问题，若不及时彻底解决，待其影响已成，恶象环生，将来纵有更大的决心与加倍的努力，亦将失之过晚，追悔无及。”文章全面分析了物价上涨的幅度、速率及与工资的比差情况和原因，主张用“增加由富裕阶级负担的租税”和“统制”（统制物资的交易、消费、储藏和生产）两个办法来解决物价问题。更进一步，则宜采用计划经济彻底及时地解决物价问题。

5 月，户籍示范工作采用条纸法进行统计。

7 月 20 日，先生被增选为国民政府社会部社会行政计划委员会之人口政策研究委员会昆明组委员。

7 月 24 日，先生在《当代评论》第 2 卷第 5 期发表《论云南省户籍示范工作》。文章对户籍示范工作的设计、流程、特点、困难等做了详细介绍和分析，既是对工作的及时记录和总结，也是各级政府和各界的参考，希望能与同时开展的四川省选县户口普查工作相配合，为全国树立一个永久的基础。文章写到，1941 年秋季，中央内政部、云南省政府、清华大学联合组成云南省环湖市县户籍示范实施委员会，沿昆明湖划定昆明市、昆明县、昆阳县、晋宁县为户籍示范区，根据《户籍法》办理户籍及人事登记。文章首先简要说明了我国人口调查的特点，即不同于欧美国家的仅以“人”为单位，我国是在“人”的单位之上另有“户”的单位，而且重视人与地方的关系，进而有“户籍”。户籍工作包括户口普查、户籍登记、人事登记，这三者是一个整体，既包括静态，也包括动态，相辅相成。户籍示范工作的内容，充分考虑到当地实际情况，设法将户籍的三种工作融为一体，在实施中着重登记，以户口普查辅之。户口普查以 1942 年 3 月 1 日为标准日，调查项目 11 个，人口标准同时采用通常居住人口和籍贯人口两种。调查时随时根据各户的各种籍贯人口代为申请设籍。在统计方面，分静态工作与动态工作，静态的户口统计是集中整理，应用条纸法；动态的户籍及人事登记，则暂采用分散制度，由各乡镇编制呈报，俟登记到一个年度或以上，再将统计结果抄录下来做进一步的分析。

先生总结了云南省户籍示范工作的特点，这也是值得全国户籍普查借鉴的宝贵经验：

一、整体的户籍工作。我国以往的户籍工作都只限于一部分静态的户口普查或动态的人事登记，云南省户籍工作则容纳静态及动态两种工作，并且同时确定各地户口与其居住地方的关系。根据前面所论，笔者认为全部的户籍工作是一个整体，不应分开举办，分的结果，不仅经费浩大，而且静态工作与动态工作失掉连［联］系，影响到结果的意义至大。此次示范工作可以看作一个整体户籍工作的尝试。

二、以《户籍法》为根据。此次工作着重户籍及人事登记，虽在户口普查方面，仍参照户口普查条例，究竟由示范工作性质而言，是以

《户籍法》为根据的。《户籍法》是我国关于户籍方面最重要的法令，换言之，示范工作是根据国家最高的法令来办理的，人民有遵守这种法令的义务，工作人员（有）执行这种法律的责任。

三、规模最大的工作。年来我国户籍工作由于政府及学术界的重视，云南四川两省分别作实验示范的工作，以云南省的户籍工作与已往的许多局部工作比较，此次工作范围是最广的，昆明市县等四个单位，人口共有五十万以上，由这一点我们可以显然的指出其中的意义，即规模大的工作才可以示范于其他省县，才可以作为推广全国的根据。

四、通常居住人口及籍贯人口的区划。按目前人口统计的需要，最好在调查时采用两种人口标准，结果发表两种人口统计，表明两种人口事实。欧美各国固然仍多采用一种人口标准的，不过在理论上，却没有人不承认同时采用两种人口标准是最完善的制度。这次示范工作即采用通常居住人口标准及籍贯人口标准，这是很有意义的一种尝试。

五、示范区中兼有都市与农村。昆明市是抗战后方大都市之一，人口约在廿万左右，这次划为示范区，其调查登记的结果可以使我们获得很至要的都市人口与农村人口的比较资料，两相对照，可以充分表明我国人口的职业统计上①，可以反映我国经济及社会组织，并可以推测我国人力分配的情形。这种资料不仅在我国人口统计中占很重要的地位，即就世界学术论，我们也供给一种很有价值的统计数字。

六、行政教育两界的合作。云南省户籍示范工作的工作人员是配合政教两界的人才，在教育界方面，除国立清华大学的几位教授及教员以外，原则上尽量利用地方人才，以为推广全国留余地。此中值得注意的是，以各地小学教员任户籍调查登记员，其意义非常之重大。一方面，就户籍工作来讲，户口普查工作弦缓不一，调查时需要人最多，统计时需人较少，结果后需人更少。而登记工作是被动的，要等候有变动事件发生时的申请，是一种长期工作，因此在整个户籍工作中，除户口普查

① 原文如此。

以外，其余的登记工作并不需要太多的时间。如设专任人员，所需经费既大，而事实上，也不需要全时的工作人员。目下小学教育相当的普遍，各地方已做到一保一个国民学校的地步，户籍工作能借重小学教员是非常合适的。何况小学教员对其任教的地方情形系比较熟悉，而地方对“小学老师”也比较信任，一方面就小学教员的生活情形论，现在小学教员的待遇较薄，生活较苦，如以之兼任户籍工作，略为津贴，收入上也稍得调剂。反过来讲，以小学教员兼任户籍工作的制度，还能使各地比较容易维持好一点的小学师资，这样对国民教育亦能收较好的影响。这次云南省户籍工作中充分表现的政教合作的精神即是集中学术研究者、行政者及教员于一堂。本来建国大计有赖于“行政学术化”及“学术实际化”者甚大，这次示范工作，不过是本此原则的一种表现而已。

关于户籍工作的实施，也就是整个流程，先生写道：

云南省环湖市县户籍示范实施委员会成立后，初则集中于设计工作，旋于本年二月一日起，分在四单位同时训练户籍调查登记员及保甲长，以一星期的时间，专门教授调查登记的各种知识及技术，及与户籍有关的各种问题。二月廿日起，由委员会工作人员到各地作宣传工作，内容分文化、图书及演讲三种。三月一日（即标准日）全体工作人员出动，领导晓谕由保甲长负责，户籍调查与登记由小学教员负责，调查登记员之上有监察员督导员及户籍调查队队长等，直接工作人员计在600人以上。工作先后是户口调查与申请设籍在前，这种工作结束，立即补作三月一日起的户籍及人事上的变动登记，随之而继续下去的即为长期的登记工作。

户籍示范工作的成绩和经验是宝贵的，当然在实施过程中也遇到了困难和问题，先生总结了五点，分别是当地人民的误解、经费困难、地方习惯、昆明交通不便、训练期稍短。

9月，新学年开始，先生在西南联合大学法商学院经济商业学系承担6个学分的初级统计课程。

10月1日，陈达开始撰写《云南户籍示范工作报告》，其中统计一章由先生起草，至1943年7月5日完成，7月19日交云南经济委员会印刷厂代印。1944年2月，全部工作完成，出铅印本，同年6月，整理其他材料出油印本曰《附刊》。

关于户籍示范工作，梅贻琦向校友如是介绍：

> 研究第四部国情普查部分，今年接受内政部一部分经费补助，与本省民政厅合作，组织一户籍示范委员会，举行环湖四县一市人口普查，动员昆明全市及四县县内小学教员，先予初步训练，继则着手调查。目前调查已将完毕，统计巩固工作即将开始。此项比较大规模人口普查与人事登记，所及人口多至七十万人，在国内尚属创举，将来所得结果，将拟具详细报告，提供内政部，为他日举行全国普查与人事登记参考资料。①

11月12日，梅贻琦约请户籍示范实施委员会委员晤谈，陈善初、王子祐、孟立人、高直青、傅□□（警卫处）以及陈达、李景汉、先生等国情普查研究所同人在座。

12月20日，先生在《当代评论》第3卷第6期发表《论我国人口政策》。文章首先明确了实行“人口政策”的必要性，强调不论由人口的数量而论，还是由品质方面而论，绝不应该任人口自然的增减优劣，而需进一步对人口的量与质加以合理的统制。换言之，我们应该站在国家、民族的立场，根据人口学理，参照实际需要，制定一种统制人口数量与品质的原则，这种原则即为“人口政策”。文章对当时我国人口应该增加的各种论调进行了分析，表达了不同意见，进而提出了自己的主张。先生认为：我国增加人口的主张

① 梅贻琦．梅贻琦自述．合肥：安徽文艺出版社，2013：78．

是有问题的。我国的人口实已超过适中的人口数量。我们承认我国贫弱的因子甚多，但同时也不能否认人口数量过多是最基本、最重要的因子。工业化和发展交通、科学农业等，都有利于国家的富强。不过一者有其限度，而且这些建设的进展是与贫弱有循环性的。根本之道，必须釜底抽薪。因此，我国人口政策中，关于人口数量应以“减少人口”为中心原则。关于人口品质，先生认为，遗传和环境是同样重要的两个因子，基本原则应于承认遗传理论之后，须对品质优劣的生育加以统制，即应以“奖励优生”为另一基本原则。文章最后做出总结，我国的人口政策应以“减少人口，奖励优生”为基本原则。

12月，应人文科学社邀请，先生撰写《云南省呈贡县人口统计的分析》，发表在《人文科学学报》第1卷第2期。人文科学社是一个编写社会科学方面书籍和文章的学社，没有固定的组织形式，被邀参加的多数是昆明、重庆、成都各大学的教授，所写文章在一些报纸副刊上发表，或印成单行本发行。国情普查研究所1940年发表了《云南省呈贡县人口普查初步报告》，其中第九章集中公布了各种统计资料，但是限于报告的性质，未做解释和分析。先生在本文中选取报告中性别与年龄、婚姻状况、教育程度、职业四种重要的事实，间或与我国其他县份的人口统计资料和国外资料相比较，加以解释和分析，其意义有两点：一是指明人口现象应该如何用统计数字来描写，同时借分析来说明归纳统计数字的方法；二是分析推论人口统计资料所显示的问题。文章希望至少可以以西南农村社会为范围，以选样的观点来分析各种与人口有关系的问题的性质，提供一种比较近乎事实的概念。先生还提出在研究中国问题时，要注意成熟的理论与中国农村人口的特别现象之间的差异，如果只参照国外已成熟的理论来分析中国问题，那么结果一定会与事实不符，以至于使结论毫无意义。

1943年（民国三十二年），35岁

1月13日，先生参加人口政策研究委员会昆明组会议，出席人员还有

潘光旦、吴泽霖、李景汉、李树青等委员。会上讨论通过了人口政策研究委员会提出的若干实施方案。

3月，中国国际同志会云南分会举办现代问题系列讲座，自19日起每星期三、四、五晚上举行。先生应邀做了专题讲座“中国与印度”，杨西孟、滕茂桐、伍启元、鲍觉民也参加了此次活动并分别做了讲座。

4月4日，先生在《当代评论》第3卷第17期发表《论我国统计制度》。文章介绍了欧美国家常用的两种统计制度集中制和分散制的优点和缺点，分析了国民政府现行的统计制度在实际中运用的效果，认为“我们只有一个目的，即从早完成全国的基本统计工作，至于统计制度却是用以推进和实现统计工作的，不一定要采集中制，也不一定要采分散制，我们应该寻找我们自己的出路”。什么出路呢？

> 如对这个问题求得答案，需先确定一个基本原则，然后就此原则拟定统计制度。这基本原则是：一方面考虑我国人才与经费两个条件，因而须使统计制度与行政机构配合。一方面要集中整理、分析，借以提高统计资料的精确程度；并充分利用调查的结果，尽量的发挥统计分析的意义。本此原则，我们应该把统计工作分为最基本而有全国性的，和特殊而仅有局部性的两种工作。前者可以国情普查工作为具体内容，后者则以省市或县的特殊需要为范围。同时，再把统计工作的实施步骤划分为三个部门，即设计、调查和整理。经此划分之后，再根据现在的统计系统，把统计制度具体的规定：凡是全国性的统计工作，皆由中央统计局负责，而特殊性的统计工作则由省统计处负责。关于统计工作的步骤，则应该是“联合设计、分散调查，及集中整理”。

先生指出这种制度是介乎集中制与分散制之间的一种办法，其优点是：

> 一、我国面积广大，此制可以减低调查工作的困难。二，可以尽量利用我国各种直示的行政系统。三、统计结果可以兼顾各部门的需

要，但是统筹全局的计划仍由中央统计局主持。四、中央统计局可以利用统计方法上的专门技术和工具，从事整理资料，庶使统计结果精细准确。

5月26日，根据清华大学教授服务满五年可以国内休假的规定，先生提出自8月起休假一年，从事考察和研究工作。他在给梅贻琦和评议会的申请中写道：

光自廿七年八月返校服务以来至今年七月底已满五年，期间除授课外，主要工作系在国情普查研究所担任人口、农业等普查之设计、调查及统计分析。就此种工作之性质论，实仅限于获得大量资料，但于方法上因缺比较与综合之探讨，尚不足以语研究心得或贡献。因此，光特请求学校按教授服务五年国内休假章程，准予光自今年八月起休假一年，从事考察国内各地之普查工作，进而整理我国各种普查之结论。兹附上国内休假研究计划一纸，敬祈卓裁。①

先生计划自1943年8月至1944年7月一年间，以研究我国国情普查之实验记录并编述其方法上之经验为目的，考察四川、贵州、广西各省的普查方法及其结果，特别重点考察由中央统计局主持的四川省选县人口普查情况。依据考察所得之材料，编述国情普查和人口统计学两部书稿，以中国资料阐明人口资料之统计分析方法；另结合自己五年来授课和研究之积累，编述统计学一书，综合介绍统计学科之内容、原理及方法。

6月13日，先生再次向梅贻琦陈述了休假研究理由，希望得到梅贻琦和评议会的支持。后经评议会研究，同意先生休假研究一年。吴泽霖约先生到战地服务团干部训练班兼生活指导主任，正可以借为训练班到外地招考的机会，考察统计工作，结识一些统计界人士。这样，应吴泽霖的邀请，在梅

---

① 戴世光：《函送休假研究计划请准休假》，清华大学档案馆存，档案号X1-3：3-50：3。

贻琦支持下，先生先后兼任了昆明译员训练班的训导主任、教务主任，承担了许多具体工作，直到 1945 年 8 月抗日战争结束：

> 参加译员训练班的工作，直接为抗日战争出力。太平洋战争爆发后，美国空军到昆明，需要翻译人员，美军请联大协助。梅贻琦说：我们做教师的不能直接扛枪杆子上前线，但我们要支援抗战，可以办译员训练班，为抗日战争出力。译员训练班的教职员工大都从联大抽调，闻一多、潘光旦等人都参加了，华罗庚也去讲过课。当时我一面在联大上课，一面兼任训练班的生活指导主任，主管生活和教务工作。由于我是单身，因此要我住在班里与学员一起生活、上课、出操。我怀念这段工作，因为我为抗战做了工作。①

6 月 14 日，受战地服务团委托，先生搭机飞往桂林协助昆明译员训练班招考学员，就便考察广西、广东、贵州的人口普查工作。此行，先生访问了广西、广东的统计处，调查统计工作情况，搜集了统计方案、统计资料等材料。

8 月 24 日，先生和陈达、李景汉等国情普查研究所同人参加呈贡县在文庙举行的祭孔活动。

11 月 4 日及 12 月 4 日，先生两次参加人口政策研究委员会昆明组第四次会议，修改补充人口政策研究报告初稿。

冬，先生在重庆招考译员训练班学员，趁便参加国民政府主计处统计局召开的“统计改革会议”，与其他与会者联名提出“统计改革的意见”。在这次会上，先生见到了统计局局长吴大钧、副局长朱君毅，吴、朱均为清华校友，吴大钧是先生留学前的校外导师。会后，先生访问了政府有关部、委员会，拜访统计界人士（多数是清华校友），了解统计工作，索取统

① 戴世光．怀念抗战中的西南联大∥笳吹弦诵情弥切：国立西南联合大学五十周年纪念文集．北京：中国文史出版社，1988：27.

计资料。

12 月 21 日，因译员训练班工作与休假研究计划相冲突，先生向梅贻琦表达了不能两全的矛盾心情：

> 自今岁八月起，生蒙准予国内休假一年，本拟全时从事国内统计事业及普查之考察研究工作，期间适因泽霖先生及际昌先生恳邀协助训练译员工作，结果与原陈研究计划略有出入。生每念及殊觉惭疚也。但生亦有不得已之苦衷。一方面由于吴樊二公时以大义相责，不便□却，一方面利用团方之交通便利庶可完生各地考察之初衷。凡此尚祈校长鉴谅为感。[①]

12 月 22 日，利用译员训练班招考之便，先生到成都考察。适逢四川省举行成都等六县人口普查，而以往四川省普查的资料大部分也留存在成都，先生得以系统地搜集资料，研究其制度、方法等。先生在成都停留一个月，住在四川省统计长李景清家中，考察工作得到其大力协助。

12 月 25 日，先生参加在重庆市国民党党部礼堂举行的中国统计学社第 12 届年会，本届年会的主题是“统计与行政”，国民政府主计处主计长陈其采及来自教育部、社会部的代表，各报社代表及统计学社社员二百余人参加。年会筹备委员会主任委员朱君毅做会议报告，报告统计学社成立 12 年来取得的成绩。参会嘉宾宣读论文进行交流，随后举行社务会议，讨论推进当时政府统计事业之共同建设的重要议案。本届年会上，改社长为理事长，首次设立常务理事会和监事会。

本年，先生在《今日评论》发表文章《粮食购买办法的商榷》。

本年，先生在《当代评论》第 3 卷第 15 期发表《对战后工业区位的意见》，主张中国工业区位的规划应当首先考虑经济条件，而不是以国防第一的原则来进行。

---

① 戴世光：《函送休假研究计划请准休假》，清华大学档案馆存，档案号 X1-3：3-50：3。

1944年（民国三十三年），36岁

1月11日，先生在《当代评论》第4卷第5期发表《论我国政府统计事业》，文章从机构、内容、制度和行政功能四个方面，对政府统计事业提出了改进意见。第一，机构。先生主张主计处无须包括统计局，而可将统计局另行直属于国民政府，地位略予提高，应改称为中央统计署或中央统计部，同时严定各省成立统计处，各县成立统计室，以求统计机构完整划一。第二，内容。宁可把统计工作的内容减少，不必包罗万象，也要积极地去做最基本的和最有功能的统计工作，具体来说，必须在最近五年之间把人口、农业、工业的普遍查计工作做好，同时需从速实施公务统计方案，并需使之在行政上发生作用。第三，制度。确定统计制度要考虑两个基本原则：一是统计制度与行政机构相配合；二是集中整理分析并允许充分利用调查的结果，尽量发挥统计分析的作用。根据以上原则，先生认为应该把统计工作的实施步骤划分为设计、调查和整理。统计制度的中心精神应该是“联合设计，分散调查，集中整理”。第四，行政功能。行政功能主要体现在公务统计方面，作者在“计划—执行—考核”行政三联制基础上，提出了“三联制度统计化”的原则。第一步，计划一定要根据事实的数字来拟定，这一层属于统计工作对计划的重要性。第二步，执行的结果需编制统计报告，此种报告应分为以工作为单位和以时间为单位两种，前者多半属于临时或短期的工作，后者应包括经常的工作。这种统计报告实际上就是公务统计的资料，是最重要的，能够表示执行的内容和经过。第三步，考核执行的统计报告，由执行部门的上级统计机构执掌考核的权力。执行的结果，不经统计机构核定就不能算为完工。如此三联制的计划、执行、考核，才能名副其实，并且能够使统计中“精细确实”的重要优点发挥在行政工作上。

3月4日，清华大学第二十三次评议会讨论并批准了先生的申请，鉴于先生“应译员训练班之邀襄助战务”，与其休假研究计划不完全相

符，准予先生二月至七月期间改为请假半年，停止休假待遇，不支取学校薪津。

4月27日，为协调译员训练班事，先生和吴泽霖、樊际昌、鲍觉民约请梅贻琦，在冠生园与外事局昆明办事处主任戴昭然晤谈。

4月28日，译员训练班举行第二期结业典礼，梅贻琦出席。

5月16日，杨西孟、先生、李树青、鲍觉民、伍启元在重庆《大公报》发表《我们对于物价问题的再度呼吁》。文章指出："目前经济危机已经迫在眉睫，若对物价问题再不采取紧急措置，并加以根本的纠正，则我国战时经济，势必走到崩溃的末路。"文章分析了物价的现状，提出了解决方法，并批驳了一些似是而非、别有所图的谬论。

暑假，为配合盐务局实施计口售盐，先生组织学生对昆明市人口进行普查。

8月5日，晚，先生与吴泽霖、鲍觉民携酒至梅贻琦居所，欢谈一晚。

8月11日，吴泽霖、先生、杨葆昌约请梅贻琦在译员训练班与汪世铭晤谈便饭。

9月12日，晚，梅贻琦约 Col.Carl Dutte、Maj.W.H.Makepeace、Lt.Yavelack、戴昭然、吴泽霖、杨葆昌、先生、杨石先、查良钊、沈履等人晤谈译员训练班事宜。

9月，先生在西南联合大学法商学院经济商业学系承担6个学分的初级统计课程，首次开设人口统计、经济统计课程，各3个学分，这些课程为学生打下了计量研究的数理统计基础，在定量方法的学科建设上具有重要意义。

12月21日，《呈贡农业普查报告》发布。《呈贡农业普查报告》在"引言"部分解释了发布迟滞的原因："整理与编撰，实因各种理由而稽延；当农业普查进行之时，本所尚有其他规模较大的工作如人事登记等，费时既多，工作人员要苦抓不敷分配，以致本报告的编著，直至民国三十三年初春始行藏事，而印刷工作又时作时辍，延至本年年底才告完毕。"除引言和附录，《呈贡农业普查报告》分八章：

第一章　农业普查的设计

第二章　调查经过

第三章　统计经过

第四章　农业财富与农产价格的估计

第五章　经费

第六章　农业普查方法上的检讨

第七章　统计结果的分析

第八章　统计资料（共计编制成35个统计表）

《呈贡农业普查报告》最后附录呈贡县农业普查工作人员名录：

I. 设计部分：戴世光（主任）、史国衡、沈如瑜

II. 调查部分：倪因心、苏汝江、李作猷、史国衡

辅导员（10人，略）

调查员（三个监察区，共计87人，略）

III. 统计部分：

主任：戴世光

指导员：沈如瑜、陈旭人

统计员：（10人，实际由6人担任）

本年，先生在《今日评论》发表《统计工作的改革》。

本年，先生被加聘为西南联合大学教授，从此成为西南联合大学和清华大学双聘教授。

本年，先生在昆明译员训练班任职期间，曾去联大为抗日战士输血。

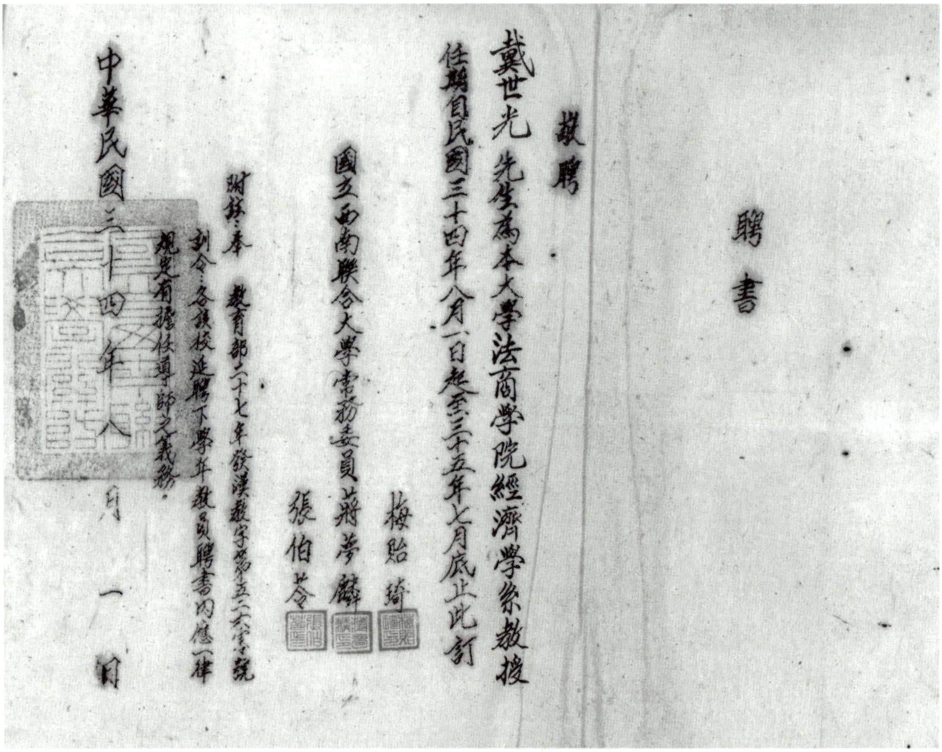
聘書

敬聘

戴世光先生為本大學法商學院經濟學系教授

任期自民國三十四年八月一日起至三十五年七月底止此訂

國立西南聯合大學常務委員 梅貽琦 蔣夢麟 張伯苓

附錄：奉教育部二十七年發漢教字第五二一六〇號訓令：各該校延聘下學年教員聘書內應一律規定有擔任導師之義務。

中華民國三十四年八月一日

西南联合大学给戴世光的聘书，存于中国人民大学档案馆

1945年（民国三十四年），37岁

3月10日，先生和西南联合大学、云南大学朱自清、王赣愚、伍启元、吴之椿、吴晗、邵循正、邵循恪、周作仁、周新民、胡毅、徐毓枏、孙毓棠、陈友松、陈雪屏、张印堂、崔书琴、贺麟、费孝通、曾昭抡、雷海宗、闻一多、杨西孟、蔡维藩、赵迺抟、郑天挺、郑华炽、潘光旦、鲍觉民等29位教授以昆明中米市价为单位，联名订定文稿、报纸星期论文、演讲及演讲稿的稿酬标准，以应对物价高涨的损失。《云南晚报》当天以《米价在狂涨中，教授联名订立稿酬，千字斗米不马虎》为题做了报道。

3月19日，应社会部部长谷叔常电邀，先生由昆明飞抵重庆，出席3

月23日至24日召开的人口政策研究委员会会议，同行者有陈达、潘光旦、吴泽霖，寄宿于两路口社会服务处宿舍。会议讨论修改了人口政策研究报告草案和实施方案，先生在会上发言，提出了“大力降低出生率，并减少死亡率，开展节制生育，限制人口增加”的主张。

3月24日晚，先生一行人出席清华同学会为欢迎赴重庆参加社会部会议的教授而举行的茶会，正在重庆的梅贻琦亦出席。应同学会主席赵文璧之请，陈达报告了国情普查研究所的工作。

4月5日，先生与陈达结束重庆之行，飞回昆明，乘公共汽车返呈贡。

5月20日，先生和鲍觉民、费孝通、伍启元、杨西孟在重庆《大公报》联合发表署名文章《现阶段的物价及经济问题》，认为他们一年前所做的预测①不幸逐渐得到事实验证，“我国战时经济的渐趋倾溃，确已在军事上与政治上暴露出来”，这种经济危机已经“败坏了作战的军队，降低了工业的生产，腐化了行政的机构，并引起了政治的纠纷”。文章还指出：过去物价上涨的原因有三，即通货膨胀、物资缺乏、投机活动，现在又加上两个因素，即垄断与“既得利益”集团的操纵。文章要求铲毁“既得利益”集团，并预言：“从现阶段的经济情势看来，消除既得利益集团的权势，并解放一般人民经济压迫的一种革命式的社会经济变革是不能避免的……我们所以再三对财政经济政策呼吁改革，区区之意，即在期望政府与国人认清当前危急的情势，群起努力作最后的挽救。倘再纵容因循，失此时机，则将来严重的社会经济革命恐怕将无法避免。”先生等人不是从个人的生活状况来认识问题，而是从国家经济与社会稳定的角度来分析现实，提出改革主张，不仅表现出知识分子的负责精神和深邃之见，而且为后人留下了抗战时期国民党统治区内物价上涨的可靠记录。

7月，先生赴广西，在百色、南宁分别主持译员训练班招考工作。在给友人的信中，先生记录了此次招考的行程，11日早晨离开昆明，12日抵达

① 参见1944年5月16日杨西孟、戴世光、李树青、鲍觉民、伍启元在重庆《大公报》发表的《我们对于物价问题的再度呼吁》。

安南，因公曾去安顺，再南行，16 日夜抵百色，19 日中午飞南宁，在百色、南宁之间飞了三次，月底返回昆明。

8 月 15 日，日本政府宣布无条件投降，长达 14 年的抗日战争彻底结束。

8 月，经教授会选举，先生被选为清华大学教授会书记，至 1946 年 5 月卸任。教授会书记是教授会主席（由校长担任）的秘书，出面召集教授会，做会议记录，协助组织各选举事项等。在抗战期间，除先生外，担任过教授会书记的还有朱自清、邵循正、胡毅。

9 月，先生在西南联合大学法商学院经济商业学系开设三门课程，分别是 6 个学分的初级统计、3 个学分的人口统计、3 个学分的经济统计。这是先生在联大授课的最后一个学年，生活无疑是艰苦的，但是回国任教前，他对梅贻琦表示“幸未失参加抗战机会，当尽匹夫之责”，言犹在耳，始终不曾忘记：

> 在昆明的八年，生活是艰苦的。工资收入少，物价飞涨，只能不断降低生活水平。但从个人来说，学术研究和教学工作从未间断，这种清高、自豪之感使我至老不忘。从研究所到呈贡车站相距十里，起初到联大教课还骑毛驴代步，骑不起毛驴时，风雨无阻地步行前往。过去我抽香烟，后来代之以土烟，去昆明上课不便于抽土烟，在校门前小摊上买一支香烟放在口袋里，讲完课拿出来抽。每当抽这支烟时感到很骄傲，生活艰苦算不了什么，但作为教师的一员为尽了应尽的责任而自豪。①

9 月，为协助编撰玉溪县县志，县长李悦立（原呈贡县县长）邀请先生与吴泽霖到玉溪县做社会经济调查。

9 月，清华大学召开教授会，研究迁回北平问题。一部分学生代表要求

---

① 戴世光. 怀念抗战中的西南联大 // 笳吹弦诵情弥切：国立西南联合大学五十周年纪念文集. 北京：中国文史出版社，1988：27.

当年即迁回北平清华园，与梅贻琦有争执，先生与汤佩松劝说学生，坚持不能当年迁回北平。

10月25日，吴泽霖、先生陪同梅贻琦、沈履察看译员训练班房舍，拟借作联大同人家属宿舍。

12月，先生先后六次出席西南联合大学教授会会议，抗议地方军政当局在“一二·一”事件中的暴行，支持学生的正义斗争。

本年春天，先生父亲戴沂在北平病故。戴父早年留学日本，回国后曾从事实业，后长期在盐务部门任职。1937年北平沦陷后即赋闲在家，依靠养老金、少量积蓄以及部分房屋出租维持生活、供子女读书。自先生1935年赴美留学后，父子即天各一方，即便如此，戴父仍然支持先生的三个弟妹都离开北平，到昆明、重庆等地求学或谋职，晚年虽经济困难，但保持了民族气节。

戴世光（后排右）兄妹四人，后排左大幼弟戴世伦，
前排左妹妹戴世佺，前排右幼弟戴世倜

1946年（民国三十五年），38岁

1月1日，应吴泽霖约请，梅贻琦到吴家，与先生、樊际昌、鲍觉民等译员训练班骨干一起吃晚饭，迎接新年。餐后，宾主到广播电台听京戏《二进宫》《小放牛》《群英会》《华容道》等。

2月1日，中国旧历除夕夜，先生应邀到梅府，与梅贻琦一家及其亲友欢聚一堂，宴饮、畅叙、打牌、游乐，通宵达旦，宾主尽欢，迎接抗战胜利后的第一个新春。

2月8日，梅贻琦签发公函，因陈岱孙"因公赴平"，由先生暂代清华大学经济学系系主任（未就）。陈岱孙此番去北平，是以清华大学接收委员、（北平）校产保管委员会主席身份，参加接收战争期间被日本侵略者占领的清华大学校园及校产工作。

2月23日，冯友兰主持西南联大第365次校务委员会，会议应校迁移委员会要求，决议推请先生和吴泽霖前往百色、广州，查勘运输路线。

2月23日，西南联大110名教授联合发布宣言，维护东北主权，先生在宣言上签字。宣言称，东北是中国的领土，东北问题是世界和平的关键。关于收复东北，政府必须遵守"领土必须完整，主权必须独立"的最高原则，尽速完成建国工作，奠定远东安全基础，以确保世界之和平。宣言要求中苏两国政府履行中苏协定，坚决维护东北主权。《中央日报》、天津《大公报》1946年2月27日刊发了这份宣言。

3月20日，先生结束在保山的社会经济调查，返回昆明。此番保山之行，与张印堂、赵凤喈等人同行。

3月21日，先生与吴泽霖一起见梅贻琦，叙谈。

4月9日，梅贻琦约谈先生，听取清华延期迁回北平的意见。

4月11日，梅贻琦赴潘光旦家中晚餐，先生和吴泽霖、鲍觉民、陈序经等人同往。

4月12日，先生出席联大三十五年度第11次教授会，梅贻琦报告了筹备迁校工作有关事项。当日晚，先生和吴泽霖、鲍觉民到梅宅议事。

4月15日，《建国评论》第1卷第5期发表先生的评论文章《论我国人口政策与经济发展的前途》，对于当时主张我国人口应该增加的三个理由即国防对人类的需要、我国工业建设对人类的需要、我国人口是不患多而患不均，逐一进行了分析。先生表示，这三个理由都是基于舍本求末的看法，不敢苟同。首先，国防依赖人多的理由是不能够成立的。因为一个国家的强弱，绝不应该由人口的多少来决定，仅靠人多是没有用处的。不能否认，当两个国家比较实力时，人力是有相当的关系，不过一定要在两个国家的武器、技术、经济以及其他文化等都约略相当时，人力充足者才能相对优于人力缺乏的国家。关系一个国家强弱的因子甚多，人力的多少不过是许多因子之一，我们绝不应该抹杀其他因子，只根据一个因子来推断整个的局势。即就我国而论，以将多年抗战的成绩归功于人口众多，未免过于牵强附会，为国防计，应由经济力量、技术的运用、组织与给养等方面着想，仅靠增加人口以抵抗侵略，实乃痴人说梦。其次，我国工业化需要多数人口的问题，应该由人力的重分配与技术的训练两方面来解决，不必另外增加人口来供给工业所需的人力。所谓重分配，是指减少农业人口，使一部分农民受工业上的技术训练，离开农业来充实工业上所需的人力。最后，人口不均的问题。先生认为，各地人口密度不同，是受地理环境的限制，不能仅从地图上的政治区划来讨论平均人口分布，我国东部人口密集，西部人口稀少，是受地理环境影响人口密度这个自然规律的支配。人口分布之稀密，实系基于地力，不应该仅根据地图上人口密度的不同，就盲目地认为可以用平均分布来容纳继续增加的人口，这种观念是错误的。先生主张对我国人口数量问题的正确看法，应由经济方面来着眼，关于人口数量与经济的一般关系，先生指出：

人口多少的问题，其数目本身并没有意义，最值得注意的：第一，每个国民能够维持一个合理的生活程度，我们希望所有的人民全是健康的、有知识的和幸福的。如果人民全是在衣不暖、食不饱、愚蠢无识的情形下生活着，则不论人口多少全是没有意义的。第二，这许多人口所组织的国家还须是一个所谓“权力国家”，它要有足以保障民族生存、维持民族利益和抵抗外国侵略的能力，这一点应与注意生活程度问题同等的主要。不然的话，这许多人口随时有被其他国家统治宰割的危险，不仅合理的生活程度不能够维持，而且人民全沦为奴隶，做别人的牛马，在这样情形之下，则人口不论多少，也是没有意义的，所以由国家观点来看，主要的应是国民能在经济方面具有高的生产能力，唯其生产力大，才能同时维持合理的生活程度及坚固的国防。这次大战中美国人民以"生产争取胜利"，就是一个很好的例子。因此，我们暂时不必注意这个国家究竟应该维持多少数量的人口，而应该由人口数量多少的问题上，讨论如何提高全国民生产能力的基本原理。

人力、资源和资本虽是生产的三个重要因素，而关键却在人口与资源的配合，这个前提是非常重要的。在这个前提之下，我们再推论主题"人口数量的问题"，前提中所谓"配合"系指维持人口与资源之最大生产比例而言。实际上，一个国家的资源是有限度的，是比较固定的，而人口数量却可以增多或减少。因此，理应在各种技术发展情形之下，以人口数量去迁就资源。一个国家的人口不能太少，太少则总生产力减低，如同美国在建国初期，会鼓励人口之增加，以便向西移民垦殖，这种政策是正确的，合乎当时的需要。但是一个国家的人口也不能太多，太多之后，其生产因受资源的限制，仅足供消费之用，在无生产剩余之下，苟再继续增加人口，则恐怕连最低的生活程度都难以维持，更谈不到经济的发展和生产力的增加了！

文章进而从人均占有耕地的理想数量、我国农村人口实际占有耕地数量、我国的人口和资源与美国的对比三个方面入手，对我国的人口数量问题进行了具体分析，得出结论：

我国的人口数量并不嫌少，实在是太多了，人口过剩是我国经济问题的症结，是国弱民贫的主因。现在大部分的人民的生活程度已在饥饿线上，若再增加人口，其结果将更增多恶行和痛苦。如此，不仅摧残人民生计，而且国弱之下，连民族的生存也难以自保。

总之，笔者承认我国贫弱的因子甚多，但是我们也应该承认，人口数量过多是最基本的因子，其他如工业建设、发展交通、农业科学化等，都有利于国家的富强，不过，一者有其限度，一者这些建设的进展迟滞是与贫弱有循环性的。根本之道必须釜底抽薪，由国家决定减少人口的政策，推广生育节制，尤其是应在农村中普遍推广生育节制的运动。最近有一部分人口学者与统计学家主张减低死亡率与生育率，维持与以前同样程度的自然增加率，以求增进人民的健康和幸福，这种主张实系偏重在人口品质方面，对人口数量并无具体的意见。就我国实际多生多死的情形论，此种主张是值得赞成的，不过严格的讲，若就经济的观点来推论人地比率的关系与结果，则仅仅少生少死，还是嫌不够的。因为如维持自然增加率不变，则人口还是要继续的增多，结果，因受资源限制，致使生产仍然仅仅足以供给消费，则增加生产的剩余、累计再生的财富与提高生产力等根本问题还是得不到解决。因此，笔者以为，为了国计民生的百年大计，为了改善人民的生活程度，为了国家富强的前途，不仅需要少生少死，而且应该力求少生，庶使人口数量逐渐减少，而与资源得到合适的配合。当然，这种减少不是无止境的，国策是随着情形可以更动，等到人口数量与资源配合适当时，不妨再斟酌科学与技术的进步，而对人口数量政策有所改变。

最后，先生引用美国哈佛大学经济系卡佛（Carver）教授的名言“取缔从上天移民入境”，借以说明现代国家皆努力设法维持最高生活与最幸福的人口数量和最高的总生产能力，再次强调无条件地增加人口非但不能增加国家民族的力量，反而根本危及国家民族的生存。

5 月 4 日，西南联合大学举行结业典礼，典礼后在校园后山举行“国立西南联合大学纪念碑”揭幕式，“以此石，象坚节，纪嘉庆，告来哲”。

5 月 7 日，先生思母心切，等不及乘航空公司为联大教职工和家属安排的飞机，搭战地服务团的车，先行离开昆明。一路东行，经过贵州、湖南、江西、浙江四省，6 月 24 日到达上海。先生在贵阳、衡阳、杭州、上海各地，不断给梅贻琦写信，报告沿途各地食宿费用、邮资开销、安全状况，对公路和空中运力等提出建议，以供校方组织后续人员北返时参考。5 月 13 日，先生在贵阳，写信报告："沿途尚平静，过盘县时生车后之二商车被抢且伤人。据生等归纳之结果即早行早息（商车被抢在五时后，生车过该处时在四时前），苟能数车同行更佳。由昆至筑[①]每客饭由六百五十元至七百元，宿费由七百至一千四百元"[②]。7 月 2 日在上海，先生写信建议校方后续人员搭乘飞机，提醒师生随身携带必要的防疫证明：

> 我校复员中交通问题一项，按生例，系单人携稍许书籍及行李者（生大部分书籍在昆明已交学校，此行携书籍、计算机等约重七十公斤，行李约七十公斤），因此不能搭机，唯有乘车乘船，结果在时间与金钱上均不经济。以生言，由昆到平计用六十余日，车船费不在内，在杭、申食宿均有人招待，全力紧缩下已用去廿五六万，到平自［至］少共需三十万元也。故校中同仁有家室者，最好乘机，况在汉申杭等地，大人小孩过多，不便在故人处寄宿食耶。关于行总义民船办理并不难，但舱位系由行总包统舱，义民过多，船上生活较苦。此外凡北行者，须备霍乱、牛痘注射证，南行闽粤者尚多备免鼠疫证一种焉。[③]

先生在上海十余天，等待义民返乡的船只北上，得以和弟妹久别重逢。弟弟世偶在上海医学院毕业后，留在附属医院做实习医生，先生告诫弟弟不要参加政治运动，好好研究医学，做一个好医生。短暂的重逢后，先生与妹妹世佺一起，搭乘开滦煤矿空返煤轮离开上海，经过十天海上颠簸，在秦皇岛上岸，终于在 7 月 14 日回到北平家中，与母亲团聚。此时，距离先生

---

① 筑，贵阳之简称。

② 戴世光：《关于由昆明至北平的路费报销问题》，1946年5月13日，清华大学档案馆存，档案号X1-3：3-128。

③ 戴世光：《致梅贻琦，关于由昆明复员至北平经过》，1946年7月2日，清华大学档案馆存，档案号X1-3：3-128。

1935 年 8 月离开北平赴美，整整过去了 11 年。

除了给梅贻琦写信，报告沿途种种之外，先生也在途中和抵达北平家中后几次写信给友人施宝贞，其中对迢迢归途之艰辛、家破人亡之凄苦的描述，更加具体：

五月七日到霑（沾）益（云南曲靖境内），八日到盘县，九日到安南，十日因雨留一日，十一日离安南，晚到贵阳。不料吴鲍二先生因相候不及已先离筑，如此我将继续携四孩①东行矣。（5 月 12 日写于贵阳）

十五日离贵阳，二十一日下午到衡阳，一路安好。滇黔及湘西均为多山之地且人烟较少。衡阳以后均为平阳大路。衡阳物价较贵，客饭需一千二百元。计较贵阳者贵一倍，我尚携有三孩（吴先生大公子留贵阳读清华中学），不得不略事俭省也。途中遇雨，或过江（用渡船）均枉苦。（5 月 21 日写于衡阳）

离衡阳后路坏天气热，且须候轮渡（由湘至浙共十三渡），艰苦备尝，且唯一交通即公路。途中曾念及北平昆明上海方面均枉系念，但亦莫可如何者也。行程系由衡阳而耒阳、茶陵入赣境。经泰和南绕宁乡而南城之上饶。由玉山入浙境到常山，在常山与赴京者分路。我等一行东经江山、兰亭、金华而诸暨，六月十二日始到诸暨。十三日搭火车，下午五时到杭州。小住数日即赴申。入湘境后经赣而浙，热而忽雨，睡食不安，艰苦备尝。余且数度消沉之至。自昆至杭共行三十八日，尚不及昆平之半。今虽小安，但抵家省母尚不知何日也。另有不安者即申京物价高，尽需金条。经济上尚不知如何百了也。（6 月 15 日写于杭州）

到平为七月十四日。当晚谒老母，别来十一年，悲喜交集，惜老父仙逝，尤增悲戚。分谒诸长辈、亲友，告返家并谢父丧，并至墓地，拜先父墓。与老母商结束丧事种种。（8 月 7 日写于北平）

① 吴泽霖、鲍觉民先于戴世光离开昆明，将各自的子女托付戴世光照顾，一同北返。

唯时观老父遗容未免悲痛于衷耳。先父墓地已去过，当时痛哭失声，幸已安葬。碑墓完好，看墓事亦已托付有人（即墓地前田地佃户），此心稍安。开吊事经数度与家母及亲友前辈商议，决定暂缓或作罢，而以先父名义奖学金代之，由我与弟妹等合力积蓄筹集，希望在先父丧事满三年时交与清华奖学。（8月17日写于北平）

西南联大八年，是先生生命中一段极为重要的时期，他这样总结自己八年的教学研究工作和治学态度：

1938年到1946年，即从西南联大成立到结束，我都在联大任教。前五年我在清华国情普查研究所工作，同时在联大兼课；后三年我离开研究所，受聘于西南联大任经济系教授。在西南联大，我先后教授四门课：初级统计学、高级统计学、人口统计、经济统计。有时开一门，有时开两门。在国情普查研究所时，我的研究课题是设计统计、调查研究，研究所有关农业和人口调查报告由我编写，所长陈达审定。科研方面有《人口普查选样研究》等论文，主要论证用不同的统计方法，研究人口选样普查的可靠性。另外在钱端升主办的《当代评论》①上发表过不少评论时事的文章，如物价问题等。②

西南联大是中国高等教育史上的奇迹，先生认为，西南联大的校风是：

教授治校，学术自由，科学民主，着重实干。这校风是直接继承了清华、北大、南开三个学校的传统。清华的传统表现在教授治校方面，学校的许多事由教授会议和教授组织的各种会来决定……北大的传统是“兼容并蓄”，各种学派的学者都要……体现了学术民主。联大保留了学

① 应为《今日评论》。
② 戴世光．怀念抗战中的西南联大//笳吹弦诵情弥切：国立西南联合大学五十周年纪念文集．北京：中国文史出版社，1988：24，25．

术民主的传统……至于学术争论，多半是在社会经济学领域。南开传统是应用实干。三个学校的传统汇集起来，形成了联大的校风。

先生认为，西南联大注重理论联系实际，主要表现在政治和抗战上：

那时可以发表时事评论，发表对时局的看法，这是最大的理论联系实际。闻一多、曾昭抡等许多教授都发表过不少评论及演讲。学校里壁报各式各样，开展不同观点的辩论，都是理论联系当时社会上的实际。从科学研究及理论联系实际方面看，过去三校自然科学方面联系实际比较好，社经学科方面比较差……在联大阶段，自然科学方面除地质系可做野外实习外，其他学科受到客观限制，如资金少，试验仪器疏散等，因而联系实际就差了。但在艰苦条件下，清华还办了一些研究所，如庄前鼎负责的航空研究所，汤佩松负责的生物研究所，陈达负责的国情普查研究所等，都联系实际做了些研究工作。从某种意义上说，西南联大阶段理论联系实际比过去三校好，突出表现是联系了抗战和政治形势的实际。

令先生永远怀念的，是八年调查研究的实践，使其获得了了解中国实际的统计教学经验，进一步认识到应用统计的重要性，逐步形成了治学的思想与方向，而在艰苦条件下弦歌不辍的治学精神以及投身译员训练班工作，用笔杆子为抗日战争出力，则成为他一生享用不尽的精神财富。

7月23日，梅贻琦从昆明致函先生，对其长途跋涉北返清华表示慰问，嘱其协助陈岱孙开展清华校园修建工作。先生一边操办父亲丧葬后事，一边随总务长李继侗一起办理接待清华学生北返入校事宜，为清华复课做准备。

9月22日，昆明《广播周报》第5期发表了先生此前在昆明广播电台任经济社论编辑时播讲过的文章《从生活程度说到穷人翻身》。文章首先指出人民生活程度非常低下的事实，“我们的生活程度是非常的低，也就是说，我们的物质享受非常的简单，不仅简单，而且连人生基本必须［需］的衣食住全不够，根本谈不到享受”。先生将生活程度低的原因归结为社会生产能力低下，认为提高生活程度的途径在于“利用机器和现代技术，开发资源，提高国民的生产能力；多多的生产，而且要多多的生产为人民生活必需的东西；这样国民的生活程度才能提高，不至于象现在的成天愁吃愁穿，无时不在饥饿线上挣扎”。先生强调“安定”和“公平”是扩大生产、提高生活程度的两个必要条件，“唯有安定才能全力生产，否则田地荒芜，工厂停工，有资源机器和技术也没有用处；同时另外还要公平，这就是说，物质的享受，应该与努力、技术、效率、才能等成正比例，但是决不能成反比例”。先生虽然不主张穷人翻身的自杀式办法，认为唯有全力提高生产，才能改善人民生活程度，但是，同时他也痛斥了少数人集中财富、荒淫无耻、不顾社会正义、贪得无厌的令人痛恨的行径，主张富裕阶级“也应该把财富和物质供献给国家，用作充实生产的力量；这样，我们大家才能全不穷，大家才能全站起来”。

10 月 10 日，清华大学举行开学典礼，正式在北平复校。陈岱孙报告了保管委员会为复校进行的各项工作，梅贻琦发表讲话。复校后，先生被聘为清华大学一年级学生课业指导委员会主席，直到 1948 年年底清华解放。同时被聘为委员的还有李继侗、朱自清、陈福田、陶葆楷、雷伯伦、赵访熊、李嵚韩、霍秉权、吴泽霖、褚世荃、李庆海等。该委员会主席，相当于一年级的教务主任，负责大一学生选课（大一学生不分系）和整顿学风。梅贻琦深为学风不正、学生不好好念书而忧心，认为要整顿学风，要抓住大一学生，在才入校时就进行教育，指示先生每周组织一次大一演讲，梅贻琦和学校其他负责人都对学生发表过讲话。先生还在学生生活指导委员会、房屋分配委员会、财务委员会、教务委员会、存粮支配委员会等多个体现教授治校原则的委员会中担任过委员。

10 月 16 日，《经济论评》[①]第 1 期发表先生的文章《物价问题的现阶段》。文章将抗战胜利后物价继续上涨的原因归纳为四点，即通货继续膨胀、社会心理、生产不振、交通阻滞，进而指出政府采取外汇压低，以鼓励美货大量入口和大量抛售敌伪物资的办法来抑制物价上涨，其力量是不可恃的，而且是不得已的办法，治标不治本。先生主张政府应该对平衡收支采取根本有效的办法，同时解除社会的不安和纠正经济方面不正常的现象，以财产税和所得税来增加国库的收入，紧缩非建设性的支出，才是停止通货膨胀、解决物价问题的治本的办法。先生预言，如果能决心实施，其结果不仅可以直接平衡收支、稳定物价，而且可以间接地影响社会人心，给败坏的风气一种打击，对安定社会也是极有裨益的，是关系到建国前途的根本解决办法。

11 月 2 日，先生在复旦大学教授储安平主编的《观察》周刊第 1 卷第 10 期发表文章《中国经济往何处去》。文章指出抗战胜利已经超过一年，而政府仍然没有制定明朗的、指引经济建设路途的根本原则，更没有具体的建设步骤，认为长此以往，中国经济不是走冤枉路，就是一事无成，确有必要讨论“中国经济究竟应该往何处去”。文章以二战后英国为例，说明二战以后，世界政治趋向民主，经济逐渐走向社会改革及有计划的干涉主义，即根据全民福利的立场随时加以干涉，这与孙中山的民生主义在精神上有共通之处。世界的潮流和我国的先进看法全是一致的。文章进而驳斥了三种反对有计划干涉主义的论调，主张我国经济建设的发展前途必须采取有计划的干涉主义：

> 本来经济生活的目标在谋全民公众的幸福。每个人的利益应该以公共的利益为前提。如果每个人只谋个人的利益，自然会侵害旁人的权益，进而害及全体的福利。因此，私人的经济活动与其发展一定要有限度，须以全民的利益为重。如果一切发展全直接间接的使全民福利能够提高或者增多，则个人福利自然也会随之增多提高的。消极方面，凡与全民福利有冲突不一致的情形，则应用国家的力量有计划的来干涉。所以，具体的说，我国经济应走的途径是不能采完全放任自由的经济制

① 由胡寄窗于 1946 年创办，进行经济理论研究与交流，半月刊。

度。同时，也不应该有以某些经济集团的经济利益为本位的计划经济。而应该是由政府站在全民福利的立场，对经济操有计划的干涉主义者，这包括社会改革、防制独占、平均财富、建立直接税系统、发展国家资本等重要设施。唯有如此，我国经济建设才有意义，而且连带的政治问题也容易获得解决。

12 月 5 日，先生被补选为清华教授会评议员，此后连选连任至解放后清华大学改组。

本年，先生与伍启元、杨西孟等共同发起组织“稷社”，这是一个近似英国费边社的学社组织，旨在研究讨论中国的社会经济问题，办刊物。名字是雷海宗提出的，取自孟子的“社稷为重，君为轻”，把“社稷”倒过来即“稷社”。

本年，先生兼任昆明广播电台的经济社论编辑，两三个月，每周（或隔周）写一篇经济问题社论。

本年，先生为费正清主编的《中国丛书》撰写了“中国人口”一章（英文）。在《北平时报》发表文章《人口问题》。

本年，先生被选为中国统计学社第 14 届理事会论文委员会委员，主任委员褚一飞，副主任委员吴宗汾，其他委员有刘大钧、杨西孟、陶孟和、陈达、黄孝贞、李蕃、汪沅、邹依仁、徐钟济、芮宝公、金国宝、唐培经、吴定良、郑尧柈、赵人儁。

1947 年（民国三十六年），39 岁

1 月初，在陆璀安排下，先生与吴泽霖前往叶剑英家中吃饭。餐叙内容不得而知，但是根据此时叶剑英身为军调部中国共产党代表团负责人，以及 2 月战地服务团黄仁霖等人设宴招待代表团等推测，当与昆明译员训练班事宜有关。

3 月 9 日，先生请李俊龙餐叙，至下午三时半始散，潘光旦作陪。据

《潘光旦日记》记载，李俊龙“系六年来参加社政会议时旧识，湘人，党团中佼佼而亦确较开明者”[①]。席间，潘光旦谈话大意为：“目前当局与青年均在偏见者讨生活，为减除青年偏见计，教育而外，当局亟应力避种种无谓之举措，使不因刺激而变本加厉，迩来各地谣传之大量搜捕行为尤应及时制止”。

4月17日，先生陪同清华校友赵光贤拜访潘光旦。

5月4日，先生应邀到朗润园林庄寓所，与吴景超、潘光旦、费孝通、刘大中等友人宴饮。

5月23日，先生参加临时教授会，会议就学生继续罢课三日事[②]，一致议决应照常上课。

6月5日，先生在家中对潘光旦谈起自己对近来教授们的薪津收入略做的统计分析，结论是：“月入较战前者仅为一种分数，去年八月以来，今年正月最好，约得七之一，上月最坏，为十六七分之一，薪级较低者相对的略好，绝对则更不堪耳。”[③]当晚，先生和沈履、吴泽霖在潘光旦家中便饭。

6月18日，潘光旦、吴泽霖、费孝通共同设宴为吴文藻、谢冰心接风，先生和陈岱孙等人应邀同往。

7月5日，先生飞赴上海。先生本年度和吴泽霖、叶企孙、朱自清、黄眉共同出任清华大学招生委员会常务委员，原计划7月中旬去上海招生。不料幼弟世倜因在上海医学院做实习医生救治病人时，感染伤寒，于6月30日不治身亡。先生急赴上海处理世倜的后事。

7月10日，上海《大公报》以《清华北大南开定期在沪招生本月下旬开始报名》为题报道了先生和赵访熊赴上海代三校联合招生事：“国立清华、北京、南开三大学本年度招考新生，业已决定联合举办，由三大学分工合

① 潘光旦．潘光旦日记．北京：群言出版社，2014：69．

② 1947年5月17日，清华大学学生自治会理事会决定为“反饥饿、反内战”罢课三日。20日，清华学生进城参加北平学生7 000余人游行。

③ 潘光旦．潘光旦日记．北京：群言出版社，2014：91．

作。上海方面系由国立清华大学负责，本月中即在上海成立三校联合招考上海区办事处，除选三校一年级新生外，并分别代三校办理招考二、三年级转学生及研究生。现清华大学方面已派定该校教授戴世光、赵访熊二氏来沪主持招考事宜。据悉：报名时期定于本月下旬，招考日期已定于8月5日，报名费为两万元。”三校联合招考委员会设在上海山海关路育才中学，先生和赵访熊在此主持招考，计有工作人员二十人。7月23—29日报名，8月5—6日考试。

8月3日，呈贡县立中学举行成立十周年纪念活动，先生为呈贡中学题写贺词，赞颂其为“滇南之光”，被收入呈贡中学校友会刊物《群声》中。

8月14日，先生与施宝贞女士在杭州结为伉俪。施宝贞女士，云南昆明人，1921年2月生人，1944年毕业于西南联合大学师范学院，与先生相恋，在昆明清华附小任教。清华大学离开昆明后，施宝贞应友人邀请，到无锡某中学任教。婚后随先生到北平，1950年在清华大学附小任教。先生与施宝贞相伴终生，育有一子二女，即长子允琨（1948年出生）、长女允玢（1949年出生）、次女允林（1953年出生）。

戴世光与施宝贞新婚照

9月，应傅作义邀请，先生到张家口，围绕“农村应大搞手工业”问题做学术演讲并游览。此前应邀到张家口演讲的有吴泽霖、雷海宗等人。天津《大公报》9月15日以《北平教授出塞，傅作义礼聘赴张垣，每周举行学术演讲》为题予以报道。

9月，胜因院在清华园内建成，先生和费孝通、金岳霖、梁思成、吴景超、赵人儁等教授安居于此，先生住在4号院。

10月，清华《社会科学》第4卷第1期发表了先生撰写的学术论文《统计学与社会科学研究方法》。《社会科学》是清华大学为加强人文社会科学研究而创办的季刊，凝结了中国当时最优秀的一批社科学者的研究成果，从1935年到1950年共出版了6卷15期。先生的这篇论文认为，社会科学是研究人与人之间各种关系的具体科学，而统计学是一种最切实的方法的科学，统计学对社会科学，尤其是经济学与社会学的贡献极为重要。文章借鉴了罗伯特·E. 恰道克、罗纳德·A. 费希尔等统计学家的观点，从统计学在社会科学研究方法中的地位，近代统计学的发展，统计学与其他科学发生关系而产生应用统计学，统计资料的作用，统计方法在经济学、人口学、社会学研究中的应用，选样方法与统计推论在社会科学研究方法中的重要性等多个角度，论述了统计学与社会科学的关系及社会科学对统计学利用的程度，从而得出结论：

> 在社会科学研究方法中，一般的说，我们于确定中心问题之后，即须决定我们探讨的态度，然后方能遵循科学研究的步骤，去搜集、分析、综合、判断。等到最后即须根据某种推理路线去指明结果的规律性，或将结果化为一般的法则。凡此，实系社会科学研究方法的一个整体，而统计学与此整体的关系，则系一群抽象的逻辑、概念、态度中唯一的方法科学；统计学的应用可以使科学研究步骤具体实现，其运用是有法则的，是有数理基础的。当然不是所有的问题在实现科学研究步骤时全非用统计方法不可，实际上，也有一个客观的限度，即中心问题中的现象，如属于不可以量计的则不能应用统计方法。不过，相反的，如研究的现象可以量计则务必用统计方法，因为唯有统计方法的运用是有法则的，可以不参［掺］加主观的成见，而能求得精确的结果，同时，这种基于大数法则原理的结果是能够把握住原有

的中心问题的。进一步再分析推论时还有数理的基础，可以求得比较最科学的答案。

11 月 4 日，先生在北平教育界宣言《我们对于政府压迫民盟的看法》上签字，表达了民主宪政的立场。该宣言指斥国民政府日前突然宣布民主同盟为非法团体是不民主、不合理、不智的举动，对民主宪政的前途留下极恶劣的影响。该宣言要求政府对宣布民盟非法应重做决定，如民盟竟被解散，则应须公平处理善后，该宣言正告当局，恢宏气度才是贤明执政的作风。

11 月 8 日，先生在台湾《和平日报》发表评论文章《论举办全国经济调查》，针对经济部部长陈启天 10 月 18 日在（南京）中央广播电台的讲话进行评论。陈启天在电台讲话中介绍了经济部刚刚启动的全国经济调查，称此举是为了配合全国总动员措施，确立经济政策，加紧经济建设；全国经济调查关系整个国策，为求顺利推进，迅速完成，于本年 3 月成立全国经济调查委员会，主持全部调查业务；调查范围分为地方经济概况调查和经济事业个别调查两类，拟于三年内完成全部计划。先生首先肯定了举办全国经济调查的必要性和迫切性：

我国当前的迫切需要，是在社会安定下从事经济建设。凡与经济问题及经济建设有关系的重要事实，都必须从早作全国性的调查统计，庶能用以为拟定经济政策实施建设计划的依据……这种全国性的经济调查在我国还属创举，我们对之实抱有无穷的希望；对经济建设的前途看到一线的曙光。

先生从原则和技术的角度指出全国经济调查工作有四点需要改进，提请经济部予以考虑，并加以修正：

一、经济调查的性质。以现代欧美各国已有的政府统计制度而论，系以国情普查为中心工作，这种工作在性质上具有两个特点：第一，国情普调实指一个国家的基本事情的普遍调查与统计。在调查项目上，仅应包括少数最重要的项目；在空间方面，必须普遍完全；而在结果方面，则纯粹着重数字的描写，文字的叙述仅占不重要的地位。第二，国情普查系一种广义的概念，具体工作应该分门别类，个别独立的成为一种普查，此中最重要的系以人口普查、工业普查、农业普查与商业普查等为主。以此为准，我国的经济调查以经济现象为对象，范围过于广泛；着重几个都市的调查，难求安全；偏于概况调查，不易编制统计结果。这样似是而非，会失去举办的重大意义。

二、经济调查的期限。即设此项工作能在三年内完成，仍有两个问题存在：第一，统计数字资料注重描写截断性的静止状态，必如此，才能指明变化，才能比较增减。三年的调查结果将是三年内各区域零碎络续发生的现象，在方法上根本违背统计科学的基本原则。第二，我国目下经济建设极为迫切；经济政策须从早拟定。现在这个调查要等到三年后才有结果，实在是缓不济急。何况在我国许多工作常受人事变动的影响，三年中如有变动，很可能使整个工作停顿的。

三、担任经济调查的机构。各区仅由工商辅导处担任调查的工作，笔者认为这种办法将遭遇两种困难：一是人力不足，工作不够分配；二是工作重复，内容有一部分是资源委员会已经调查过的，并且各省的统计处和许多大都市的市政府也曾作过类似的工商调查。

四、政府统计工作的范围。政府担任的统计工作应以普遍的、全国性的为主。局部的、特殊的、而需要精密调查的，应该委托或者划归学术研究机关担任。“经济事业个案调查”即不应该由政府担任。

最后，先生提出了对全国经济调查计划的修正意见，他主张：

在内容方面，应以工业普查为主，而另附几种重要的出口产品调查（例如大豆、生丝、矿油、皮毛、猪鬃等大宗出口商品）。调查期限应以一年为度。担任的机构应该由经济部联合统计局和资源委员会，三方面联合设计普查计划。实施调查工作须由国民政府通令各省市县分别担任，而由三方面的直属机关负责指导监督。资料整理时，再集中到工商辅导处，从事整理、编制、统计的工作。此外并须另行提出经费预算，以充印刷调查表格、调查须知、调查津贴及编制统计报告等费用。唯有按这项原则和办法来实施，才能获得比较有价值的结果，才能不失举办经济调查的原意。

当月，台湾省政府统计处编印的《台湾统计通讯》第1卷第8期转载了这篇评论。

自本年起，先生在燕京大学、辅仁大学、北京大学、特种警察学校等多校兼授统计课程。

1948年（民国三十七年），40岁

1月16日，《周论》创刊号由周论社出版发行。周论社是由北京大学、清华大学两校教授数十人发起组织的，有报道称该社“本公正立场，客观态度，以科学方法研究时代问题，并指出今后世界潮流之趋向，提出各种解决现实问题之答案，为低气压之社会吹入一道清风”①。该社组成编辑委员会，出版《周论》，每周一期。编辑30余人，均为北大、清华及其他各大学教授，推定雷海宗、贺麟、朱光潜、崔书琴、先生、赵凤喈等人任常务编辑，雷海宗任主任编辑，聘请胡适、梅贻琦两校长任顾问。《周论》在创刊号发刊词中阐明办刊原则，“无论是谈政治，或谈人生的其他方面，希望都能采取科学的方法，保有客观的态度，维持冷静的精神”，宣称“只以科学、客观、冷静自勉”。创刊号发表了先生的文章《论我国经济改革的基本原则》。文章指出，辛亥革命以来，内忧外患将近四十年，国内经济情况始终未曾好

① 见《大公晚报》1948年1月27日报道。

转，在抗战胜利后，反有变本加厉之势，种种意在解决经济问题的措施，不能奏效的原因在于中国始终没有抉择、确定一种经济改革的基本原则，使之作为经济措施遵循的准绳：

> 本来中国是一个经济落后，既患贫又患不均的国家。其经济制度过去因受国际的影响，仅具一种自由经济的雏形。我们虽曾洞悉自由经济的弱点，不幸由于羡慕先进国家工业建设的成就，并企图借助于国际的人力物力，因而徘徊歧途，对经济改革的原则从未作断然的选择。抗战以来，因经济措施无原则可循，在物价巨变中，财富分配愈形不均。结果，中下阶层贫困饥饿的状态，和既得利益者少数人的巨大私产与豪华生活相比之下，造成社会普遍的不安。同时，贫乏问题则由于政府的放任政策并缺全面计划，在利润和价格支配下，宝贵的生产原素也未得到合理的利用，不仅未曾增加社会的总效用，而且加深社会的贫困。处今日情况之下，我国的经济必须改革，并且非另行决择一种基本原则，以为经济措施遵循的准绳不可。

先生认为，民生主义的主要内容，已经说明了孙中山先生的主张就是采取和平手段，以实现社会经济的改革；而英国在战后的经济动向，则表明英国工党执行的是温和的向社会主义迈进的基本原则。无论是辛亥革命的意义，还是世界经济改革的潮流，都为确定经济改革的基本原则指出了方向。据此，先生提出经济改革的原则应该是：

> 以大多数人民的福利为准，充分运用租税政策，去发展国营事业和控制私人经济；实施有计划的干涉主义的经济，以求财富分配的逐渐平均，生产计划的比较合理，全民的福利增加，大众生活获有保障。根据这种原则，具体的应该立即采取下列六种措施：（一）征收累进的财产税和遗产税。（二）征用国外存款。（三）进行大规模的土地改革，实现平均地权，普遍减低田租。（四）大量发展国家资本，仅对中小企业者

使其享有相当程度的企业自由。（五）利用消费税和生产贷款来控制生产。（六）扩充所得税和奢侈品消费税来节制消费。除去此六种重要经济措施之外，同时对于惩罚贪污须绝对从严，行政效率与人事制度必须改善，公教人员待遇必须提高，对于劳工与农民的生活须予以合理的保障，财政收支和国营事业的盈余完全公开。苟能如此，物价方有希望稳定，农村才能复兴；积极的才能导储蓄、投资、生产和消费入于正轨，而后方能推进工业化和交通建设。而且其意义固不仅限于经济的改革，对社会建设和心理建设也全具有极重要的意义的。

先生将文中所做的分析和提出的观点进一步归纳为：

第一，对我国经济动向必须自作抉择。如因国外的援助而有所牵就，致影响我们改革经济的原则，全是得不偿失的。我们必须本着"求诸在我"的精神，自力更生。第二，政治民主与有计划的干涉的经济制度并不冲突。合乎社会正义和保护大多数人民福利的经济改革是全民的要求。我们不应为了政治自由，而主张维持自由放任的经济制度。第三，国营事业并非与民营事业对立，他［它］们是相辅相成的。现代的政府系受全民的委托，应站在全民的立场，为人民多做有益的事业。我们必须分别官僚资本的事业与国营事业，同时有计划的干涉的经济制度更不是某些经济集团以其经济利益为本位的计划经济。第四，政府对经济改革应采严正坦白的态度。应该反躬自省的绝不掩饰；应该自责的决不诿过于人。

先生在文中大声疾呼，国家经济危殆到今日这种局面，非改革不可。为了国计民生的前途，为了连带解决社会政治的不安，政府需要拿出壮士断腕的决心来确立和实施经济改革的基本原则。

2月6日，先生继续在《周论》撰文，呼吁推进经济改革的基本原则，反对以救济特捐代替财产税。这篇题为《救济特捐不能代替财产税》的文章发表在第 1 卷第 4 期，文章旗帜鲜明地反对国民政府 1 月份公布的征募救济特捐的决定和征募办法。征募办法包括四个要点：第一，全国征募总额希望达到十万亿元；第二，征募的区域限于南京、上海、天津、武汉、广州等 11 个大都市；第三，对各区征募委员会拟定的募捐者，如果如期缴纳，则由政府颁给奖章，苟延期不缴纳，则由募集委员会公告其姓名，受舆论制裁；第四，救济特捐的用途系举办救济事业及赈恤难民，由行政院核定分配办法。先生将这个征募办法概括为“政府站在第三者的地位，劝都市中的富人捐款救济贫民和难民”，其结果的意义极为有限，“富人有捐款之名，而国家社会无受惠之实”。先生认为，为了挽救经济和社会的危机，必须解决物价问题，而征收一次财产税尤为必要的措施，救济特捐远远不能代替财产税达到此目的。他在文中指出此次救济特捐存在三个重要缺点：第一，总额十万亿元的目标即设可以实现，为数亦似嫌过少；第二，救济特捐并非强制，在强迫性方面不合乎租税原则，而且对于认捐额与其财产之多寡没有规定比例，也是不合乎租税原则的；第三，特捐用以救济，无补于政府财政和人民生计。先生建议既然救济特捐不能代替财产税，则“不如明令将救济特捐作为地方性的捐助。由各地区的征募委员会在缴纳之后，就地方将捐款扩充建设事业或者以工代赈”。先生坚持其此前在《周论》创刊号上表达的观点，认为“仍须推进经济改革的基本原则，首先征收财产税，并征用国外存款”。关于财产税，他提醒政府尤其应特别注意以下三点：第一，由人民自动申报其财产价值，按战前币值估价。如果申报的财产价值不足实有的财产价值百分之八十者，经调查属实，而有虚报情形，则全部财产充公没收。第二，免税额不妨略为提高，但超过免税额之财产必须采累进税制，一切均以战前的币值为准。第三，实缴租税可以黄金、美钞、粮食、布匹、房产抵缴。如果缴纳现款，则需按战前税额乘缴款时的当地物价指数。先生相信，政府果能实施财产税，并依照上列三点决定征收办法，则不仅政府财政收支可以平衡，而且也不需要依赖美援来改革币制了。文章最后，先生奉劝政府不要重蹈覆辙：

在抗战期间，即因贪图财务行政上的便利和纵容有钱阶级和既得利益集团，才以发钞政策来应付财政支出，致演成今日经济瘫痪的局面，我们深为痛心。这次对于救济特捐的决定，如出一辙，还是为了贪图财务行政上的便利并顾忌有害于有钱阶级的利益，竟以之代替了财产税。根据过去的经验，这种徘徊歧路和委曲求全的经济政策，必须根本改革。所以，我们要重复一句，“救济特捐不能代替财产税”。

3月1日，以北京大学、清华大学、燕京大学等大学多位教授为主体的中国经济社会研究会在北平成立，这是一个当时的自由主义者研究中国社会发展前途的学术团体，先生积极加入，成为该研究会发行刊物《新路》周刊的编辑和主要撰稿人之一。研究会在成立之初就表明了自己的目的是寻找中国现代化之路，钱昌照在代临时主席的致辞中明确说道：我们的目的是为全民福利，我们的研究方法尽量客观，我们的研究方式绝对公开，我们真想寻求一条新路，这新路既不拘于国内已经有人走过的途径，也绝不随着国际局势的演变而轻易转移。

3月12日，先生在《周论》第1卷第9期发表《由人口数量看我国经济问题》。文章从自然资源、资本和劳力三个生产要素相互之间的关系着手，认为：“我国生产力低微的基本原因是由于人口过多。一方面人口过多致使平均的收益极小，大部分人民的生活常在饥饿线上挣扎；一方面人口过多，大量的消费，剥夺了生产剩余部分，储蓄能力薄弱，资本来源枯竭，虽有过于充分的劳力，而生产能力却难以提高。”为了验证这个推论，先生分析了我国可耕地与人口数量、农场面积、人口密度等的实际情况，并将我国的人口资源和国民所得与美国加以比较，再次得出结论“我国的人口实在是太多”，提出应由国家决定减少人口，推广节制生育：

人口过多这个基本因素与资本缺乏和资源贫瘠已经造成了一个死结。这个死结不打开，建设只是表面的，工业化也是局部的，人民的贫弱情形将继续存在。所以，为了解除我国经济方面的死结，根本之道，必须由国家决定减少人口的根本政策，推广生育节制，尤其是在农村中普遍推广生育节制的运动，使生育率低于死亡率，徐求我国人口数量的逐渐减少。至少要减低到2亿的人口数时，才能对减少人口的政策重新评价。当然，在推进减少人口政策的期间，我们同时仍须以全力建设工业，开发资源，发展交通和改善农业，以收相辅相成之效。

总之，人类一切经济活动的最终目标是为了消费，并不是为生产而生产。因此，所有的努力应该为人类本身生存的意义作打算，我们没有理由要生殖许多人口，而使之享受非人的生活。当然，我们反对贫富悬殊的现象、分配不均的情形和战争残杀的惨酷；同时我们也反对不顾人的生活，坐视饥馑而死、荒旱而死、贫弱无力维持健康而死。与其牺牲在人口数量与生活资料不能平衡的比例之下，何不少生？因为少生育不是罪恶，生了婴儿，若生活资料不够，而使之早夭，或中年牺牲，或以树皮草根果腹，才是莫大的罪恶。

3月16日，台湾《和平日报》刊登文章《我们对于政府举办全国户口普查的意见》，署名为陈达、吴泽霖、戴世光、王成祖、苏汝江、赵人儁、吴景超、张印堂、韩德章、周荣德。时值内政部决定于1950年举行首次全国户口普查，人口局在拟定计划草案的同时征求各方意见。文章认为，且不说彼时战区扩大、烽火遍地、交通阻塞、生命涂炭的社会条件不适宜举行全国户口普查，而且还不具备专业人才和经费两大必要条件，最近五年之内绝无举办的可能。若必欲轻于一试，则只能是名不符实，徒耗金钱、时间及人力。但是，为了适应行政建设与学术研究的需要，作者建议于最近三年内举行全国性的选样户口普查。暂以一百个县、十个市、四个少数民族区域为范围，以求得全国及各主要区域的人口特征，并采用各级自治人员呈报汇集的办法，以求得全国及各省市县的人口总数，来代替人口局的计划。《台湾统计通讯》1948年第2卷第3期转发了此文。

3月，受清华大学指派，先生前往天津，邀请南开大学参加联合招生，办法是清华、北大、南开三校同时在南京、上海、武汉三地举行招考，题目由各校自行拟定，一校负责主持一个考区。

3月，梅贻琦将赴南京出席国民代表大会，指派先生代为出席北平市民食调配委员会在此期间召开的会议。

3月，受北平市政府委托，先生与何汝楫前往海淀一带的商号，调查物价情况，作为编定公教人员生活费指数之参考。

4月9日，先生在《周论》第1卷第13期发表《当前财政措施的错误》。国民政府1948年上半年度的收入预算仅占支出预算的61%，收支差额计为40万亿元，必然要依靠大量印发钞票应付物价高涨下支出之需要。紧接着，为了减轻专赖发钞以增加收入的危机，政府在3月份制定了三种增加财政收入的措施，即出售国营事业资产、增加税收、发行短期国库券，先生遂撰文批评这三项财政措施。先生认为，任何国家的政府，如果下意识地自以为是国家的一个特殊团体，仅仅为了维持生存而谋取收入，则至少在财政方面已犯了重大的错误，而政府新近制定的三项措施在性质上全是属于增加财政收入的，都有不当之处，或在原则上有错误，或在技术上有问题：

> 首先，由政府出售国营事业资产，在原则上却有两点须受批评：第一，国营重要工业及运输业为政府已决定的基本国策，今竟部分出售，实属自相矛盾之举。第二，按出售国营事业资产的办法，只限于人民和其营业组织收购，并以股票发行。但单位计算系以美金为准，价值巨大，一般人民焉有能力承购？结果，所有事业必落到豪门官僚资本的手里，以豪门独占代替国家企业，使既得利益集团更扩大其获利的经济基础。
>
> 其次，再论增加税收。这次盐纱税所增加的税率，不论从价或从量，平均约增加40%，增加额不为不高。不幸两者征税的负担却全又加在贫苦人民的身上。因为盐和棉纱都关系一般人民的衣食，如同盐乃人民生活日常必需的物品，根本不属于课特别消费税的货物。现代国家多从事减少盐税，或采无税主义；而我们却偏增加税率，置人民生计于不顾。只图财务行的便利，不问贫苦人民负担，这在原则也是错误的。
>
> 至于短期国库券乃属于发行公债，在原则上不可厚非，但办法上却

有问题。一者库券月息定为五分，而不采强迫制度，承购的人一定为数甚少，结果难收实效。一者库券为期过短，两三个月转瞬即逝，又需还本还息，对财政毫无补益。因之，我们认为发行短期国库券在技术上依然有不妥当之处。

总之，最近政府所决定三种财政措施，或在原则上错误，或在技术上欠考虑。不但未曾为全民福利作打算，而且竟放弃有计划推进基本国策的企图，仅从事于“头痛医头脚痛医脚”的维持办法。以发行钞票来增加收入，固然是绝对错误，而现下所决定的措施，其影响之劣，与之比较，所差也不过是在伯仲之间。本来财政政策与货币制度是两件事，财政政策与经济政策却是相辅相成的，无论在哪一方面发生错误，则全盘皆错。十年财政造成今日经济危殆社会纷乱的局面，的确够我们从长反省的了。

4月12日，为声援北京大学、北京师范大学学生运动，叶企孙主持临时教授会，通过四项决议：第一，发表抗议宣言，由朱自清、冯友兰、潘光旦起草；第二，推派郑之蕃、钱伟长、戴世光为代表慰问师大、北大师生；第三，推派郑之蕃、钱伟长、戴世光为代表与北平市各大学进行联络；第四，13日罢教一日。

4月13日，先生和郑之蕃、钱伟长先至北京大学、北京师范大学慰问，而后函告梅贻琦12日临时教授会所作决议。

4月28日，《中央日报》刊登先生的评论文章《论出售国营事业》。3月下旬，国务会议决定了出售国营事业资产，充实发行准备的原则和实施办法。先生认为这种措施的目的，是收回法币，减少发行，而并非政府屡次强调的挽救法币贬值的颓势，用资产充实发行准备，以求币值的稳定，与其说是充实发行准备，不如说是充实国库，增加财政收入。假使政府能够按照这一计划，将大部分的资产和物资售出，当然应该能产生吸收大批法币回笼的作用，这种措施是有其财政意义。但是，对一种财政措施的评价，绝不应该仅着眼于财政收支本身，还需要考量它在经济社会方面所产生的影响，如果平衡财政收支的方法不择手段，则依然不能被同意。先生指出政府出售国营事业资产，就财政之外的影响而言，至少有两点欠妥当之处：第一，多售国营事业资产，违背重要企业国家经营的原则。此次出售的国营资产包括招商局、中国纺织建设公司和资源委员会所经营的工厂，招商局属于运输事业，其重要性与铁路程度相同，国家为了统一交通系统，配合全国经济发展的需要，对交通工具做最合理、最有力的运用，理应由国家经营运输事业，以免在私人企业下所发生的散漫、无组织、不合理的竞争及浪费的事情，因此招商局的资产是不应该出售的。中国纺织建设公司属于与民生有关的重要轻工业。在国营工业政策的初期，轻工业的主要意义乃在改善工人待遇，改进技术，以求较多的生产数量和较低的生产价格。按照这种看法，中国纺织建设公司也应该继续由国家经营。至于资源委员会所经营的工厂，大都属于重工

戴世光在清华园

业或关键工业，理应由国家经营，业已成为定论，更不应该出售。第二，出售国营事业资产，等于由豪门企业代替国营。根据出售资产的办法规定，所有资产只限于人民及其营业组织承购，此处所谓人民，当然不包括农民、工人和依赖微薄收入生活的公教人员，买得起的“人民”只能是官僚豪门和富户，对他们是锦上添花，对人民社会却为虎狼生翼。这是非常不合理而且违反社会正义的。先生在文末总结道：“政府出售国营事业资产的重点，系在财政方面。固然这种措施本身或能获得短时的效果，但其影响却极为恶劣。不仅如此，仅就财政措施本身而言，它也只能算作一种破釜沉舟的尝试。财政收支的根本症结如果不能消除，则出售资产的办法总有无以为继之一日”。此文5月3日被上海市轮船业同业公会编印的《航业通讯》1948年第37期转发。

4月，清华大学《社会科学》(北平)第4卷第2期刊登先生撰写的书评，介绍美国康涅狄格州立大学经济学教授 Waugh A. E. 所著的 *Elements of Statistical Methods*（《统计方法》）和与之配套的 *Laboratory Manual and Problems for Elements of Statistical Methods*（《统计实习手册》）的重要内容并予以评述。先生认为这两本书搭配适宜，内容简要新颖，虽有不足之处，但依然具有明显的优点，对于一般以统计方法为次要学门者，不失为一套实用的书籍。

5月15日，中国经济社会研究会创办的《新路》周刊创刊号发行。《新路》周刊是中国经济社会研究会的理论阵地，集中讨论研究会关于未来的中国政治、外交、经济、社会的理想，即32条主张，在政治方面主张政治制度化、制度民主化、民主社会化，在经济方面主张实现全民就业、促进公平分配、提高生活水准，在社会及其他方面主张控制人口、实现教育平等，等等。32条主张也是《新路》办刊的主导思想，发刊词声称办刊目的就在于“以大家的智慧，来探索中国的前途”。《新路》的创办者们认为，他们所要讨论的主要问题是中国经济社会研究会所提出的32条主张，其理论依据以及实现这些主张所能采用的办法。《新路》不见容于国民党政府，1948年12月18日被封刊。刊物共出了两卷，第1卷24期，第2卷仅出了6期。先生担任了《新路》的经济编辑，并在刊物上发表了多篇文章。

5月21日，先生在《周论》第1卷第19期发表《指数计薪与生活费指数的正确性》。战后物价继续扶摇直上，迫于知识界普遍的多次呼吁责难，国民政府终于在1948年1月开始实施按生活费指数计薪，一时社会上出现了各方编制的各种指数，差异甚大。先生在文中指出政府采用的生活费指数显然比一般所编制的为低，分析了导致偏低的原因在于：第一，基期物价采用民国二十六年一月至六月南京的平均物价；第二，所包括的物品或服务缺少代表性；第三，指数加权的权数与实际不符；第四，人为地将编制的各地生活费指数一律予以折扣，或者将基期物价增值。先生在文中一一揭露了上述原因的不合理性，主张必须加以改正，切实改善公教人员生活质量，维护物价指数作为量计方法的科学性：

> 物价指数系一种科学的量计方法，必须依据采用该方法的原意，合理的应用。不论有意的歪曲客观的方法，或者无知的误用，其过失与其影响正如同商人有意或无意的将标准衡量单位改小是一样的。我们认为政府既决定按生活费指数计薪的原则，即必须维持其属于科学量计的正确性，而在方法上，应该立即作下列两点改正：第一，挑选战前重要地区的物价而平均之。以全国平均物价代替南京一市的物价作为当下各地指数的基期物价。第二，改正家庭预算表。一方面调查公教人员目下在生活中实际消费的物品和数量，一方面估计公教人员在目下为生活所必需的物品和数量。根据实际消费和生活必须所决定的物品或服务种类及权数，以为调查物价计算指数的依据。
>
> 总之，政府既然决定采用科学的量计方法以为计薪的标准，而且所有原薪已按“纳税”的性质予以折算，则对于这种量计方法必须维持其正确性。否则，不妨根本取消“以生活费指数计薪”的原则，庶免一般人对科学方法失去信念。

5月22日，《新路》第1卷第2期发表了《论耕者有其田及有田之后》，由吴景超的“本文”，先生、徐毓枏、陈振汉、韩德章等人的“讨论”和吴景超的“总答复”构成。吴景超的中心意见有两点：第一点主张土地国有，第二点主张农业机械化。先生在讨论中表示完全同意其中心意见，原则上没有异议，而在计划方面提出了两点意见：第一，分 7 年或 14 年，按地租 7 倍的地价，由政府以债券直接收购地主和自耕农的土地为国有；第二，转业农户人口离开农村的比例远远低于自然增长率，仅靠转业为主要计划，并不能减少农业人口，间接地也不会改善农民的生活程度。

5 月，先生发表《对于联合国亚洲经济委员会的期望》一文，后收入《独立时报集》第 1 集。亚洲经济委员会，即联合国亚洲及远东经济委员会，1947 年 3 月在上海成立。先生认为不论就亚洲经济委员会的工作对象而言，还是就该委员会的责任而言，中国都处于一个最重要的地位，我们应该特别地给予注意并有所主张。该委员会系最近成立的，还无具体的工作计划可言，先生此文是针对该委员会的前身即为亚洲而立的临时工作组发布的初步调查报告所写的。该报告的对象共包括 17 个国家和地方，有两个特别值得关注的重要内容。第一，经济状况的变迁。该报告提出了需要注意造成亚洲经济状况与战前不同的四种因素，即：（1）科学技术与经济配合的改变，将影响到各区域原有生产品的经济价值；（2）日本在亚洲经济地位的变动；（3）政治形势的改观；（4）工业化的需要。第二，亚洲经济重建的阻碍。该报告提出亚洲经济重建存在 9 种阻碍，先生将其归纳为政治社会的不安定与资本和物资的缺乏。先生表示该报告的看法大致都是正确的，完全同意关于四种因素影响经济状况的观点，但是另有一个比较基本而重要的因素被忽略了，这就是亚洲各地对经济民主的要求。经济民主是在经济方面给予人民以自由、平等和享有。这里所谓“自由”，主要是指“不虞缺乏的自由”和“免除失业的自由”。这里所谓“平等”，主要是指发展经济和教育机会的平等。经济民主是一种社会主义或民生主义的经济制度，这种要求对于亚洲各民族而言更为迫切，因为亚洲人民生活程度最低，对于贫而不均的感觉最为敏锐，将来亚洲经济委员会的工作计划应该特别重视这个因素。如果仍然本着自由放任主义的看法为亚洲的经济发展来计划，则实施时不仅格格不入，而且恐怕劳而无功。不仅如此，如果再进一步以世界问题为中心，顺应种种潮流，适应这种要求，将有更重要的意义，因为在亚洲及远东方面，唯有促成各地的政治民主和经济民主，才能使亚洲完成作为世界桥梁的任务，清除战后国家间的疑虑和不安。关于经济重建，先生认为，在亚洲还有一种重要的阻碍，就是人口过多，远超乎资本缺乏和社会不安定两个因素之上。上述亚洲人民对经济民主的要求，人口过多对经济重建的阻碍，都是亚洲经济委员会应该具有的对亚洲情况的认识，希望该委员会在拟定工作计划时作为参考。此外，鉴于亚洲各个国家和地方都极为缺乏有关统计资料，先生建议亚洲经济委员会当时的工作应该集中力量从事调查和搜集资料，以此为根据拟定一个比较客观的研究报告。与其注重执行，不如着重研究设计，这种综合性科学的研究报告，对今后各国或各地方以自己的力量来着手经济建设，也具有重大意义。

6 月 2 日，先生出席清华大学教授会并担任记录，会议由校务委员会主席叶企孙主持，报告学校 5 月份经费分配和使用情况。

6 月 5 日，《新路》第 1 卷第 4 期发表署名为刘大中、徐毓枬、潘光旦、赵人儁、戴世光、吴景超的文章《还我言论自由》，文章谴责了新近连续发生的政府限制言论自由的行为，质问“我们的言论自由在什么地方？”，重申言论自由是人民的基本权利，是文化进展的推动力，是防止政府滥用威权的前提，“世界上绝无想限制人民言论自由的民主政府；民主政府也只能在不折不扣的言论自由下才能真正为人民谋福利”。文章要求政府证明其保障言论自由的诚意，立刻检讨过去限制言论自由的行为，把所有一切违背言论自由精神的停刊和警告案件一一平反，依法严惩过去滥用职权压迫言论自由的官吏。

6 月 12 日，先生的论文《论我国今后的人口政策》在《新路》第 1 卷第 5 期《论坛》栏目发表。《论坛》是《新路》的核心栏目，也是最能体现《新路》主要思想主张的特色栏目。栏目形式是首先由实名作者提出对某一问题的主张和看法（即“本文”），送给相关学者批评讨论，求得与原作者相同的补充意见或不同的反驳意见（即“讨论”），再由原作者就反馈意见予以回应和总答复（即“总答复”），最后，刊物把“本文”、“讨论”和“总答复”全部刊载出来。这种形式有类于在英国皇家统计学会上发言，只有该领域最杰出的人士才能获得这种荣誉。根据英国皇家统计学会惯例，每位受邀

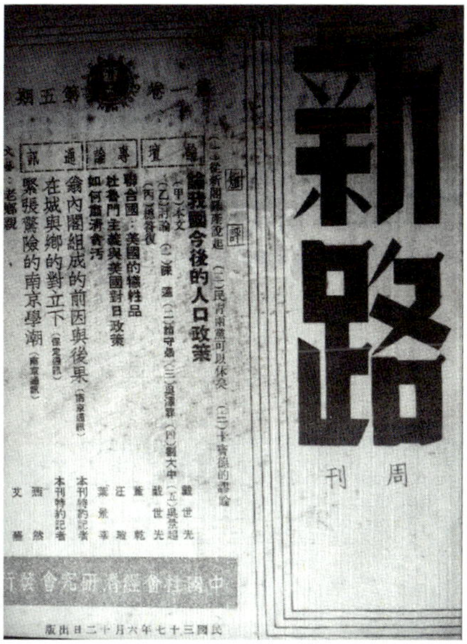
新路
周刊
第一卷 第五期
論我國今後的人口政策
(甲)本文 (乙)討論 (丙)總答復
聯合國：美國的犧牲品
杜魯門主義與美國對日政策
如何肅清貪污
翁內閣組成的前因與後果
在城與鄉的對立下
緊張驚險的南京學潮
中國社會經濟研究會發行
民國三十七年六月十二日出版

一卷五期 3
論壇
論我國今後的人口政策
戴世光
(甲)本文
(一)人口政策的性質 (二)由經濟觀點論人口數量 (三)我國人口與資源 (四)工業化，社會改革，和減少人口 (五)減少人口政策的計劃及其實施方案 (六)結語
(乙)討論
(一)陳達 (二)趙守愚 (三)吳澤霖 (四)劉大中 (五)吳景超
(丙)總答復
(甲) 本文
世界上的主人是人。在地球上，人的總數約為二十萬萬；他們分佈在各洲，各國，各地，生活的方式容或不同，而要求舒適幸福生活的意志則是一樣的。
(一) 人口政策的性質
(二) 由經濟觀點論人口數量

《新路》第 1 卷第 5 期发表戴世光的论文《论我国今后的人口政策》

嘉宾讲话结束后，听众需要进行一次讨论。高级会员手里拿着事先准备好的演讲文稿，因此他们的讨论往往具体而尖锐。会议主持人、学会中最有名气的成员一个一个站起来，向演讲者致谢，然后发表自己的评论，演讲者需要对这些评论做出回应。随后，英国皇家统计学会将演讲者的论文和讨论者的评论共同出版。1934 年，罗纳德 · A. 费希尔（Ronald A. Fisher）在英国皇家统计学会发表论文《归纳推理的逻辑》即如此。先生这篇文章以他过去几篇关于人口问题的论文为基础，是他对中国人口问题长期思考和研究的一次系统阐述，集中体现了他关于中国人口问题和政策的一贯主张。先生的“本文”包括六部分内容：（一）人口政策的性质；（二）由经济观点论人口数量；（三）我国人口与资源；（四）工业化、社会改革和减少人口；（五）减少人口政策的计划及实施方案；（六）结语。全文以研究的目的作为开篇和总领：

世界上的主人是人。在地球上，人口的总数约为二十万万，他们分布在各洲、各国、各地，生活的方式容或不同，而要求舒适幸福生活的意志则是一样的。他们参加各种活动，努力的去征服自然；研究宇宙间现象的变化；解决人与人之间和人与自然之间的种种问题。他们注意的方面非常的多而广，但对于人类自己却常以为它是“已成事实”，所注意的多仅限于这种事实的描写；由于惰性反而常常的不把人类看作客观的前提来研究。我们人①认为：对于这一已成事实的过分强调是一种偏见。科学首重客观，我们研究一切问题，必须跳出圈子以外；在圈子内的人也好，物也好，全应该属于我们研究的对象的。我们发现自然界的道理，我们会进而为人类幸福去控制自然；同样的，我们也应该在发现社会现象（包括自己和与之共同生活的人）的道理之后，为人类幸福对人类本身予以控制。本文的目的即为讨论这“已成事实”和将来的“必然事实”对人类自己产生的影响。尤其着重在我国“已成事实”的人口与其生活程度的关系，进而为我们人民的幸福建议可能运用的控制。

先生将“本文”讨论的“人口政策”限定为一种为了人类幸福而对人口的数量与品质加以控制约束的基本原则，而人口数量与人口品质的性质，是以国家为立场，根据需要，去考虑一个国家的人口数量应该增加还是应该减少；人口品质的优劣取决于是任其自然繁殖还是加以控制。由于立场和需要的不同，因此答案也是因时因地而异的。对于人口品质问题，主要关键在于环境和遗传。一般说来，都能同意“改良环境，提倡优生”的原则，以求人口品质的改善。对于人口数量问题，则意见出入甚大，所以在“本文”中以讨论人口数量问题为主，人口品质问题则不再予以论列。

先生认为，对人口数量问题的正确看法是由经济着眼，幸福的生活是人类最终的目标，必须就经济观点来分析讨论人口数量的影响。先生赞同马尔萨斯和康澜（Cannon）的人口学说，认为其主要贡献就在于说明了人口数量与经济生活的关系，特别是康澜的“适中人口论”更为完妥，即在时、地及客观因素下，人口数量应该觅得一个饱和的境界。为了增进人类幸福，改

① 原文如此，疑排版错误。

善经济生活的必要手段是增加生产，先生分析了增加生产的三个要素即自然资源、资本和劳力之间的关系，得出了下列关于人口数量与经济生产之间关系的四种结论：

> （1）如果一个国家（或一个区域）面积广阔，资源丰富，并已具有近代工业基础，而人口密度稀少，则应增加人口，以增加劳力。这样可以充分利用自然资源，使资本累积的速度加快，总生产力提高。
>
> （2）如果一个国家已具有高度的工业水平，自然资源业已被充分利用，则最好使人口数量稳定，至少人口数量的增加须与生产力的增加匹配，否则生活程度就有降低的危险。
>
> （3）如果一个国家土地贫瘠，资源有限，工业基础薄弱，但人口密度业已适中，则可以采取两种途径：或者制止人口数量的增加，集中经济力量在现代化及工业化的工作上；或者厉行生产节约，降低生活程度，以求资本积累的加速，等到工业达到相当水准之后，再逐渐改善生活。
>
> （4）如果一个国家的自然资源与工业水准与第三类相同，而人口密度业已很高，生活程度又低，则除去应该集中力量在工业建设以外，必须同时减少人口数量不可。

具体到我国人口数量与资源的情形，先生分析了我国可耕地与全国人口的比例、农村人口占全国人口绝大多数的事实，并与美国加以对照，发现我国现状与上述第四种结论中的前提相近，故郑重提出意见：我国的人口必须减少，仅求人口数量稳定，经济依然是没有前途的。

对于经济的症结不在人口数量方面，应由工业化和社会改革入手的观点，先生认为这是对人口数量采取放任主义，中国的经济问题必须“三管齐下”，即工业化、社会改革和减少人口，前两者仅为必需，但是绝对不够，并分别进行了论述，主张只有“釜底抽薪”减少人口，我国的经济才有出路，人民生活程度才能真正得到提高。关于减少人口政策的计划及其实施方案，先生表示，减少人口的原则如能成为国家基本国策，唯一的方法是节制生育。经过推断，他提出了以千分之五的自然降低率为宜，我国人口的理想目标是减少到 2 亿。为达到这个目标，人口政策的计划应该至少包括下列各点：(1) 整个节育计划应以农村为重心；(2) 实施教育、卫生、节育联合推进的制度；(3) 国家对节育方案的执行须具有相当的强制性；(4) 普遍实施老年抚恤金制度或设立"老人院"，免除"养儿防老"的顾虑，解除老年无依的寂苦。

在结语中，先生引用了卡佛教授的名言：

> 最后我们引卡佛教授（Carver）的名言"为什么不阻止由上天迁入的移民呢？"作结语。假使有上帝的话，上帝固然不断的送人类到世界上来，但是，我想上帝同时还希望送来的人能够好好的生活。不然的话，上帝又何必送过多的人来受罪呢？我们所有的努力应该为人类生存的意义作打算，我们没有理由要生殖许多人口而使之享受非人的生活；与其多生育人口，任其因饥馑而死，荒旱而死，贫弱无力维持健康而死，何不少生？少生育并不是罪恶，生育而使之早夭或取非人生活才是罪恶，今后下几代的幸福端视我们明智的抉择如何了。

对这篇文章提出讨论意见的是陈达、赵人儁、吴泽霖、刘大中、吴景超，他们对于推行人口政策的主张原则上都表示同意，也各自提出了补充和修正意见。针对这些意见以及同时期粟寄沧在《世界日报》上所发表的文章的不同观点，先生给予了"总答复"，综合提出了自己的意见：

> （一）"三管齐下"的人口革命
>
> 在本文中，笔者即曾提出"三管齐下"的意见，认为：为了解决我国的经济问题必须减少人口、工业化和社会改革三方面同时并进。就目前我国的经济基础和社会环境来看，不论在三方面的哪一方面推进工作，都是非常艰巨而阻力甚大的；他［它］们本身全具有强制变革的性

质。在英国工业革命的初期，对于以机器工业代替手工业的阻力又何尝不大呢？因此，为了着重这种工作的重要性，我们不妨称之为“人口革命”，与工业革命、社会革命列为我国三种必须变革的基本国策。普通过分重视后两种变革而忽视我国人口太多的特殊现象，这是不对的，也系笔者之所以要强调减少人口这一点的缘故。吴景超先生对“三管齐下”提出补充的意见，我完全同意。陈达、吴泽霖、赵守愚三先生在原则上都同意节制生育、减少人口的原则，同时却全提出认为社会阻力太大的意见，须注意宣传的工作。社会阻力是事实，我不能否认，但是，我们不能“因噎废食”；所以，我称之为“三管齐下”的人口革命，我们必须强制变革。

（二）工业化与减少人口

赵守愚先生认为等到农业机械化时，方能比较容易推进减少人口的政策；吴泽霖先生也认为工业化之后，节育运动反倒自然的会扩大。仅就此种关系而言，我也承认：近来欧美人民的节制生育是一种事实体验的结果，发展颇为自然，而且是自动的。但是，在我国如果使人民自觉的由生活中体验到这种需要必须等到工业化，人民生活程度和知识普遍提高之后，那希望就非常渺茫了。因为，资本累积和人口过剩是一个恶性循环；而且在性质上我国与欧美者也有不同之处；欧美人民是为了维持已经获得的较高的生活程度，而我们却是为了改善过低的生活程度。在我国，可以说百分之八九十的人民对资本的概念是非常模糊的，如果希望人民凭空的来推想节育与工业化及提高生活程度的关系，几乎是不可能的事。原文的分析在指明：人口过剩是因，而资本积蓄困难是果；所以至少必须同时推进节育运动和工业建设不可，否则，工业化的阻碍远为严重。

（三）理想的人口数量

对于原文中我国减少人口的理想人口数量，赵守愚、刘大中两先生分别的提出意见。赵先生认为不必以美苏两个的情形为准，一方面认为标准不必太高；一方面认为社会阻力太大，过剩人口的重担业已压在我们四万万人口自己的肩上。关于后者，笔者业已在（一）段中提出意见；对于前者，笔者之所以要与美苏比较，是因为自然资源条件的关系，同时又为了我们所希望的生活程度和国家的经济力量应达到一个幸福、现代化和足以自立的地步。而且节制生育运动既然强制的实施，只要能开始，就不妨在国策中继续推进，以期接近适中的人口数目。

刘大中先生所提出的是推算人口数量的技术问题，笔者对之极有兴趣而且也曾作过此种企图。不过，就对本文的目的而言，刘先生所提出的推算方法，我认为：其重要性系在于以之阐明资源、生产、消费、投资与劳力数量的相互关系。若为了目下估计我国今后在人口政策中所决定的人口数量，则在应用上至少有两点困难：第一，为了确定几个变数间的函数关系，至少须具有一二十年以上的统计资料，这一层在我国几乎是不可能的事情。第二，即设粗略的估计的获得此种数字，我们据之而归纳的得到此种函数，我们依然不好应用。因为根据函数推算的条件为必须维持客观因素的纯一性，而我国过去的种种和我们希望三方面变革后的种种迥乎不同的。但愿我国的现代化和三方面的变革能自今日始，则二十年后，我们可以据之来获得更科学的答案了。

（四）节育计划的实施

陈达、吴景超两先生都对生育节制计划提出修正意见。陈达先生提出真理传播，设立节育机关和节育指导所，并以合作方式推进节育运动等方法，我全能同意；与我提出办法区别系在于为了变革是否须［需］要对方案具有强制性的一点上。我个人以为：即以三种变革中的工业化和社会改革而言，如果缺乏约束性和强制性，恐怕也不容易收到成效的。我国政治、社会、经济的改革运动将近四十年，今日的成效如此，何尝不是委曲求全的结果呢？

吴先生认为，“第三个婴儿由国家抚养”一层可以删除。我只同意此种办法经过一个时期以后可以不要，但在开始推进节育运动的初期，仍须用之以为补充的办法；因为，它是为了处理第一项节育计划的执行未能完全普遍的过渡时期，生育了第三个婴儿的问题。至于强迫教育对于生育率降低的影响，还是间接的，直接的能改正宗法观念和“财源”希望，恐怕还是在出生后，即使之与父母脱离关系为有效吧？

（五）附答《减少人口可以解决中国的经济问题吗？》一文

最后我愿就粟寄沧先生的专论提出意见：第一，马尔萨斯对于着重人口与生活资料关系的贡献，我们站在纯学术的立场不应该对之一笔抹杀；正如同我们不主张用原子弹作为残杀人类的工具，但不反对原子能是一样的。第二，我们唯其反对任人民饿死、穷死、病死，所以才主张节制生育。如果对人口数量采取放任政策，对工业资本来源未作答案，贫的问题不解决，岂不是等于任上列苦难现象继续发展吗？第三，减少人口并不是唯一的原则，我们始终是为了资本积蓄较易、生活程度比较可以提高，才主张节制生育。这一层在本文中第四段已明言之，不巧，此文未曾发表在前，否则，粟先生就不会有这种误解了。

6月25日，因陈岱孙请假返乡，梅贻琦请先生暂行代理经济学系系主任。

7月3日，《新路》第1卷第8期发表徐毓枬、戴世光、刘大中、赵人儁、吴景超、陈达、潘光旦、邵循正的联合署名文章《忠告美国政府》。此文发表的背景是6月份美国驻华大使司徒雷登发表的扶日声明激起全国各界普遍不满，特别是学生和教员组织异常愤怒，各地不断爆发游行和抗诉。为使美国政府对我国民意有充分认识，并督促政府据理交涉，八位教授发表了联合署名文章。经过分析，文章指出以司徒雷登扶日声明为代表的美国政府的扶日倾向和措施，是不诚、不公、不智的政策，表示美国政府施惠和恫吓的态度绝非中国人民所能容忍，忠告美国政府抱诚实、公正和明智的态度，从速促成对日和会，以大多数盟国的意旨为意旨，并应特别尊重受害最重、了解日本最深的国家的意见，停止独断独行的作风，由各盟国协力同心导日本走上和平民主的大路。

7月7日，先生在《周论》第2卷第2期发表文章《“按当月指数发薪”不能使待遇改善》。鉴于国民政府行政院决议，公教人员实行以当月生活费指数为计薪标准，先生认为在物价上涨日新时异的情况下，按当月指数计薪，并不能免除法币贬值在时间上的差异，“按当月指数计薪”的办法是不通的，在技术上根本不可能。为了适应近来物价的加速上涨，在原则上不应放弃以指数计薪的办法，技术上必须釜底抽薪，提高计薪基数。

8 月 14 日，先生在《新路》第 1 卷第 14 期发表《物价上涨何时了》一文。文章指出，当时国内的经济问题最严重而迫切的莫如物价，“物价上涨固然不自今日开始，但是，自从今年的五、六、七三个月来，物价的波动是日新而时异的，同时新钞层出无穷，使用货币者几乎应接之不暇。社会人心不安，俨然如大海行舟，际暴风雨的前夕，随时将有颠覆沉没之感。经济生活本来是人类一切活动中的基本活动，如今关系基本活动的物价和货币竟如此疯狂波动，社会不安，极属自然，不足为奇”。文章梳理了自全面抗战以来十一年间物价上涨的三个时期，证明物价愈涨愈快，其特性表现为“按加速度的几何级数，既非按几何级数上涨，更非按数学级数上涨”，而其根源在于通货膨胀，“物价与通货膨胀造成一种互为因果的恶性循环，发钞愈多，物价愈涨；物价愈涨，法币流通愈速，物价因之愈涨”，最终导致作为经济动脉的货币不能完成交易媒介的功能。“如果走上这个命运，不仅货币本身消灭，而且所有的经济活动必将窒息，生产必将停顿，交易范围必然缩小，仅存的少量交易必将恢复过去物物交易的情况，这样就是经济崩溃了。经济活动为社会中的基本活动，经济既已窒息停顿，其他种种活动的变化就不堪想象”。先生指出，物价上涨导致经济崩溃的观点绝不是杞人忧天，至于物价上涨“何时了”，他在文章最后语带双关，指出通货膨胀不可能遏制，只会加速物价上涨，“今后如何，不妨仍等候事实来证验，物价问题自有‘可了’之一日”，只不过那时的“了”，不是问题解决的“了结”，而是货币交易功能的丧失和经济崩溃的“完了”。

8 月 24 日，经过一个多月的营救，在反对《征召全部东北（流亡）学生当兵的议案》斗争中被捕的清华大学学生徐芳伟被保释，先生代表清华大学校方，到北平市特种刑事法庭看守所接徐芳伟出狱。

9 月 1 日，应《工业周刊》的邀请，先生在《工业问题笔谈》专栏就

“美援运用与中国工业”问题回答编辑提问，发表在该刊第 5 卷第 9 期。7 月 22 日美国经济总署中国分署署长赖普汉发表了关于美国对华援助运用的广播，根据美国援华法案所揭示的原则，在总额 4 亿美元的对华援助中，除去军事部分的 1 亿 2 500 万元以外，所余经济部分共为 2 亿 7 500 万元，其中拟用于采购食粮 7 000 万元，采购原棉 7 000 万元，采购石油 5 000 万元，采购肥料 1 380 万元，工业配件 1 000 万元，行政费用 120 万元，尚有 6 000 万元规定为建设专款，其分配何属尚未决定。《工业周刊》认为美援的运用问题值得讨论，先于8月9日在北平召开有刘大中等人参加的座谈会，后又拟定了七个问题，邀请先生等北方高校教授继续发表意见。先生的见解如下：

问：美国人民对援华怎样看法？

答：我想美国人民对援华一事大部分是漠不关心的，仅少数人注意援华问题，其看法可能有两种，一种是纯商业的观点，支持一下经济行将危殆的近邻，并借以获点有利的条件（例如开放内河航权等），这样也许有大生意可做；另一种是由国际政治的立场，拉拢帮手，联合反苏。

问：美国政府拿出这笔钱是否也真正愿意多用在工业建设上？要怎样才最合他［它］们的理想？

答：美国政府拿钱出来，愿是愿意用在工业建设上，不过，所企图的是着重在可以为她［它］将来利用的华南一带的交通工具和几种基本工业，如同粤汉铁路和上海、台湾的电力厂等。

问：美国政府还可能继续援华吗？

答：可能，但数目不会多，将会每隔一个时间拿一点钱出来，维持着中国可以苟延残喘，以免崩溃。

问：美国政府是否也会有“工业建设宜在安全地带”的观念，而偏佑华北东北工业？

答：没有问题，她［它］是只注重在华南。赖普汉之北来不过是外交姿态而已。这个问题只能在安定而没有内战的前提下讨论，才有意义，假设的来看，我以为全部的“美贷”应该用在三方面：第一，农业所需种籽和农具；第二，交通器材；第三，基本工业的机器设备。

问：用在工业方面的美援，应当积极的换购机器扩充设备，还是应当消极的换购原料救济现有的工业？

答：自然是应该积极的换购机器，扩充设备。

问：此次美援用在工业上面的数量如果不太多，您以为是应当普遍而零星的分配全国工业界呢，还是应当选择有规模有希望的工厂，而优先多配？如果赞成后者的说法，应当优先多配给哪一些工业？

答：不论多少都应该集中运用在有希望、有规模，而且是必需的基本工业上。优先配给的工业应该限于钢铁、煤、电力、磷肥和交通器材工业。实际上，美援除军事部分以外，经济援助就原来的初步分配大致已分为两类：一类为原料或食品，如同米、面、棉花等；一类为工业器材补充。后者正如（二）节所谈，必然会依照美国的计划，整理补充华南方面几种对美国有利的工业；关于前者，多半用来在国内出售，希望收回一部分法币，少印钞票，略微缓和一下今后通货膨胀的速度。

最后，先生总结自己的观点，指出美援背后的政治意义，主张自力更生，不必对美援抱什么希望：

美援的表面是经济援助，实际上是富有政治意义的。如果国内和平安定，我们主动的向美国借款，充经济建设的资本，那是另一件事。至少，在目前，我们的工业最好不必对美援抱什么希望，假如可能，必须“自力更生”；印尼总统尼赫鲁氏在远东经济委员会中的开幕词，确值得我们反省的。

同期参加笔谈的还有南开大学教授鲍觉民、丁洪范、滕维藻、余新民、傅筑夫。

9月3日，先生在《周论》第2卷第8期发表《论币制改革》。8月份政府颁布紧急措施令，准备实行金圆券发行办法，推行以币制改革为扼要的经济改革方案以后，先生就在《独立时论》发表《论传闻中的币制改革》，就币制改革发表评论，引起各界普遍关注，被《现实文摘》《时代经济月刊》等转发或摘要刊登。根据先生的观点，为了挽救经济危机，必须改革币制，而最重要的是先具备改革币制的条件，同时须研究合乎国情、针对国际环境的货币制度。如果财政收支不能平衡，国际收支不能平衡，则币制改革不会取得成功。政府如果决心改革币制，则必须做到减少非建设性的支出，增加合乎社会正义并能平均财富的税收，以平衡财政收支，管理货币发行数量，按期公布发行数字，加强管制输入，并力求社会安定，增加生产，奖励输出。如此，币制改革才有意义，物价才能稳定。同时，政府还必须下最大的决心，铲除内在既得利益者的毒素，一反过去袒护权势豪门的作风。否则，依赖心理攻势，图有币制改革之名。若新币再度贬值，则一切将无从收拾，届时岂止仅仅是经济崩溃？

9月25日，《新路》第1卷第20期发表了刘大中、赵人儁、潘光旦、戴世光、王成祖、邵循正、吴景超、周先庚的联合署名文章《一个解决大学毕业生失业问题的具体建议》。文章指出，在一个现代化的国家中，有工作能力的公民，应该享有获得工作的权利。给予这些公民以工作的机会，是政府无法逃避的责任。在政府尚不能提供永久性的职位以前，文章建议由政府动员失业的大学毕业生参加较大规模的户口选样调查工作。

10月9日，先生与刘大中、吴景超、赵人儁、邵循正、潘光旦联合署名，在《新路》第1卷第22期发表文章《制裁独占的立法》。独占，意即垄断，工商业的销量和价格，可以被一家或几家特别庞大有力的企业所操纵，在这种情形下，独占企业为增加利润，势必减低产量，提高价格，同时对于在这个工商业内工作的劳工，也有剥削的能力。作者注意到立法院在9月1日复会以后，还没有顾及有关防止和制裁独占企业的立法，作者认为："在一个还没有实行社会主义的国家，制裁独占法规的树立是一件极重要的事情，其迫切性并不在其他基本立法以下"，在我国当时状况之下，制定制裁独占的法规，尤是当务之急，理由如下：

一、我国的工商业虽然还不发达，但是已有集中的迹象。在面粉、纺织业、化学工业、银行业、进出口业等范围中，我国也已有了“土皇帝”，比起外国的“大王”来，虽有小巫见大巫之感，但在本国确已可称霸一时。这些土皇帝与外国有联系，与政府大员有关系，一旦大规模的经济建设真要开始的时候，这班人一定可以捷足先登，加深独占的程度，消减建设的效果。在其势未成以前，先加以有效的防止，自然比改正既成的局面要容易的多。

二、在新近生效的中美商约中，美国的企业和私人在我国享有高度的“国民待遇”。换一句话说，美国的企业和私人在我国经营商务、制造、加工、金融等业的时候，他［它］们所享受的权利和我国自己的企业和私人相同。一旦环境稳定美资大量涌入的时候，他［它］们不难在上述任何一个企业范围内，造成独占的局面。

作者介绍了美国制裁独占的法规，如禁止企业间用“连锁股权”或其他方法去彼此勾通，不准暗地里分割市场，或是采取一致的行动去抬高价格。作者认为除去借鉴美国的这些法规，我国在制定制裁独占的法规的时候，还应该参考以下这几个原则：

一、各企业股权的销售完全采取记名式，转移时必须立即登记公布。

二、禁止“持有公司”(Holding Company) 和企业间的“连锁股权”（Inter-locking Ownership）。

三、禁止任何一个私有企业的产量（或是资本）超过同业总量（或是资本）的一个固定的百分比。

四、在特殊的情形下，如果第三项不能或是不宜施用，政府应该对该企业的定价和产量方面，加以特殊的统制。在理论上，政府应强迫该企业扩充产量至其边际成本大约与销售相等为止。

五、对于国有的独占企业，政府亦应制定法律，使其扩充产量至其边际成本约与销售相等为止。

10 月 24 日，行政院长翁文灏借蒋介石来北平之机，召集北平各大学教授、学者、经济专家举行座谈会，就“币制改革、经济紧缩方案”征求意见。先生与清华大学、北京大学多位教授共同出席。座谈会上集中讨论了银行停止贷款、冻结存款、停止票据交换等问题，与会人员认为在当时形势下，必须紧缩信用筹码，然后对于稳定币制物价，方能决定有效之办法。当晚，蒋介石宴请与会人员，就经济问题征求学者意见，报载胡适、梅贻琦、陈岱孙、吴景超、刘大中、赵人儁、戴世光、朱光潜等人出席晚宴。

11 月 27 日，先生在《新路》第 2 卷第 3 期发表文章《币值与币信》，批评国民政府膨胀发行金圆券，失信于民。8 月 19 日，国民政府发行金圆券，更改货币单位，名之为管理货币，实际上却膨胀发行，导致物价暴涨，金圆券迅速贬值，以致政府不得不于 11 月 11 日颁布了《修正金圆券发行办法》和《修正人民所有金银外币处理办法》，对金圆券发行办法进行紧急修改。先生此文即是在此背景下发表的。文章归纳了修正办法涉及的四点内容，测度修改的动机有三点：

一、承认金圆券贬值的事实，更改外汇的兑换率。

二、强调改铸硬币，将与金圆券同时流通使用，并以加倍存款兑换黄金白银为饵，以求提高人民对金圆券的信心，庶可稳定币值，缓和物价的波动。

三、提高黄金、白银、外币的兑换率，并承认为人民所持有而未兑换的金、银、外币为合法的，如此，可以暗中无限期的延长收兑金银外币的期限，希望继续收兑人民藏有的金、银、外币。

先生对金圆券发行办法修改的效果表示怀疑，认为人民已经对政府的货币政策丧失了信心：

过去犯法的，现在合法了；原来守法的，现在吃了大亏。当前谁又敢过度的凛遵政府的法令？谁又能保证在另外一个八十日之后，政府对金圆券发行办法不再修改？虽然宣称改铸硬币，但硬币绝非一朝一夕能够铸就并且大量流通使用的……凭着已往的惨痛经验，根据当前物价高涨的事实，我们能相信人民看见几条法令就会恢复信心吗？就会因之使币值稳定吗？……谁又肯以黄金、白银、外币拿到中央银行或委托银行去按法定兑换率兑换金圆券？

先生直言不讳，新办法等于保障官僚资本、富户豪门的既得利益，他痛惜地表示：

如果政府能舍得牺牲豪门富户的既得利益，增加由富人负担的租税，同时肯停止非建设性的财政支出，使财政收支能够平衡，不以发行为增加财政收入的手段，则法币的价值早已可以稳定，改换货币单位的金圆券的价值也可以稳定。如今，国内千疮百孔，痼疾已深，我们对于只图治标的修正办法如何能抱多少希望！

12 月 1 日，应《工业周刊》的邀请，先生在《工业问题笔谈》专栏就“配给制度与工业前途”回答编辑提问，发表在该刊第 5 卷第 12 期。先生简要论述了实行配给制度的目的、性质、应具备的条件，分析了苏联和英国实行配给制度较有成绩的原因，进而得出结论，认为现阶段国民政府靠配给制度挽救工业衰萎是不可能的：

我国物资缺乏，政治腐败，社会组织散漫，而政府又无全盘经济计划，如果实施配给制度，想效法英苏，几乎等于梦想。我国目下最多能作到限制消费，防止投机的购买；对于工业的配给纯为消极的维持，谈不到配合积极的生产计划。

总之，当前我国工业夹在政府想集权统制而无能力和任其自由发展又有所不甘心的矛盾中，配给也好，不配给也好，工业的前途是不太乐观的。

同期参加笔谈的还有南开大学教授丁洪范、滕维藻，唐山华新纺织股份有限公司总经理劳笃文。

12月，北平沦为孤岛，迫于局势，蒋介石制定了“抢救”知名学者计划，由傅斯年、朱家骅、蒋经国等人负责实施。蒋介石要求傅作义将62位学界重要人物分别疏导到南京，可派机或备船接运，先生是其中之一。因是故，报纸上曾登有“戴世光乘飞机南下”的讹传。蒋介石给傅作义的电文如下：

北平傅总司令宜生兄，口密。（一）在平教育行政负责人为：（梅贻琦）、（李书华）、（袁同礼）、（袁敦礼）、李麟玉、陈垣、（胡先骕）、汤用彤、（冯友兰）、叶企孙、饶毓泰、陈岱孙、（郑天挺）、（贺麟）、郑华炽、沈履、霍秉权、褚士荃、黎锦熙、温广汉、黄金鳌、徐悲鸿。（二）因政治关系必须离平者为：（朱光潜）、（毛子水）、（邱椿）、（张颐）、（陈友松）、刘思职、（梅贻宝）、齐思和、雷海宗、刘崇鋐、戴世光、邵循恪、吴泽霖、赵凤喈、敦福堂、张恒、金澍荣、（英千里）、张汉民、徐侍峰。（三）在平之中央研究院士为：（许宝騄）、张景钺、陈达、戴芳澜、（俞大绂）、李宗恩。（四）学术上有地位，自愿南来者，如（杨振声）、罗常培、钱思亮、马祖圣、赵迺抟、钱三强、严济慈、张政烺、沈从文、邵循正、邓广铭、李辑祥、孙毓棠、蒯淑平。请兄分别疏导，即日南移，如获彼等全意□□□，可派机或备船接运。其搭机人员并请兄代排订次序电告，尤以有括号者，务须来京，如何？请速电覆中。[①]

① 哈正利，张福强．吴泽霖年谱．上海：上海文艺出版社，2018：190，191．

先生自己不愿意南下，也力挽梅贻琦留在清华：

> 1948年12月上旬，解放军到昌平，我一个人去找梅贻琦，劝他不要离开清华南下，“清华是国家的，共产党来了，交给共产党”。梅默然不语，不作表示，我即辞出。一两日后，梅即返城，未再回清华。[①]

北平开始围城后，先生决定留在清华园与校中同人一起迎接解放，一直到1949年2月初北平解放，才进城回家。先生参加了清华的保卫委员会，晚间在住宅区和教授们一起值夜，保护学校财产和文物档案，防止国民党散兵游勇袭击清华，进校抢劫，白天则协助秘书长沈履清点清华的户口和教师学生人数，以便解放军接管清华所需。年底，解放军进驻海淀，清华园解放。

12月21日，梅贻琦离开北平南下。

12月23日，冯友兰主持第98次校务会议，聘任戴世光、陈新民、褚士荃、孙毓棠、何学纶等人组成存粮支配委员会。

12月24日，清华大学教授会通过决议，向梅贻琦汇报校中情况，并恳请梅贻琦回校继续主持校务。

12月25日，冯友兰主持第99次校务会议，决定由教授会、职员公会、工警团体、学生自治会推举代表组成应变时期生活委员会，取代存粮支配委员会。

① 戴世光：《解放前我的一些其他情况的说明》，1969年4月27日，未刊，中国人民大学档案馆存。文中时间实为12月中旬。

卷四

1949—1977 年，41 ～ 69 岁

1949年，41岁

1月，人民政府接管清华大学以后，由以叶企孙为主席的校务委员会主持校务，院系有所调整。根据华北高等教育委员会的决定，辩证唯物论、社会发展史、政治经济学、中国革命史、新民主主义论作为大学生共同必修课。法学院撤销法律学系，陈岱孙继续担任法学院院长、经济学系主任。经济学系分为会计、统计、财政、金融四组，成立教学改进委员会，明确教学任务和教学方针，以马列主义原则改进课程内容，精减部分课程，每门课程都建立任课教师与学生代表组成的教学小组①。清华大学暂停先生开设的经济学概论，新开政治经济学。清华邀请马克思主义哲学家艾思奇、党史专家胡华等人到校作报告，指导师生的政治理论学习。先生的思想认识也在逐步发生变化，对共产党和新中国越发有信心，并尽力以新的视角审视自己的学术思想，接纳新观点，适应新社会。他不仅自己参加学习、听报告，还担任经济系一个年级的辅导员：

> 通过国家逐渐统一，共产党的廉洁奉公，处理和解决了许多过去旧社会中太不象话的情况，各生产机构逐步恢复，文教机关工作正常化，使我认识到共产党成功不是偶然的，是有道理，有办法的，国家从此是有希望变好的。
>
> 我认为资产阶级经济理论有问题，统计是技术性的东西没有什么问题。因而一方面修改和充实资产阶级的初高级统计学（课程）；一方面整理过去的统计调查资料和经验，开设“社会经济调查”课程（不

① 白恩重．清华经济系八十五周年．北京：清华大学出版社，2011：124.

再教经济概论)。[①]

2月1日，先生随沈履一起去驻在青龙桥的军事管制委员会文化接管会接洽清华大学人员薪资发放事宜。

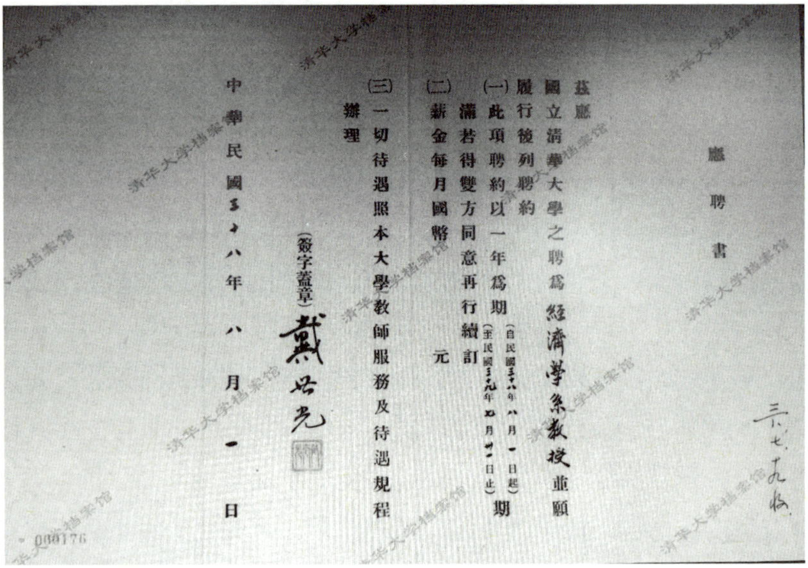
應聘書

茲應

國立清華大學之聘爲經濟學系教授並願

履行後列聘約

(一)此項聘約以一年爲期(自民國三十八年八月一日起至民國三十九年七月卅一日止)期滿若得雙方同意再行續訂

(二)薪金每月國幣　元

(三)一切待遇照本大學教師服務及待遇規程辦理

(簽字蓋章)戴世光

中華民國三十八年八月一日

000176

清华大学档案馆

戴世光清华大学经济学系教授应聘书，1949年8月1日，存于清华大学档案馆

8月26日,《人民日报》刊登清华大学423名教职员联合署名的文章，表明对美国国务院白皮书的看法，先生是97位签名人之一。文章表示：“我们清华大学的教职员们，在读了美国国务院所发表的白皮书节要以后，所得的结论：第一这个记录是美帝侵略和屠杀中国人民的供状，第二是美帝帮助我们中间一些人抛弃了幻想。”[②]文章最后表示：“我们更要以全力来为人民服务，来湔雪‘赔款学校’的耻辱，使之成为真正人民的大学。要以全力来号召同胞，抛弃幻想，准备斗争，精简节约，努力支前，解放全中国。”签名者有戴芳澜、邵循正、李辑祥、赵访熊、叶企孙、屠守锷、戴

① 戴世光:《自传》，完稿于1955年8月，未刊。

② 根绝幻想坚决斗争到底，各界严斥美帝白皮书，清华大学在校教职员发表对白皮书看法，要以全力为人民服务，湔雪“赔款学校”的耻辱. 人民日报，1949-08-26(1).

世光、冯新德、王宪钧、王德荣、罗念生、杨遵仪、周培源、温德、李丕济、张奚若、裘维蕃、刘仙洲、潘光旦、吴景超、张维、孟昭英、董树平、邓以蛰、沈履、范崇武、夏翔、苏汝江、宋镜瀛、黄眉、王明之、徐毓枏、赵诏熊、许维遹、王成祖、孙绍先、周一良、李继侗、曹国惠、刘崇乐、严仁荫、孙毓棠、曹本熹、王竹溪、张泽熙、噶邦福、吴达元、褚士荃、张岱年、宁榥、马约翰、赵以炳、周先庚、史国衡、王亚南、李广田、孙国华、高崇熙、赵人儁、钟士模、浦江清、杨津基、孔繁霱、梁思成、金岳霖、刘致平、吴柳生、张青莲、黄子卿、沈有鼎、钱伟长、张明伦、吴泽霖、章名涛、张席禔、夏震寰、褚钟瑞、陆近仁、刘谷孙、庄前鼎、唐钺、陆士嘉、余瑞璜、刘德慕、韩德章、陈岱孙、王遵明、常迵、任华、段学复、雷海宗、霍秉权、费孝通、陈达、张子高、冯友兰、莫宗江等四百二十三名。

10 月 1 日，中华人民共和国宣告成立。

12 月 11 日，先生借女儿允玢满月之便，约请潘光旦等友人在家中茶叙。

12 月 16 日，中央人民政府政务院第十一次政务会议通过《关于成立中国人民大学的决定》，确定了“教学与实际联系，苏联经验与中国情况相结合”的教育方针。

1950 年，42 岁

1 月 27 日，清华大学文学院、法学院部分师生出发，参加北京郊区的土地改革。先生没有直接到乡村去，在校内加入勤务组，为经济系土改师生服务，承担分配津贴、供应粮食、通信联系等事务性工作。

4 月，先生在清华大学《社会科学》第 6 卷第 1 期发表论文《论统计选样方法》，在文章的“引论”部分，先生指出，现代统计方法包括两大部分：一部分为描写统计，一部分为选样统计或统计推论。实际上近代为了调查研究和分析问题，对统计学的应用已发展到描写统计与选样统计两者全必须应用的阶段，换言之，业已尽可能地利用选样方法，少用全体调查，或用选样分析代替单纯的描写分析，原因有三点：一是客观上不可能获得全体的资料；二是出于经济的考虑不必要做全体的调查；三是由于现象的运动转化，并不存在绝对的全体资料。文章进而讨论了“什么是全体”、“什么是个体”、“样本与全体的关系如何”和“是否调查统计全可以应用选样”四个问题，从而说明选样统计的性质，样本必须具有代表性，选样方法不是没有限度的。文章分别介绍了代表选样、随机选样、分层随机选样这三种选样方法及其应用的条件，并进行了比较，认为原则上随机选样方法比代表选样好，因为可以由选样结果来推论全域，可以应用选样原理来推算各种可能的情况的概率；进一步在比较两种选样结果时，可以应用选样原理来分析两种结果的差别的显著性。代表选样的选样方法不符合选样原理的数学条件，无从应用选样原理的推论方法，因此由样本结果推论全域时，只能依循普通归纳法的方式，推理笼统而不够严密。当然，随机选样的应用也有限度，超乎这个限度则必须应用代表选样，这个限度在于全域的许多个体对于研究问题的重要性是否相同，如果个体的重要性有差别，则重要性成为选样样本的绝对标准，必须对重要性不同的个体有所取舍，不能随机选择。文章以统计选样在工业生产方面的应用为例，论述了研究统计选样原理的重要性。在“结语”部分，先生总结道：

由于研究对象的范围常常是大于搜集资料的范围，因之选样问题必然存在。选样的基本问题有两个：一个是如何选择样本，即选样方法；一即如何根据选样样本分析的结果来推论全域，或者估计研究问题的对象全体的情形。非统计性的调查研究固然同样要注意选样方法，但是，由其性质所规定了的选样问题就简单得多，因为它的重点不在于大量的个体，而在于一个或少数个体典型现象的内容的分析。所以这方面的选样方法也只有代表选样方法可以应用，根本没有随机选样的可能。同时，它的分析结果也不是统计数字的叙述，当然由样本结果推论到研究对象的全体时，也只能限于一般的归纳法的概括方式。至于统计性的调查研究，在性质上却与之有很显著的区别，它注重在大量个体现象的分析，基本上是用统计数字来叙述描写的。我们对于选样方法固然要有所选择，并且在以样本结果估计全域时，更应该充分利用业已实践证验的选样原理的推论方法；这种方法是科学的，可以使推论全域的正确性提高一步。

10 月 3 日，中国人民大学举行开学典礼，刘少奇副主席发表讲话："这个大学是新中国办的第一所新式大学，是中国历史上前所未有过的大学。中国将来的许多大学都要学习中国人民大学的经验，按照中国人民大学的样子来办。"

本年，教育部委托经济委员会统计处狄超白组织各大学的统计学教师拟订各种统计学的提纲，先生受邀参加此项工作。先生按照过去传统统计学的观点，拟了一些提纲，没有被采用。

1951 年，43 岁

春天，先生参加北京部分高校组织的教授土改参观团，到西安参观土改工作，团长是吴景超，担任领导、组织工作的是清华中文系教授李广田。此行约 40 日，参观了西安南乡的土改工作，在西安参加了几次座谈会，期间还参与了部分具体工作。先生在事后的总结中认为参观是有一些收获的，一方面更具体地认识到了反动统治为何完全代表地主阶级的利益，另一方面认识到了土改对发展生产的经济意义。

7 月，教育部决定，清华、北大、燕京、辅仁四所大学的法学院学生参加西南、西北土地改革运动，先生和经济学系 108 名师生一起组成清华土改工作团到广西参加土改。先生先后参加了两批，历时一年。第一批在南宁附近，第二批在贵县南区，担任小队长。

戴世光（后排右二）、吴景超（后排左一）等人在广西参加土改工作

1952 年，44 岁

年初，先生的母亲在北京病故，先生正在广西参加土改，没能返京，丧事由夫人施宝贞和弟弟世伦办理。

6 月，土改工作结束，先生由广西回到北京，在清华补“忠诚老实运动”。

8 月，清华大学院系调整筹备委员会传达教育部的决定，清华大学从综合性大学变为多科性工业大学，清华原有的文、法、理学院各系全部调整到北京大学等校。经济学系师生先调往中央财经学院，一年后分别调到北京大学和中国人民大学。先生在这次全国高等院校院系调整中，转入中央财经学院统计系任教。《1952 年中央财经学院各科、系、专业的简介》[①]这样介绍该院统计系：

①《1952 年中央财经学院各科、系、专业的简介》，1952 年，存于中国人民大学档案馆。

统计系设统计专业，设工业、贸易、农业三个专门化，学制是三年。

统计工作是完成国家计划经济建设任务的重要工具之一。随着国家大规模计划经济建设的开始，短期内我们需要大量的统计干部，我们学校将使用相当力量来培养这方面的干部，并且将作为教育重点之一的统计工作干部，将要担负五年计划建设中的统计行政工作，从数字表报上掌握和管理经济计划的完成程度并且进行各种统计资料的整理和研究工作，从其中找到增加国家财富、提前完成计划的可能性，同时统计工作者也将要担负统计制度和各种统计表报的拟定工作。

对于统计工作干部的要求是必须具备马列主义理论水平，并且能够从实际的统计资料中看出问题，因为我们的统计是以马列主义为基础的社会学科，完全不同于资产阶级以数学为基础的统计学。

在上述教学思想指导下，先生在中央财经学院过渡了一年：

在院系调整工作上，我的态度是端正的，我尽到我的力量使院系调整工作顺利完成。

在“三反”后，认识到知识分子的责任，认识到教学的目的和意义。这三年中才是我个人教学历史过程中的真正教学工作。我要学习，我要学科学、有用的东西；我要研究理解并且掌握它。然后我才能把这些有用的东西灌输给青年学生，培养他们成为德才兼备的革命干部。

1952—1953 年在中央财经学院讲授统计学原理。当时中央财经学院的方针是向人民大学学习，而苏联正派来统计专家廖佐夫[①]教授在人大指导和培养中国统计教师并编有各种教材。我学习的就是廖佐夫编写的教材，同时还通过人大学习苏联先进的教学方法。因此，由 1952 年起我才在政治思想上作到一个人民教师，并且将初步学习到的马列主义

① 尼·尼·廖佐夫：苏联统计学家，1950—1953 年中国人民大学聘请的专家。

统计知识培养青年。在这方面也是一个激烈的思想斗争过程。而且我更体会到“三反”运动对学术改造的伟大意义。只有站在工人阶级的立场上，真正考察到劳动人民建设社会主义社会的需要，才能展开在学术上对资产阶级学术方向的反动和不科学的东西进行斗争。[①]

1953 年，45 岁

8 月，根据高等教育部关于中国人民大学、中央财经学院、山西大学三校调整方案，先生从中央财经学院统计系转入中国人民大学统计系[②]。此次院系调整，中央财经学院共转入中国人民大学统计系教师 10 人，除先生外，还有赵人儁、李景汉、赵承信、邬沧萍、郑尧、林茂美、林富德、周复恭、徐云芳。中国人民大学统计学专业 1950 年开始招生，统计系正式设立于 1952 年，是中央人民政府政务院财经委员会与中国人民大学合作创办的。1953 年本科招生计划 100 名，分为工业统计、贸易统计、农业统计三个专业，人数分别为 40、30、30。面向国家统计局系统招收专修班 200 名，分为工业统计 80 人，贸易统计 60 人，农业统计 60 人。先生在贸易统计教研室任教，先后开设统计学原理、经济统计学、资本主义国家经济统计等课程，研究领域是苏联经济统计和外国经济统计。中国人民大学人事处 1953 年 7 月编制的《高等学校行政负责人与教师名册》记载先生为教授八级，1953—1954 学年（计划）每周课时 5 小时，每学期上课 48 小时，带学生实习 40 小时，辅导学生 15 小时。

12 月 7 日，中国人民大学校代会通过了《1953—1954 学年全校科学研究工作总计划》，其中先生拟订的研究计划是以马克思主义的观点重新审视、批判资产阶级统计学，撰写论文《资产阶级人口统计的批判》，计划于 1954

---

① 戴世光：《自传》，写于 1955 年 8 月，未刊。

② 中国人民大学统计系多次更名、合并、独立，计有统计系、经济系、计划统计系、计划统计学院、统计学院等。因此，“统计系”有时是实称，有时是虚称，但是统计系作为一个教学科研实体始终存在。本书除引文外，均以“统计系”表述。

年 3—6 月完成。

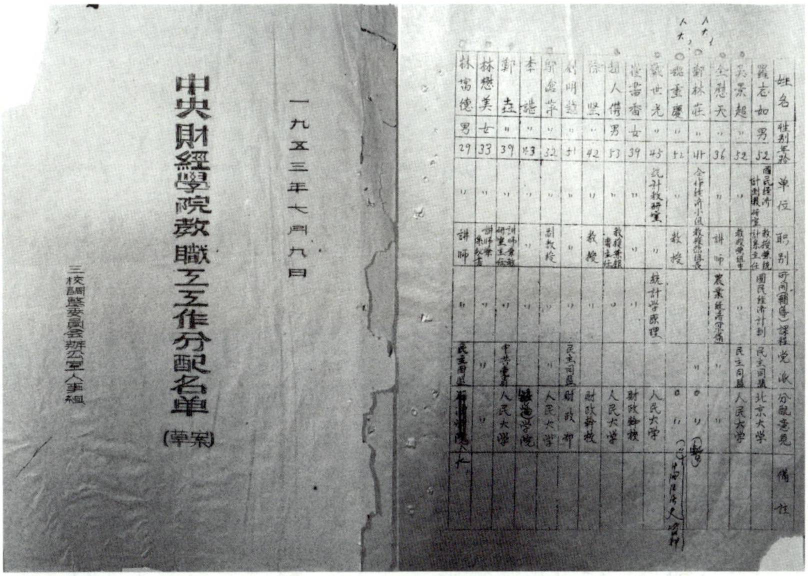
中央財經學院教職工工作分配名单
(草案)
一九五三年七月九日
三校調整委員會辦公室人事組

中央财经学院教职工工作分配名单（草案），戴世光、吴景超、赵人儁、邬沧萍等由中央财经学院转入中国人民大学，存于中国人民大学档案馆

1954 年，46 岁

1 月，高等教育部决定召开“中国人民大学教学经验讨论会”，系统介绍中国人民大学学习苏联教学工作的经验并加以讨论和推广。

3 月 16 日至 26 日，苏联科学院、苏联中央统计局和苏联高等教育部联合举行关于统计学问题的科学会议，会议讨论了作为科学的统计学的基本问题，如统计学的对象、方法和统计学在共产主义阶段的迫切任务等，通过了决议《关于统计学问题的科学会议的基本工作总结》，主要观点可归纳如下[①]：

（1）统计学是一门社会科学，具有阶级性，与特定社会形态有关，那种将统计学看作“关于自发的和偶然的自然现象和社会现象的通用科学”的看

① 高敏雪．1950 年代苏联统计学领域科学研究状况的一面镜子．中国统计，2020（6）.

法是错误的。

（2）统计学有其特定的研究对象和研究方法，是研究大量社会现象的数量方面的社会科学，政治经济学是其理论基础，那种认为“统计学是研究方法论的社会科学”的观点是错误的。

（3）作为社会科学，统计学不等于数理统计，数理统计属于数学范畴，但统计学中会用到一些数理统计以及概率论方法，主要“限于计算上的一些技术方法、抽样法、大数法则、机率论”。

（4）列宁和斯大林等在其经典著作中阐释了有关统计学的创造性思想，“社会主义——这首先就是计算”，中央统计局应该成为“社会主义建设的机关，检查、监督和计算社会主义国家现在、当前首先应当知道的事情的机关”，“任何建设工作，任何国家工作，任何计划工作，如果没有正确的计算，那是不能想象的”，“计算如果离开统计，就一步也不能前进”①。

基于上述观点，会议将统计学定义为：“统计是一门独立的社会科学。它在质与量的密切联系中研究大量社会现象的数量方面，研究社会发展规律在具体地点和时间条件下的数量表现。统计学在社会的生产力与生产关系的统一当中去研究社会生产的数量方面，研究社会的文化生活和政治生活现象的数量方面”。

3月28日，苏联科学院主席团、苏联中央统计局局务委员会、苏联高等教育部部务委员会发布联合决定，委托苏联中央统计局科学方法委员会会同苏联科学院经济研究所，邀请苏联科学院和各高等学校工作人员及实际工作人员参加，讨论并拟定需要进行科学研究的最迫切的统计问题标准题目，最终形成《需要进行科学研究的统计学问题标准目录》（以下简称《目录》）。该《目录》的综合统计部分包括统计理论和方法论的一般问题和综合性研究题目，专业统计部分区分为12个专题，依次为：（1）人口保健文化统计；（2）劳动工资统计，工人、职员、集体农民家计统计；（3）工业统计；（4）

① 转引自苏联科学院院士K. B. 奥斯特络维季扬诺夫的《关于统计学的讨论总结》（译文，俄文原文发表在《苏联科学通报》1954年第8期上），刊登在国家统计局主办的《统计工作》1954年第8期上。

农业统计；（5）基本建设统计；（6）住宅、公用（市政）事业统计；（7）物资供应技术统计；（8）贸易统计；（9）运输邮电统计；（10）财政和信用统计；（11）外国的统计；（12）计算工作的机械化。

4月12日至21日，中国人民大学教学经验讨论会在北京召开，全国101所高等学校的校长、副校长或教务长，各大区的高等教育局，中共中央与华北、华东、中南、东北、西北五大区的宣传部和中央各业务部门领导干部2 500人参加了讨论会。会议总结了中国人民大学学习苏联的六点先进经验，要求其他高校向中国人民大学学习。这六点经验是：第一，重视马克思列宁主义的思想教育；第二，着重培养工农干部成为国家各项建设事业中的骨干；第三，运用马克思列宁主义的立场、观点、方法来编写教材；第四,一切以教学为中心，为教学服务；第五，重视科研工作，以提高教师水平和教学质量；第六，通过教研室这个办校的中心环节来进行教学、科研、培养师资。《光明日报》和《北京日报》分别以《高等学校的榜样》《中国人民大学学习苏联经验是高等学校的一面镜子》为题做了详细报道。

6月，高等教育部发布《全国高等财经院系一九五四年院系和专业的调整和设置计划》，继院系调整后又对全国财经类院校专业布局进行调整。对于财经和统计专业来讲，这次调整一是拓宽了经济类和财经类专业设置，绝大多数综合性高校的统计系、会计系并入经济系，财经人才向综合性方向发展；二是统计专业人才培养向综合性、宽口径方向发展，工业统计、农业统计和贸易统计三个专业合成一个统计学专业；三是除了东北财经学院、上海财经学院、中南财经学院、四川财经学院这四所财经院校保留统计系外，综合性高校只有中国人民大学保留了统计系，其他院校的统计系都并入了经济系。

本年，先生完成报告《固定组成指数的研究》，按照学校要求制定了1954—1955学年科研工作计划，拟撰写论文《生命统计反动的本质》，尽力与自己的旧的知识体系、学术观点决裂，在自我否定中也不免时时陷入矛盾和困惑：

> 到人大搞苏联的经济统计学，并需要向青年老师学习，才能去上课。一方面背个大包袱，学的是资产阶级统计，另一方面，觉得自己不

够一个教授，学自然科学就好了。在教研室开学习会，自己讲话非常注意，怕讲错了，受到党团员教师们的批评；在人大初期，只想回家（当时家在清华园），在感情上与人大的年轻同志有距离。1953 年人口普查，统计局没找我参加设计调查、统计等工作，而是请苏联专家，自己有意见，思想上觉着党不信任我。

1954 年一次教研室会中，于涛对着我说“把讨论教学大纲的意见记下来，就要按这个讲，不能多，也不能少”，我就急了，与于涛争论，思想上是认为于不信任旧大学来的教师。①

1955 年，47 岁

8 月，先生申请加入中国民主同盟，主动要求进行思想改造，为此他撰写了 18 000 余字的《自传》，袒露了自己思想转变的过程和加入民盟的动机：

在政治学习之后，要求参加民盟完全是我个人的自觉行动。我在这个问题上，没有思想矛盾。在正要走的道路上，我看见光明。我感觉到一个人目标明确，大踏步向前走的愉快。因而在人大政治学习运动结束之后，自己排好暑期工作计划。第一件事就是为争取参加民盟写好自己的自传。一方面，它是参加民盟的必要步骤，以供盟方审查、领导对我帮助的重要材料；一方面，为了巩固这次的政治学习的收获，我也有必要把解放前后的错误思想和行动有系统的进行检查。通过自传加以初步概括总结，对我今后更好的为革命工作，不断改造自己也是有非常重要的意义的。②

在《自传》里，先生还总结了自己调入人民大学统计系两年来的教学工作，谈了自己学习和讲授马列主义经济统计学的转变过程，坦言转变是比较

① 戴世光：1968 年 2 月 24 日所写材料，未刊，中国人民大学档案馆存。
② 戴世光：《自传》，写于1955年8月，未刊。

困难的、不容易的，是在苏联专家和人民大学同志们的帮助下实现的：

> 1953—1955年参加人大统计系贸易统计教研室学习和讲授经济统计学。统计学原理是关于统计科学的一般问题，阐述基本理论和一般方法。一般方法中有许多是和资产阶级统计学的方法部分相近似或者一样的。因此由本质上体会到两者的根本区别是比较困难，也不易更具体的体会到苏维埃统计的科学性和优越性。在作为一个范围最广泛的专业统计的经济统计学[①]，虽然资产阶级统计方面也有这样一门学问，两者在本质上、内容上、理论基础上、方法上都完全没有共同之处。资产阶级统计学是把数理统计作为理论，把统计当成一种万能的方法，将这种万能方法硬套在经济资料上加以演算就成为经济统计学了。这套方法根据的道理是数学方面的道理；演算后解释的根据是资产阶级经济理论。所以，它是形式主义，而且是反科学的。马列主义经济统计学针对这客观经济现象，根据客观经济发展规律，以及客观经济现象的性质，利用数学方法作为说明和比较的技术工具来研究经济现象和过程。所以，它是唯物主义的，而且是科学的、有用的、能说明实际经济问题的。两年来，最初有人大原来同志的具体帮助，其后苏联经济统计专家季米特里也夫教授来人大，我随着专家学习，我才初步的掌握了马列主义经济统计学。由此本质上和内容上一系列的显著的差别，同时又有专家的指导，学习经济统计对我的收获是很大的。使我更好的认识和体会到苏维埃统计的科学性和优越性；使我具体的抓住了科学的东西来批判，扬弃我原来学习到的资产阶级伪科学没有用处的东西。

10月22日，校长吴玉章签署《关于成立学术委员会的决定》，宣布为了加强有关学术性问题的研究和讨论，对原来的科学代表会议进行改组，成立中国人民大学学术委员会，由校内外有关学术人员和苏联专家共同组成。

---

① 原文如此。

先生被吸收为学术委员会委员。

10月，中国人民大学经济系[①]成立学术委员会，先生任委员。和先生同样以教授身份担任学术委员的还有吴景超。

10月28日，先生参加经济系学术委员会会议，讨论资料室工作如何为教学科研服务。

本年冬天，经邬沧萍、吴景超介绍，先生加入中国民主同盟。

◎1956年，48岁

3月2日，先生在系学术委员会上提议重视科学研究工作。

4月10日，先生参加系学术委员会，讨论国民经济计划课程如何贯彻我国第一个五年计划。

5月，中国人民大学第六次科学讨论会召开。在统计分组会上，先生提交了报告《资产阶级生命统计的反动本质》[②]，这是他在批判资产阶级统计学的大环境下，努力接受苏联统计理论，和自己多年的学术思想撕裂的产

戴世光一家，摄于1956年

① 1955年8月至1956年5月，中国人民大学统计系和经济计划系合并，成立经济系。
② 该报告原稿，存于中国人民大学档案馆。

物。报告主要针对辉伯尔的著作《生命统计学》（1919 年）和泼尔的《医学的生物测算学和统计学》（1941 年）中的材料，对资产阶级生命统计的观点和方法展开分析和批判，并以江阴实验报告以及汤姆生的其他著作为例，批驳了资产阶级生命统计在旧中国的影响和结论。江阴实验，即 1931—1935 年金陵大学主办的江苏江阴峭岐生命统计实验，实验报告题为“中国的一个生命统计登记的实验”，1938 年出版，实验的实际主持人为美国人口问题专家汤姆生。先生在报告中首先指出了资产阶级生命统计以生物观点研究人口现象的反科学性质，具体表现在人口再生产的统计分析、社会经济因素的分组法，以及人口增长的估计方法三个主要统计问题上，对根据生物观点分析人口再生产、歪曲社会经济因素的分组标识及其分组、形式主义的人口预测曲线进行了批判，并进一步指出我国解放前的生命统计是为帝国主义和国内反动统治阶级服务的。

这篇报告，后经整理，发表在《教学与研究》1956 年第 11 期上。

12 月 11 日，在周恩来总理指示下，国家统计局王思华副局长率中国统计代表团一行四人访问印度。这是国家统计局首次对非社会主义国家的访问，代表团由王思华、国家统计局农业司司长黄剑拓、翻译孙世铮和先生组成。代表团参加了印度统计学院 25 周年纪念活动和国际学术讨论。

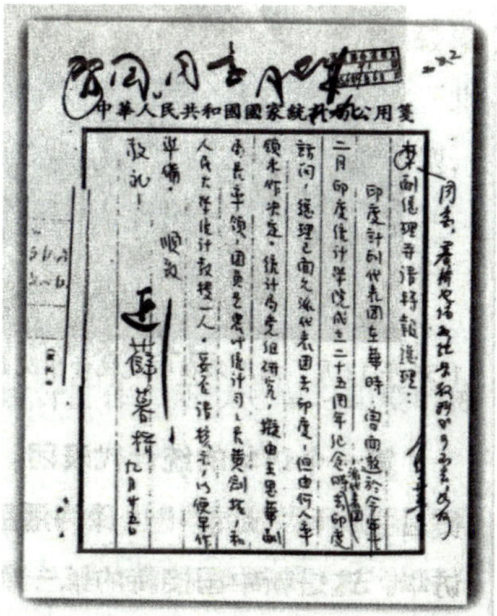
中華人民共和國國家統計局公用箋

陈副总理并请转报总理：

印度计划代表团在华时，曾面邀于今年十二月印度统计学院成立二十五周年纪念时我国派代表团去印度，但由何人率领未作决定。统计局党组研究，拟由王思华副局长率领，团员包括统计司司长黄剑拓，和人民大学统计教授一人，妥否请核示，以便早作准备。

顺致

敬礼！

薛暮桥

九月廿五日

周恩来总理批示同意王思华率团赴印度访问

印度统计学院正式成立于1932年，创始人及院长是著名统计学家马哈拉诺比斯[1]。这次25周年庆祝活动是世界统计学界的一次盛会，来自英国、美国、苏联、日本、瑞士、加拿大、中国、巴基斯坦、泰国等国和印度本国的统计学家、统计界专家齐聚加尔各答，在三个星期里，共举行了两次全体大会、60场讲座和研讨会，英国罗纳德·A.费希尔和弗兰克·耶茨（Frank Yates），美国杰兹·内曼、莫里斯·H. 汉森、哈罗德·霍特林等世界统计名人到会并做了学术报告。据先生回忆：

（王思华）见过副总理李先念，李副总理指示：除去参加纪念会以外，要结合考察一下印度的统计工作，重点是农业统计，要注意他们农业统计中的抽样调查。我们四个人去印度时，路过缅甸仰光，周总理正由印度到仰光，曾通知代表团去见他，总理并作了指示（要注意友好关系，考察统计工作要多做调查研究，要学习，但不要硬抄硬搬，等等）。考察团在印度约一个月，先到加尔各答印度统计学院参加纪念会（参加者除中国、苏联外，还有美、英、日、巴、埃及、泰国、新加坡、锡兰等国和印度本国的大学统计教授和统计机关的高级职员或代表），并结合考察印度统计学院的统计抽样调查工作，以及教学研究工作；随后返到德里考察访问印度统计局、农业部、农业统计研究所、内务部机关的统计工作（期间也进行了一些参观、游览）。考察访问统计工作，有时四人一起，有时王思华作了分工（王与孙世铮一起，黄剑拓与我一起），也有时我一人去访问抽样调查，以及人口统计。[2]

① 普拉森塔·钦德拉·马哈拉诺比斯（Prasanta Chandra Mahalanobis，1893—1972），出生于印度加尔各答，对统计理论与实践，特别是抽样调查的理论与实践做出了重大贡献。马哈拉诺比斯1931年创办印度统计学院，1946年任联合国统计委员会委员，1947年任该会副主席，1954年、1956年连任联合国第8、9届统计委员会主席。1949年起为印度内阁的统计顾问。马哈拉诺比斯提出了著名的马氏距离（Mahalanobis Distance），表示数据的协方差距离，是一种计算两个样本集相似度的方法。

② 戴世光：1968年3月31日所写材料，未刊，中国人民大学档案馆存。

费希尔、马哈拉诺比斯、内曼在印度统计学院成立 25 周年研讨会上

12 月 20 日，先生在研讨会上做报告。当天共有 8 位报告人，前 3 位报告人是印度和巴基斯坦的专家，介绍印度统计局的组织架构等。第 4 位至第 8 位依次是戴世光（《1953 年的中国人口普查》[①]）、耶茨（《农业计划的统计问题》）、王思华（《中国工业与农业的协调发展》）、费希尔（《科学研究中的概率问题》）、内曼（《统计学是所有科学的仆人》）。

① 报告内容后以《我国 1953 年的人口普查》为题发表在《教学与研究》1957 年第 4 期上。

Appendix 2F

LECTURES, SEMINARS AND SYMPOSIA DURING THE TWENTY-FIFTH ANNIVERSARY CELEBRATIONS: DECEMBER 1956 TO JANUARY 1957

18 December 1956:

PROFESSOR T. KITAGAWA (*Japan*): The logical aspects of successive processes of statistical inference.

SIR RONALD A. FISHER (*UK*): Statistics in scientific work.

19 December 1956:

DR. Q. M. HUSSAIN (*Pakistan*): Recent contributions to design of experiments.

DR. U. S. NAIR: Study of maternity rates.

PROFESSOR T. KITAGAWA (*Japan*): Application of design of experiments to Japanese engineering.

SIR RONALD A. FISHER (*UK*): Probability in the sciences.

20 December 1956:

PROFESSOR V. M. DANDEKAR: Fisherian inference.

SRI N. CHAKRAVARTI: Organization of a State Statistical Bureau.

DR. M. ZIAUDDIN (*Pakistan*): On symmetric function statistics.

PROFESSOR S. K. TAI (*China*): 1953 Population census of China.

DR. F. YATES (*UK*): Statistical aspects of agricultural planning.

PROFESSOR S. H. WANG (*China*): On the coordination between the industrialization and agricultural cooperation.

SIR RONALD A. FISHER (*UK*): Probability in the sciences.

PROFESSOR J. S. NEYMAN (*USA*): Statistics, the servant of all sciences.

部分会议日程

资料来源：印度统计学院：年度报告（Statistical Institute，Annual Report，1956.4—1957.3），加尔各答，1957 年，第 57 页。

会议期间，代表团一行与马哈拉诺比斯进行了会谈，考察了印度统计工作，抽样调查是这次考察的重点。代表团先后与印度统计学院、工商部、工业统计局、西孟加拉省统计局、中央统计局、全国抽样调查局、农业部、农业研究委员会、内务部、人口统计局等单位的 100 多位负责人进行了会谈，搜集到百余种文件资料。先生还意外与 1937 年在美国国情普查局实习时的朋友莫里斯 · H. 汉森重逢（参见本书卷二）。被先生称为“韩生”的汉森，时任美国国情普查局研究员、印度统计学院名誉研究员。听了先生的报告后，汉森夫妇到中国代表团驻地拜访，征得团长王思华同意后，先生两次回访了汉森夫妇。先生把自己带在身边的全家福照片作为礼物送给了汉森。

本年，中国人民大学统计学系教师在国家统计局主管的《统计工作通讯》（半月刊）上连续开设“经济统计讲话”专题，共13讲。先生撰写了“人口统计”讲稿，分别在第3讲、第4讲刊出。

本年，先生加入当年成立的北京经济学会。

本年，在有关部门授意下，先生通过梅祖彦，问到梅贻琦在美国的住址，给梅贻琦写了一封信，劝梅贻琦回到祖国来。梅贻琦没有回信，但在6月13日的日记中写道：“接戴世光自北平来信，情词颇恳挚，但意在劝‘老师’回去，则甚明显也。”自1927年进入清华读书至1948年年底梅贻琦离开，先生始终追随梅贻琦，视其为清华的家长、永远的校长、自己的精神导师。新中国成立后，在多份“履历表”“登记表”中，先生都把梅贻琦列入“主要社会关系、对自己有重要影响的人”之首，尊其为“老师、上司、父执”，对梅贻琦“执行弟子礼”。

1957年，49岁

1月16日，先生随中国统计代表团结束对印度的访问，回到北京。

1月，吴景超在《新建设》发表《社会学在新中国还有地位吗》一文，主张在哲学系开设社会学核心课程，引发了关于恢复旧社会学的讨论。

2月15日，陈达草拟了一份人口研究工作的计划（大纲），邀请先生和李景汉、吴景超、费孝通、潘光旦、吴文藻等人到家中就该计划进行座谈。

4月，由先生和徐前、于涛等人共同编撰的《经济统计学讲话》由统计出版社出版。该书介绍了经济统计学的一般知识。全书共24讲（其中前13讲曾于1956年在《统计工作通讯》上连续登载过），分别介绍了经济统计的对象、方法和任务以及人口、国民财富、固定资产、工业、农业、建筑业、运输业、社会产品产量、劳动经济、商品经济、人民物质生活和文化生活等各领域的统计知识。先生撰写了第3讲“人口统计”、第22讲“国民收入统计”、第23讲“人民物质生活和文化生活统计”和第24讲“国民经济平衡表”，集中体现了先生这一时期的研究成果。

徐前、戴世光、于涛等编写的《经济统计学讲话》，由统计出版社出版

5 月，《统计工作》第 9 期发表先生的文章《印度的全国抽样调查——社会经济调查》，文章分三个部分，介绍了由印度统计学院负责开展的全国社会经济抽样调查的主要内容、方法和特点。先生采用列表的方式，分析归纳了印度自 1950 年以来 11 次全国社会经济抽样调查的主要内容及其目的：

> 可见全国抽样调查的主要内容为家庭收入和支出、家庭生产活动，以及物价和土地利用情况。由第十次起，增加就业和失业调查及主要农作物收获率实测。其它间或加以调查的有：度量衡、私营工业制造企业、读报意见、大米出产变动情况、土地占有情况、农业土地自营情况、农业生产方法、生命统计等。经常性家庭收支及生产活动调查可以对国民收入估算提供重要资料；土地利用及收获率实测仍系试验性质，目的在于研究一种比政府现在实行的农产量统计更有效的方法来估算主要农作物的产量；就业和失业调查是为了满足经济计划的需要，为十年内消灭失业计划提供资料。至于其它各种临时性调查则为满足政府各行

政部门所提出的要求，以及作为各种社会经济专题研究之用。

印度全国社会经济抽样调查的抽样方法采用分层（“层”相当于类型，但印度所指的“层”主要为一地区概念）比例随机抽样的原则。文章从以下四个方面梳理了具体的抽样方法：

（一）选样的步骤。一般的分为两步选样或三步选样。例如第一次全国社会经济抽样调查方面（以全部乡村为对象），第一步选择乡村，第二步选户；土地利用调查方面，第一步选乡村，第二步由选中的乡村中选地块群。再例如第四次全国社会经济抽样调查方面（已改为以全部城乡地区为对象），对于乡村地区，第一步选择县，第二步由选中的县中选乡村，第三步由选中的乡村中选户；对于城镇地区，第一步选城镇，第二步由选中的城镇中选街块，第三步由选中的街块中选户。第四次抽样调查的土地利用调查方面，也是分三步选样，第一步选县，第二步选村，第三步选地块样。

其它各次选样的步骤基本上与第一次及第四次抽样调查者相同。仅由第八次起，城镇地区的社会经济调查改为两步选样，由第十次起，全国抽样调查的土地利用方面增加主要作物收获率实测，采用四步选样，第一步选村，第二步选地块群，第三步选地块，第四步选点，确定圆形面积。

（二）分层方法。印度全国抽样调查应用分层抽样，而分层的对象主要是考虑到地理差别的一定的地区范围……基本原则是：一般地按地理区划，以及人口数分层；遇有特殊的重点调查，则于最后一步选择家庭时，再按与该重点调查有关系的特征分组，作为选择家庭的分层标准。

（三）样本数目。首先，就样本单位来说，社会经济调查的样本单位一般地为家庭；土地利用面积估计的样本单位为地块群，收获率实测的样本单位为圆形面积。各次调查包括的调查内容比较多，它们体现为各种调查表，因而样本数目是以某种调查表为准的……某种重点调查的调查表的样本数可能多一些，另一种次要的调查表的样本数就可能少一些。此外，印度的抽样调查还要考虑经费和各地区的人力，以及某一次调查表种类的多少。人力少，样本数要少一些；调查表种类多，样本也要少一些。所以，学院设计某一次抽样调查时，主要是考虑上列因素来确定样本数目。至于按抽样误差原理，利用调查的某主要指标的已知变异来确定样本数的方法，只是偶一用之，作为参考而已。

（四）样本分配及其选择方法。样本分配的一般原则系根据各层和初步单位的人口数，也即各层所选中的初步单位或家庭数是与各层的人口数成比例的。但是，学院在抽样调查的过程中会采用“交插付样本”的选样方法，来比较误差问题，因而在各层中以及各村中，对于某些主要调查内容所要选择的家庭数必须是一定数目（例如数目为4）的倍数。为此，关于比例问题是用“自身加权”或“整理加权”两种办法。

初步单位的选择方法，系将初步单位按人口数排队，用机械抽样法。选择样本家庭时，常常是在分组下，利用随机号码来选择。

就初步单位以及样本家庭的分配和选择的实施方法来看，初步单位的分配和选择均在学院中经过研究，加以决定。对于家庭的分配和选择，学院只规定比例及一般选择原则，具体确定则在选中的村或街块当地进行。

就各次所选的初步单位和家庭的关系而言，初步单位（如县、村、城镇、街块）一般地均沿用上次所选中的初步单位，样本家庭则因调查内容及数目在各次间均有所不同，所以常常是每次单独分配选择。

根据印度的情况，必须强调利用抽样调查来进行社会经济统计资料的搜集。印度统计学院认为，抽样调查比全面普查（或全面报告）更为经济和迅速，也更为准确。文章最后概括了印度全国抽样调查的三个主要特点并分别加以论述：

（一）调查的内容比较广泛，规模比较大

社会经济调查的内容是很广泛的，包括全国城乡的家庭收入的支出、家庭消费，农业生产、农业土地占有情况、农业就业失业、农民负债，与全国城乡居民家庭有关的各种工业、运输业、商业等的经济活动，以及生命统计、物价和度量衡等。此外，还有随同全国社会经济调查所进行的土地利用面积调查和主要农作物收获率实测，由1952年起每年单独举行一次的大工业抽样调查，全国抽样调查局直接领导的农作物收获率抽样调查，1956年单独举行的全国牲畜普查的抽样检查，以及1941年人口普查方面关于年龄和职业统计的抽样整理等。由这些调查统计研究的内容来看，除去大型的运输业、大型的商业，以及建筑业以外，已包括全国的生产活动，以及全部农业生产活动；同时，还包括全国城乡居民的收入、支出及消费情况和就业、失业情况，以及人口情况等。所以，印度全国抽样调查的内容是相当广泛的。

根据印度1951年人口普查的结果，全国人口共计三亿六千万；就人口而言，印度居世界第二位。以三亿六千万居民为研究对象，组织抽样调查来研究社会经济复杂生活的各个主要方面，这种规模可以说是相当大的。

不论就抽样调查的内容，或就抽样调查的规模而言，都超过了英美等资本主义国家所进行的抽样调查。这是印度全国抽样调查的特点之一。

（二）在抽样调查的技术方面有所发展和创造

印度统计学院在全国抽样调查的设计方面，除去广泛地运用了分层比例机械抽样的原则以外，还在组织抽样调查的技术方面有一定的贡献。首先，连续抽样的方法在印度全国抽样调查中得到大规模的试用，并获得具体的发展。

其次，印度统计学院还首创“交插付样本”的抽样方法。“交插付样本”的方法是利用若干独立的抽样估计来检查抽样误差和调查误差的方法，对于分析抽样误差的来源，以及通过两种误差的显著差别，用复查来改正调查误差，以保证抽样调查的代表性，取得了一定的成绩。这种方法对于组织抽样调查的技术方面有一定的贡献。

（三）调查和整理方法的比较研究

印度统计学院在组织全国抽样调查的过程中固然强调数理统计的应用问题，但同时也还重视实地调查方法和整理方法的改进，并在1956年成立全国抽样调查的研究组进行具体比较和典型研究。例如，对于消费量的调查研究，哪一种调查方法可以获得比较准确的消费量；研究调查项目如失业、就业的询问方法，如何询问方能减少错误；收获率实测用不同大小的圆形比较研究何者费用少而代表性高；打孔工作中如何减少错误等。对于上列每一问题，研究组都进行若干不同的实验，将结果进行具体比较，进而确定一种最好的方法来大规模地采用。再例如，统计学院在对抽样调查的全部调查资料进行审核、整理和分组计算以前，研究组先抽取一小部分调查资料，进行试点性质的整理加工，作为典型研究。研究组通过试点来研究最有效率、最准确的整理加工的步骤和方法，作为拟定大量调查资料整理方案的基础。同时，研究组根据典型研究的经验来配备人力，布置分工合作的方法，来对全部调查资料进行整理加工。

上列种种比较研究虽然只限于实地调查和整理方面的技术问题，但是，由于这些研究是与组织全国抽样调查结合起来的，因而对于提高大规模抽样调查的工作质量，还是具有一定的实际意义的。

5月，中国人民大学开始整风运动。先生一方面因忙于编写经济统计讲义而无暇他顾，一方面对整风有思想顾虑，故而谨言慎行：

（学校）召开各种提意见会，有时还不参加，不关心，初期还埋头搞业务。我在提意见时都非常慎重，自己感觉得不太对头的想法就不提（如教授、讲师、助教应有所分工，助教不应上课，应做教授的助手；再如教师升级应以才为主，不能只注重德等等）。参加的意见会，听别人的意见（或看到的材料），有的听来认为是落后（如今不如昔，对马列主义抵触，恢复社会学，教授治校，要向英美学习统计学等等）；有的自己听或看不出问题来（如学校应设立各种委员会以及政治设计院）；有的自己在思想上竟觉得同意的（如科学上外行党员不能领导内行，党有些宗派主义等）。[①]

5月18日，运动持续深入，人民大学连续召开会议，揭批宗派主义、官僚主义、主观主义作风，先生从提高教学科研水平的角度出发，在会上作了发言，认为学校的问题主要表现在：

干部水平和客观要求不相适应。教师多年轻，知识面窄，实际知识少，没有专长，只是拿份讲稿去上课。因此要提高教学和科学研究就很难。

人民大学工作不正常，工作职务、升级，不能制度化。没有度量科学水平逐渐往上爬的标准。只是任务来了，大家一分，然后拿着讲稿去上课。用这种方式去完成任务，过去是无可非议的，但今后就是不正常的。

领导同志布置任务多，群众体会领导意图多，全盘肯定多；领导深入调查少，讨论中争论少，分析少。只有“到群众中去”，没有“从群众中来”，工作方法简单化。

财经教师觉得校长太重视四大理论教研室，而对财经专业是不重视的。《教学与研究》上发表的财经文章比重很少，而已发表的财经论文也是“本质”“对象”之类的。最近几年来不止一次提出要求办一个财经专刊，但始终未解决。因此使我怀疑政治经济学和部门经济学究竟有多少区别？政治经济学除了几个规律外没有什么区别，如果部门经济学不发展，则政治经济学中国部分也很难提高。

校首长要想更好地、更具体的领导财经专业，应钻研这方面的科学，否则不易解决问题。[②]

① 戴世光：1968年2月24日所写材料，未刊，中国人民大学档案馆存。
②《人民大学周报》第147期，1957年5月23日出版。

5 月 27 日，国家统计局邀请北京、天津部分经济学、统计学教授举行座谈会，征求对统计工作的意见，帮助统计局开门整风。座谈会由国家统计局局长薛暮桥主持，除先生外，还有中国人民大学李景汉、杨学通、赵承信，北京大学罗志如，劳动干部学校陈达，科学院经济研究所巫宝三，科学院计算技术研究所徐钟济，南开大学林和成、杨曾武，外贸部行情研究所杨西孟等人出席了座谈会，严中平、陈岱孙、吴景超提交了书面意见，共计 14 位。座谈会开始时，薛暮桥说明了开会的目的："今天开这个会的目的是请各位先生帮助我们整风，批评我们的统计工作。国家统计局成立四五年来，我们与专家们的联系很少。去年知识分子会议召开以后，我们认识到必须与专家们多多来往，但拖了一年多，没有把这件事抓紧做好。这说明我们的工作中有官僚主义、宗派主义和主观主义。这也说明整风运动是很必要的。我们知道自己有毛病，但没有外来的刺激，改起来就不大容易；有了外来的刺激，才可以改得快些。整风的方式是和风细雨，但雨必须下透，才能解决问题。请大家多提意见，多批评。"①

14 位学者的意见和建议集中在如下三个问题上：一是对社会和学者开放资料（数据）；二是统计工作和统计方法技术在学习苏联的同时，也应根据我国实际情况吸收其他国家，特别是英美统计发达国家的经验；三是重视发挥高校、科研机构的作用，特别注意发挥老教授的积极性，加强国家统计局与高校的合作。

先生在座谈会上发言，首先肯定了国家统计局的工作成绩：

> 我准备从社会经济统计来谈，因为我体会国家统计局是党和政府领导的经济工作机构。这样谈可以具体些。谈的角度，包括人民大学和我自己——改造中的知识分子。
>
> 国家统计局的成绩是肯定的、主要的。这样说可能有些公式化，但

① 为了帮助国家统计局整风，薛暮桥局长邀请京津部分经济学、统计学教授举行座谈会. 统计工作通讯，1957（12）（1957 年 6 月 29 日出版）.

这个公式用在国家统计局还是合适的。社会经济统计的任务有三：一是向党政提供资料；二是为计划服务；三是为国民经济发展做出科学的总结。国家统计局在过去统计基础薄弱、国大人多的条件下，基本上完成了前两个任务。例如第一个五年计划的编出，计划完成情况的检查，这些都不是小事情，与国家统计局的工作是分不开的。①

关于国家统计局工作中存在的问题，先生认为表现在四个方面：

（一）学习苏联的方向是正确的，成绩也是肯定的，但是对苏联先进经验研究得少，盲目性大。例如很少研究苏联在什么情况下这样做或那样做。总产值估算方法中若干部门按内部周转计算的特殊规定就是搬自苏联。苏联的规定是根据自己的具体情况作出的，我们这样规定有无根据呢？职工家计调查，我们先把苏联的登记表、调查表抄过来，而不明确如何用调查结果来达到调查目的。就调查阶段谈调查，这就带有盲目性。就设计过程来说，应该从分析到归纳到调查，而就工作过程来说，才是从调查到归纳到分析。

（二）突击工作多忙着为党和政府提供资料，大量资料收集了，加工分析少，没有充分利用调查资料。对资料不做细致的加工会造成两个影响：（1）常常只在制度、方案上打圈子，不去利用资料研究我们的经济问题。单纯研究方法制度必然会落空，只有多做加工分析才能发现制度方法中的问题。（2）加工分析少，再加上保密，这对经济科学研究就非常不利。我们人大有教条主义，尽在统计的对象、方法、作用上兜圈子，这与国家统计局也有关系。

（三）和大学的关系问题。与大学有一定的联系，但不正常，也不够。跟人大联系还不错，应该肯定。原因两个：（1）近水楼台先得月，

① 为了帮助国家统计局整风，薛暮桥局长邀请京津部分经济学、统计学教授举行座谈会．统计工作通讯，1957（12）（1957年6月29日出版）．

人大与统计局距离近；（2）人大有统计系。杨曾武问我有无其他原因。这一点，局里可以检查，我不能猜。但就是与人大的联系来说我也有意见。总觉得这种联系是一般的联系，比如有时可以参加国家统计局的会议、学生的实习、资料的供应等，希望以后要联系得更好一些。现在的这种联系好比国家统计局是基本车间，人民大学统计教研室是附属车间。在联系问题上，人民大学统计教研室是争取的态度，国家统计局是可有可无的态度。例如，国家统计局与人大共同请人讲学，由人大拟出了一些题目，事后国家统计局改了许多题目，而那些题目不大够讲学的题目。这使我们感到自己是附属车间。国家统计局如果解决了对大学的看法问题，联系就会更加正常。

（四）对旧统计学者的态度。旧统计学者的观点是有问题，需要有改造的过程，但他们对新中国的统计工作是热爱的。例如 1953 年进行人口普查，旧人口统计学者 20 多年的愿望实现了，心里很兴奋；但在里面没有加入自己的劳动，心里又很难受。这说明国家统计局对旧统计学者估计太低，对他们的变化估计不足，他们的观点可能有问题，但也有一得之见。我国旧知识分子具有两面性，具有比较浓厚的爱国主义，不能跟苏联建国初期的知识分子相提并论。对旧统计学者的态度不够正确，使得可用的潜力未能利用。希望今后不要从形式上，而要实事求是地解决这个问题。

会议整整开了一天，薛暮桥在会议结束时对大家的意见表示感谢，就意见比较集中的统计资料开放、学习苏联、与学者加强联系等问题做了回应，特别说明要跟我国自己的专家联系，也准备学习其他国家的经验：“去年知识分子会议召开以后，我们发现与专家们联系不够，开始找李景汉先生、戴世光先生等联系，但这方面工作做得很不够。现在我们感到不同专家们、学校和学术研究机关联系，就搞不好统计工作。统计局平常行政事务繁多，很难做科学研究工作。统计局在一两年内担负不起统计学术研究的任务，需要大学、科学研究机关来共同担负……我们准备建立比较系统的抽样调查，这个工作要靠大家帮助。”[1]

夏秋之交，吴景超被定为右派，在中国人民大学和国家统计局都受到了严厉的批判。针对吴景超、林和成在5月27日会议上发表的意见，《统计工作通讯》刊发了编辑部文章《充分发挥统计工作的战斗作用，彻底粉碎右派分子的猖狂进攻》，并在第13期、14期上集中刊登了11篇批判文章，包括中国人民大学工业统计教研室的《绝不允许右派分子向我国统计事业进攻》和先生写的《吴景超在国家统计局整风运动中所提的书面意见是反党反社会主义的右派言论》。先生作为5月27日的参会代表，与吴景超既是同一教研室的同事，又同属于民盟人大支部，不表态不能过关，这让他陷入了矛盾和惶恐当中。先生朴素地、本能地要与反党反社会主义的言论作斗争，但是他和吴景超既是学术研究上的同行，也是过从甚密的朋友，二人与陈岱孙、邬沧萍等人周末经常聚在吴家打桥牌，感情上他是很难接受对老朋友的“右派”定性的。他天真地发明了“不自觉说”，认为虽然吴景超被定性为反党反社会主义的右派分子，但是吴是“不自觉的”，并希望通过自己的帮助，使老朋友尽快认识错误改正错误，回到“正确”的道路上来：

> 反右开始了，开始批评吴景超之后，我还进城去找吴景超（到他家中），想帮助他，自己以为有水平，结果他不承认，并作种种解释。在我思想上还以为吴的反党反社会主义是不自觉的。后来明确右派问题之后，有一次与邹鲁风[2]同车由城中回来，我还问邹右派有没有自觉或不自觉的问题。

先生在“右派分子”面前并没有优越感，他在中国人民大学召开的教师座谈会上发言，认为：“我们自己（也）应该进行检查”，“反党反社会主义

---

① 为了帮助国家统计局整风，薛暮桥局长邀请京津部分经济学、统计学教授举行座谈会. 统计工作通讯，1957（12）（1957年6月29日出版）.

② 邹鲁风（1910—1959），时任中国人民大学副校长。

的反动思想，别人是否就没有了呢？我看值得深思”。在此后的“双反交心”运动中，先生因为“交不出多少右派思想来，压力大，很痛苦”，民盟人大支部专门为他开了一次交心会。

6月21日，马哈拉诺比斯一行抵达北京，薛暮桥、王思华以及先生、祁鹿鸣、巫宝三、徐伟、勇龙桂、陈翰笙等人到首都机场迎接。和马哈拉诺比斯一同来访的有其夫人，还有助手、印度统计学院抽样调查专家拉希瑞（D.B.Lahiri），先生和王思华陪同马哈拉诺比斯一行到北京饭店下榻，当晚在北京饭店用餐。马哈拉诺比斯一行由国家统计局、中国科学院和中国人民大学联合邀请，经香港、广州抵达北京，进行了三个星期的访问讲学。由国家统计局王思华、黄剑拓，中国科学院经济研究所所长狄超白，国家计委世界经济研究所所长勇龙桂，中国人民大学统计系副主任祁鹿鸣和先生六人组成接待小组，王思华担任组长。

6月22日，上午，马哈拉诺比斯、拉希瑞拜访国家统计局，与三家接待单位负责人薛暮桥、邹鲁风、谢鑫火就访问安排与演讲内容等进行沟通，王光伟、勇龙桂、王思华、黄剑拓、先生等人在座。马哈拉诺比斯表示此行目的一是考察中国，二是介绍交流印度统计工作的经验。当天晚上，先生出席国家统计局在北京饭店为马哈拉诺比斯举行的欢迎晚宴。

6月25日，马哈拉诺比斯与拉希瑞在国家统计局座谈抽样调查，主题是有意抽样与随机抽样，国家统计局孙冶方、王思华、赵艺文、石青、许刚、关淑庄、朱鹤龄、尹智麟、孙士铮，人民大学祁鹿鸣、先生、陈余年，中科院徐钟济等参加座谈。

6月29日，马哈拉诺比斯与拉希瑞到国家统计局座谈抽样调查，主题是职工与农民家庭收支调查问题，国家统计局孙冶方、王思华、赵艺文、石青、许刚、关淑庄、朱鹤龄、尹智麟、孙士铮，人民大学祁鹿鸣、先生、陈余年，中科院徐钟济等参加座谈。

7月3日，晚7：00，印度驻华大使尼赫鲁为马哈拉诺比斯举行欢迎宴会，李富春，薄一波，外交部章汉夫，国家计委王光伟、宋平、勇龙桂，国家统计局薛暮桥、孙冶方、王思华、黄剑拓，中科院郭沫若、谢鑫火、狄超白、巫宝三，中国人民大学邹鲁风、祁鹿鸣、先生、陈余年等参加。

7月5日，马哈拉诺比斯在北京大学讲“数理统计的发展及其在社会科学方面的应用（上）”，人大与北大联合举办，北京大学教务长严仁庚主持，280人参加。

7月6日，上午，马哈拉诺比斯在人民大学继续讲“数理统计的发展及其在社会科学方面的应用（下）”，由邹鲁风主持，陈余年翻译。中午，人大在翠华楼宴请代表团。下午，拉希瑞在人大座谈数理统计。

7月8日，拉希瑞到中科院经济所座谈概率论问题，巫宝三主持，中科院、北大、人大等单位40余人参加。晚7：30，马哈拉诺比斯夫妇在北京饭店举行答谢宴会，薛暮桥夫妇、孙冶方、王思华夫妇、黄剑拓、邹鲁风夫妇、祁鹿鸣、先生、陈余年、狄超白、巫宝三、王光伟、勇龙桂、陈先、严仁庚夫妇、北京医院赵淑媛等出席。

7月10日，晚7：00，国家统计局、中国人民大学和中科院经济研究所三家邀请单位在颐和园听鹂馆为马哈拉诺比斯等人举行欢送宴会，薛暮桥夫妇、孙冶方、王思华夫妇、黄剑拓、张应武、邹鲁风、祁鹿鸣、先生和夫人、陈余年、狄超白、巫宝三、王光伟、勇龙桂、陈先、摄影记者陈卓志、印度驻华使馆参赞辛格等人出席。

7月11日，薛暮桥、王思华夫妇、黄剑拓、祁鹿鸣、先生、陈余年、巫宝三、辛格等到机场为马哈拉诺比斯一行送行。

马哈拉诺比斯访华，是20世纪50年代中国统计学界的一件大事，除了新中国成立初期苏联专家访华外，这是唯一的一次世界著名统计学家来华访问，访问由周恩来总理直接邀请，得到了我国政府的高规格接待，周恩来总理，李富春、薄一波两位副总理都安排会见和宴请代表团。马哈拉诺比斯传播的随机抽样以及数理统计方法在社会科学中应用的思想和方法，当时在国家统计局、高校统计教师中产生了轰动和巨大影响，无奈接踵而来的“大跃进”、“跑步进入共产主义”和“三年困难时期”，使之夭折了。

本年，先生1956年12月20日在印度统计学院成立25周年纪念会上的报告，以《我国1953年的人口普查》为题，发表在《教学与研究》第4

期。编辑配发的“编者按”认为：“作者分析了1953年我国人口普查方法的科学性，并初步说明了新中国社会面貌的若干变化。今天来发表这篇文章，其现实意义还是很大的。”文章首先说明1953年的人口普查是我国统计学术和统计工作发展历史过程中的一件大事，是根据科学原则来组织的，人口数字比较精确可靠。希望通过对1953年人口普查及其结果进行分析，达到三个目的：（1）论述我国1953年人口普查方法的科学性质；（2）评论1953年人口普查的意义、优点和缺点；（3）分析人口普查的统计结果，说明当前我国人口的特征及其社会经济意义。文章从四个方面介绍了我国1953年人口普查的方法：

第一，人口空间标准（也即人口范畴问题）。1953年人口普查采用常住人口标准，使得减少地区间人口重复和遗漏的问题的解决获得了重要保证，而且在具体应用常住人口标准进行调查以前，考虑到了结合我国具体情况，从民族特点出发来运用现代人口调查科学原则的问题。在人口调查表甲式（甲式为一般住户填用的表）的左方增列有“在外人口”栏，与“常住人口”栏调查的项目相同，这种办法既可以适应人民的习惯感情，又可以区别长期在外和临时外出的人口，保证了常住人口数字的准确可靠。此外，根据常住人口的标准，针对各种可能存在和发生的情况都做了比较详尽具体的规定。例如对没有经常住址的人口，受轮流供养的人口，企业、机关、团体、医院、工地居住的人员及其家属，住院病人，旅馆招待所的客人，因犯罪监禁、拘留而参加劳动改造的人员，人民武装部队，水上人口，轮船上的员工，以及游牧人口等，都具体地规定了调查的原则和处理办法。这样就能更全面地运用常住人口标准，避免各种特殊情况下的重复或遗漏。

第二，时间标准。1953年人口普查的时间标准规定为1953年6月30日24时（也即7月1日零时开始的时刻）。基本原则为：凡在标准时刻后出生、婚入、迁入的人口不予调查；凡在标准时刻后死亡、婚出、迁出的人口，仍按标准时刻下的情况加以调查。在人口调查中规定了严格的时间标准，就可以保证从相对静止的角度来考察人口现象，并且减少在调查时间上的重复和遗漏。

至于该次人口普查的标准时刻之所以未选择冬季农闲的时间，而选择了夏季的6月底，是因为：（1）该次人口普查必须与普选相结合，如果人口普查规定在冬季，则势必延缓1953年的全国普选；（2）6月30日24时是一个年度当中的中间时点，按该时点所计算的人口数字可以代表该年度的平均人口，使统计分析有很大的便利（例如计算出生率、死亡率等），也使实足年龄的计算比较方便。

第三，项目问题。1953年人口普查统一规定调查五个项目：与户主的关系、姓名、性别、年龄、民族。其中“民族”项目规定：“填写本人所属的民族，如汉、满、蒙古、回、藏、苗等；父母不是同一民族，不满18周岁者，其民族由父母决定，满18周岁者由本人决定。”这样就贯彻了由人民自行决定其所属民族的原则。“年龄”项目的计算填答比较复杂，我国人民的传统习惯是按虚岁计算年龄，为了解决虚岁与实足年龄不符的问题，我们采用了“一岁至一百岁年龄计算表”，计算表中列有出生年份（分公元和旧纪年）、属相、虚岁和已满周岁（即实足年龄）等栏。根据这一计算表，利用出生年份、属相、虚岁与实岁的对照情况，在调查时即可迅速而正确地计算每一人口的实足年龄。

第四，调查方法。1953年人口普查采用户主到站登记与调查员逐户访查相结合的方法。调查员逐户访查即询问法，户主到站登记法可以看作介于询问法和自填法之间的一种变通形式。为了将人口普查和普选工作相结合，这种变通形式有一定的优点：（1）对于人民的教育意义很大；（2）调查工作的效率高；（3）人民可以互相帮助启发，减少错误虚报，有利于提高人口资料的正确程度。

文章指出，中国1953年人口普查不论在国内还是国际方面都具有重大的意义：

> 首先，就国内来看，到了1953年，我国的国民经济恢复工作已告结束，开始了大规模的经济建设，并且着手执行发展国民经济的第一个五年计划。同时，中央人民政府决定于1953年召开由全国人民普选方

法产生的人民代表大会。不论由编制国民经济计划的需要或是由进行普选的工作来说，都迫切需要确实可靠的人口数字，我国 1953 年人口普查的结果基本上满足了关于国家社会经济建设，加强人民民主的重大需要。这对于我国近年来的国民经济的迅速发展起了很大的作用。同时，1953 年的人口普查对建立我国的人口经常登记也有很大的帮助，可以说为建立人口登记制度打下了基础。其次，就国际方面来看，中国人口占世界人口的四分之一弱（根据 1954 年统计，中国人口占世界人口 23.31%），但近代以来，中国究竟有多少人口一直是没有解决的问题，因而也就大大的影响了世界人口总数的准确程度。由前一节所论述的 1953 年人口普查的方法可以看到，它基本上是按着近代科学原则来组织人口普查的，因而，就中国而言，它还是有史以来第一次科学的人口调查。虽然由于人口普查项目少，可以提供的统计资料不够全面，但对于国际科学界关于世界人口的统计研究还是起了一定的作用。所以，作者认为：我国 1953 年的人口普查不论在国内或国际都具有很重要的意义。

先生将 1953 年人口普查方法突出的优点概括为两个重要的统计组织原则：

第一，人口普查的内容和方法切合实际，不仅满足了最迫切的需要，而且照顾到可能性，因而就保证了调查工作的顺利完成，统计资料比较准确可靠。

第二，统计调查的一般原则与具体情况相结合。近代科学的组织人口普查的若干方法只是一般的原则。我们在运用这些科学原则时，必须对实际情况进行具体分析，合理的利用一些具体条件，使科学原则能够更好地贯彻……我国 1953 年的人口普查的方法是考虑到中国具体情况，从民族特点出发来运用近代人口调查的科学原则的。

先生并不讳言，中国这一个巨大的调查统计工作由准备到结束将近两年，也有缺点：

第一，准备工作不够充分，调查时间拖得太长。以六亿人口为调查对象，在将近一千万平方公里的广大面积上，而且是第一次在全国范围内按科学的原则统一的组织人口普查，仅仅有半年的时间作准备工作，时间是嫌短了一些。准备时间短，既影响调查工作的开始时间，更重要的是影响准备工作的质量。这一问题具体表现在准备工作期间试点（即典型试办）作得比较少（个人认为每省均应进行试点调查，一方面吸取经验，做出具体规定和办法；一方面通过试点工作也可培养各省负责任的统计人员），因而影响到在调查进行中必须作多次的临时解答和规定补充办法。所以，准备工作不够充分是调查延缓的重要原因之一。此外，人口调查的时间标准定在6月30日是为了结合普选，这也是必要的。但是，标准时间定在农忙季节自然不如定在冬季的好，它是使调查延缓的另一个原因。

调查工作全部完成，为时1年，这对于人口资料的正确性是会有影响的。一方面由于时间过长，标准时点下的人口情况容易遗忘；一方面时间过长，人口变动较大，容易产生重复和遗漏。尤其是后者，调查时间已经延迟了，所调查的是变动发生后的情况，虽然进行抽查，也不能发现错误。

第二，对统计技术工作以及对统计技术的运用重视得不够。诚然，在整个统计研究中，统计技术是属于次要的问题。但是，如果忽略统计技术，也会影响到普查结果的准确程度，甚至于会阻碍原则问题的处理。例如人口普查项目的选择，即与统计技术问题有关系。作者认为，我国1953年人口普查的项目还可以稍为多一些，在三个统计项目之外可以增加职业和文化程度两个项目。增加两个项目固然在调查和统计归纳的过程中都会增加困难和错误。不过，如果适当的研究了统计方面的一些技术措施，还是可以解决的。

此外，统计归纳工作与调查工作一样，是会发生差错的。1953年人口普查资料的综合归纳工作即采用了简单的手工整理（相当于计划法的整理方案），而且也未进行归纳工作的抽查。这就说明了对统计归纳的技术工作是重视得不够的，结果会使得资料的正确性和及时性受到不利的影响。

第三，户主到站登记的调查方法容易产生错误，对人民也不很便利。1953 年人口普查为了结合普选采用了户主登记的方法，优点如前面所提到的是工作效率高、教育意义大。但是，这两个优点还可以通过其他办法加以解决，例如加强调查员的训练工作，凭调查表进行选民登记和领选民证等等。而且在 1953 年人口普查的实际工作中，我们的统计调查员已经提出来“干部多跑路，人民少跑路”的办法。可见，对于人口调查的方法还是应该而且可能采用询问法的。询问法由调查员访问居民的具体住宅，接触到具体家庭成员，因此在户数上、人口数目上，以及项目内容上都可以保证更为准确。

当然，上列三个缺点是有联系的。关键问题在于准备工作时间短。准备工作时间如果充分，不仅可以缩短调查期间，而且可以更好的训练调查员和统计员，可以更好的考虑由调查、审核、抽查、集中表格进行整理等一系列的统计组织工作和统计技术问题，也可以有条件来采用询问法。

根据 1953 年人口普查的统计结果，先生初步分析了城乡人口的比例及其变化、人口的年龄分布、民族构成、全国人口的性别比例及各年龄组的性别比例，认为：

由人口的各种基本特征及其动态来看，新中国人口的社会经济面貌是在变化中。这些变化显示着一个年青［轻］的人口总体，他们正在多数民族的友好合作中，以男女平等的关系，逐步将落后的农业国变为一个工业国家。

最后，先生总结道：

> 1953 年的人口普查是我国第一次科学的组织起来的人口普查。1953 年人口普查在方法方面为我国的统计工作积累下很好的经验。当然也有缺点，我们将吸取这些教训，在下次人口普查中加以改正，以提高人口统计工作的质量。1953 年人口普查的统计结果使我们更好的了解了我们自己，旧中国留下来的经济基础是薄弱的，但是，我们有六亿爱好和平、热爱劳动的人民。我们认为：物质财富和美好生活是人们创造的。1953 年人口普查的统计结果告诉我们，新中国具有建设社会主义的雄厚力量，具有保卫和平的雄厚力量；社会主义一定能够建成，我们一定能实现我们幸福的生活。

本年，先生参加中国人民大学统计系集体修订教材《统计学原理讲义》的工作。该书由统计系统计学原理教研室教师在学习廖佐夫的《统计学原理》的基础上，结合教学实践在 1952 年 8 月首次集体编写完成，此后经过 1953 年、1955 年、1956 年、1957 年多次修订再版。

1958 年，50 岁

5 月，中央提出“鼓足干劲，力争上游，多快好省地建设社会主义”的总路线，“大跃进”高潮迅速席卷全国。

7 月，国家统计局在河北省保定市召开“推广河北省改革统计工作的现场会”，薛暮桥在会议总结中讲道：“河北省的统计工作大跃进，并不是某些‘统计专家’钻业务钻出来的，而是政治挂帅，破除了统计工作中的教条主义和保守思想，破除了统计制度方法上的一些神秘观点所得到的结果，是在统计工作中贯彻执行了群众路线所得到的结果”。他认为统计工作“大跃进”的标志之一是“政治领导业务，把统计工作同群众的生产高潮紧密结合起来，及时掌握生产进度，发动群众评比，党政领导需要什么统计资料，我们就提供什么统计资料，政治运动、生产运动开展到哪里，统计工作就跟到哪里，彻底纠正过去脱离政治、脱离实际的倾向”①。在这种思想指导下，中国人民大学统计系组织师生纷纷下厂、下乡，到基层企业，到农业生产合作社，到省、市、县的统计部门参观、学习，参加实际工作或做调查，整理统计工作“大跃进”中的经验。师生们撰写了多篇研究报告，汇集成统计系师生科学研究“大跃进”文集《统计理论几个基本问题的研究》，由中国人民大学出版社出版。在这次基层集中调查中，先生和教研室同事先后到北京顺义县、天津杨柳青公社、唐山统计局和开滦煤矿等地，参观农村水利建设、了解农业生产“大跃进”和地方统计工作情况，以唐山市开滦煤矿及唐山钢厂评比工作为对象，撰写了调查报告《统计工作如何为评比服务》。

10月，先生随教研室下放到京郊朱各庄劳动锻炼三个月，和陈允明、杨学通、陈余年一起进行农村阶级调查，撰写了调查报告。

1958年8月统计系专修科毕业合影，第二排王丽媞（左三）、于涛（左五）、刘铮（左六）、戴世光（左七）、郑尧（左九）、铁华（左十）、邹鲁风（左十一）、吴玉章（左十二）、雷峰（左十三）、祁鹿鸣（左十四）

① 薛暮桥．苦战三月，改变全国统计工作局面，实现全国统计工作大跃进．统计工作通讯，1958（14）.

1959年，51岁

1月，下放劳动结束，先生从朱各庄返回人民大学。

3月10日，先生按照要求完成《自传》[①]。

5月，中国人民大学召开第七次科学讨论会，先生在统计系分组会上提交了报告《我对加强统计理论性的初步认识》，主张统计是认识社会现象的工具，统计学是统计方法的科学。人民大学档案馆存有这篇报告的提纲：

1. 统计的对象和统计的特点

统计的对象是社会经济现象，统计的结果是一系列能够反映社会现象具体规模、比例、速度的统计指标。我们利用统计指标进行分析就可认识社会现象的联系及其发展变化。所以，统计是通过具体数量指标认识社会现象的工具。

但是，社会经济现象是错综复杂的，统计工作不能为统计而统计。统计工作必须研究反映什么、如何反映、分析什么、如何分析，才能发挥统计指标的作用，完成统计工作的任务。

因此，统计的主要特点：

（1）统计的具体性。统计指标利用数字具体反映社会现象的规模、比例和速度。

（2）统计的服务性。统计反映什么，分析什么，必须从党的方针政策出发，为社会主义建设服务。

（3）统计科学是关于统计工作的理论原则，是统计实践的总结概括，是统计方法的科学。

统计科学研究统计实践，总结统计实践的经验，上升为理论就是统计科学。

① 戴世光：《自传》，未刊，存于中国人民大学档案馆.

统计理论来自统计实践，反过来又指导统计实践，推动统计的发展。

科学之间有分工。政治经济学以及其它社会科学利用统计，研究社会经济现象的内在联系及其变化规律。科学是由实践需要产生的，统计实践要求单独总结概括统计实践的经验，研究这些经验来指导统计工作。

统计不是抽掉质量的数量，统计方法不是数学方法。统计研究如何做好统计工作，如何完成统计的任务，统计方法的研究不能限于单纯的研究统计指标计算的方法。

2. 加强统计方法的理论研究，发展统计科学

统计学总结统计实践的经验，研究：

（1）如何组织统计工作，如何调查搜集资料；

（2）如何制订统计指标体系（反映什么，如何反映，如何分组，如何计算统计指标等）；

（3）如何利用指标进行分析，获得正确的结论。

统计的对象是社会经济现象，因而统计的理论基础必然是政治经济学和辩证唯物主义。统计学的任务是研究统计如何反映、如何分析社会经济现象的方法。但是，由于统计的对象和特点，因而统计的方法必须服从于统计的目的，统计方法的制定决定于对象的性质特点和规律性。所以我们要加强统计方法的理论研究，也就是从党的方针政策出发，根据政治经济学和辩证唯物主义的理论，论证统计指标和统计分析的目的性，论证对象的性质和特点，论证统计指标和分析方法的根据。不仅要论证如何，而且主要是论证“为什么”，论证“什么是正确的，什么是错误的”。

统计方法的理论研究固然是根据政治经济学和辩证唯物主义，但是，由于这些基本理论经过统计工作的实践，因而已成为统计本身的理论，加强统计方法的理论研究，就能够指导统计工作，推动统计。

要以政治经济学为基础，因为统计的对象是社会经济现象。但统计理论不等于机械的政治经济学、辩证唯物主义加上统计计算方法。统计理论是根据政治经济学和辩证唯物主义进行统计实践的总结；政治经济

学与辩证唯物主义通过统计实践就成为统计本身的理论，对统计工作具有指导意义。所以统计学为了研究如何进行统计工作，提供科学的统计指标，如何分析，就不能停留在指标的计算方法的讨论，必须加强统计方法的理论性，也就是要论证方法的目的性、方法的道理，计算方法的根据，论证“为什么”。只有如此才能发展统计科学，指导统计的实践活动更好的服务，完成统计作为工具的任务。

戴世光（左一）在第七次科学讨论会上，中间站立者为王思华

本年，先生参加中国人民大学统计系教师集体编写教材《统计学讲义》（内部交流，初稿）的工作，该书由中国人民大学出版社出版。这套系列教材共六个分册，30 章，是以 1954 年《统计工作通讯》刊登的“统计方法”系列讲座和 1956 年《统计工作通讯》上“经济统计讲话”为基础集体编写的，是 20 世纪 60—70 年代经济类院校统计学专业及政府统计干部培训的基本教材。

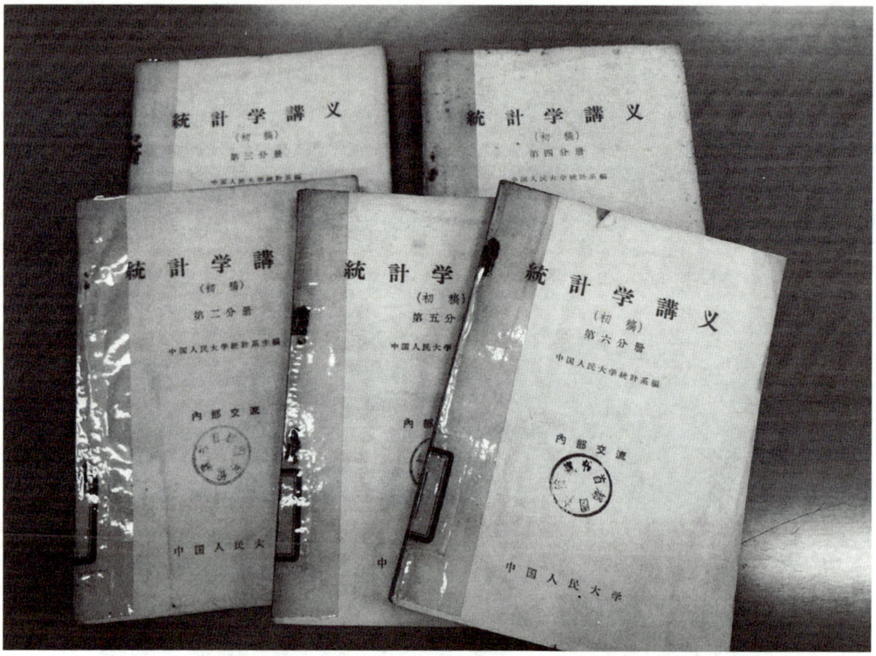

中国人民大学统计系集体编写的《统计学讲义》

1960 年，52 岁

4 月，以批判修正主义思想和资产阶级思想为中心的教育革命运动（也称教学改革运动、教学检查运动）展开，到 1961 年春天结束。先生把这场运动总结为“革命热情是够，但科学研究不够”[①]。运动中，统计系师生展开了关于统计学研究对象的大讨论，逐渐形成了三种观点，即规律派、规律的具体表现派和以先生为代表的方法派，方法派主张统计学是研究方法的科学。为了体现“百家争鸣”，教研室组织三派的师生分别编写教材，先生与陈允明作为方法派，带领六七个同学，着手编写。夏天，先生和统计系教师一起到济南市统计局开展实地调查，其间也没有中断编写教材，阐述统计学是方法论的科学。然而，由济南回来后不久，三派分编教材的工作却无

① 戴世光：1968 年 2 月 24 日所写材料，未刊，中国人民大学档案馆存。

疾而终。先生认为：

> 编教材不能搞群众运动，要由少数有水平的教师在科学研究的基础上编教材；而且多快与好省是矛盾的，编书、写文章快了就好不了。①

关于三派之争，统计系教师倪加勋在2017年统计系成立65周年座谈会上做了回顾：

> 我国当时在“左”的思想指导下，对统计的发展也走过一段弯路，例如1958年的教学改革中，记得当时苏联对统计学的定义是，在质和量的密切联系中研究社会现象的数量方面。本来苏联把统计学说成是有阶级性和党性的说法，是比较“左”的，但我们还嫌不够，当时最热门的讨论是统计学的对象。有人进一步强调统计学的阶级性和党性，认为统计学的对象是研究社会经济规律的，才能体现其党性，这一派称作“规律派”。有人提出研究规律，不能与哲学和经济学这些研究规律的学科区分，因此，他们提出了统计学是研究规律的具体表现的，因此这派就称作“规律的具体表现派”。当时戴世光老师主张统计学是研究方法的，因此是“方法派”。由于方法是没有阶级性的，这样的提法在当时是有一定风险的。当时要求不同的三派写出具体的样本章节来。记得当时为了强调统计学的阶级性和党性，党提出什么口号就有什么样的统计。如当时提出了人民公社的穷队要赶富队，就有“穷队赶富队”的调查统计，统计学的最后一章是“敌人一天一天烂下去，我们一天天好起来”的调查统计，记得当时还把它打成油印稿，不知是否还有留存，今天看来可以作为笑谈。我谈这段经历是想告诉年轻的同志，我国的统计学发展到今天，也不是一帆风顺的，而是经过一个曲折的过程的。

① 戴世光：1968年2月24日所写材料，未刊，中国人民大学档案馆存。

对于先生在此次大讨论中坚持独立思考、学术至上的勇气，半个世纪后，中国人民大学退休教授吴微仍然认为是难能可贵的：

> 50年代两派、三派之争，是统计历史上一件大事，学校很少有的，那时候谁敢另成一家？！都是姓“马”的！①

林富德则撰文盛赞先生敢于逆流而进、独辟蹊径，为捍卫学术思想的科学性而不计安危得失，是推动学术进步的学者：

> 五七年整风反右之后，中国人民大学统计学系开展教改大讨论，实质是强化苏联统计学的基础观点，强调统计学是一门有阶级性、党性的社会科学，它的研究对象是社会规律的量的方面；与此同时，批判“资产阶级统计学”中的形式主义倾向，认为“资产阶级学者”把统计学当作既研究自然亦研究社会的通用的方法论科学，就是掩盖了统计科学的阶级性，必须在教学改革中肃清其流毒。全系师生基本上分成前者的“规律派”与后者的“方法论派”两派。经过五七年反右及对马寅初“新人口论”的批判，人们对“学术问题”与“政治问题”的界限，很难划清；何况，五十年代，苏联曾以科学会议决议的形式批判过把统计学说成既研究自然又研究社会的“方法论”科学，认为这是统计学发展中的“资产阶级倾向”。在那思想政治斗争广泛而激烈进行的五十年代，这场在教学改革旗帜下进行的“学术争论”，明显地带上“政治”色彩。多数人站到了“规律派”一边，少数人赞成“方法论派”，前者在辩论中扩大，后者渐渐孤立。若问“方法论派”的代表人物是谁？就是曾留学欧美、讲授过西方数理统计学的戴世光教授。辩论到后期，戴老师几乎成了孤军作战，即使在这种情况下，他仍坚持统计学是一门“方法

① 根据2020年1月10日袁卫、李惠、唐丽娜在北京世纪城时雨园对吴微的访谈记录整理。

论”科学的观点。[①]

本年，统计系分派研究任务，安排先生研究“资产阶级统计”，先生着手翻译《美国政府统计》和米尔斯的《统计方法》：

> 系里安排我搞“资产阶级统计”，我按组织分配接受了任务，思想上有些不服气，以为自己是可以搞马列主义统计学的，认为领导不信任我。后来想我有条件，好好搞下去，仍然可以成为这方面的专家。[②]

1961年，53岁

本年，先生被选为民盟北京市委员。

本年，北京市经济学会改选，先生当选为理事。

1962年，54岁

6月3日，先生携夫人去中央民族学院拜访潘光旦，潘光旦在当天日记中慨叹“不相见多年矣”[③]。

本年，先生参加国家统计局组织的产量抽样调查方案的讨论。

本年，受高等文科教材办公室委托，先生参加《统计学概要》教材编写工作，这也是一次没有结果的努力，却为改革开放后先生的奋起埋下了伏笔：

> 高等文科教材办公室于光远委托江昭主编经济系用“统计学概要”

① 林富德．戴世光教授的学术品格．中国人民大学校报，2001（1086）.
② 戴世光：1968年2月24日所写材料，未刊，中国人民大学档案馆存。
③ 潘光旦．潘光旦日记．北京：群言出版社，2014：294.

教材，江昭在教研室中组织了三个人参加编写，其中由我负责教材中资本主义国家经济统计部分；编写小组为教材大纲的讨论，曾开过有于光远参加的讨论会。在会中，于光远曾提出“统计学无阶级性，适用于社会现象和自然现象”的论点，我没有对之发言，但在一定意义下，我是同意的。后来，江昭有病，后又去计委，就把该教材的编写责任转交给我。我没有去找过于光远，只是与另外两个教员，在校内编写教材，一直到64年春完稿，没有组织讨论，就搁置了。①

1963年，55岁

5月10日至6月27日，北京市经济学会首届学术年会在北京召开。会议的中心议题是党的“以农业为基础，以工业为主导的发展国民经济的总方针”，在40多天的活动中，共举行了大、小讨论会和报告会35次，全面检阅了一年来的学术研究成果。会议贯彻了“百花齐放，百家争鸣”的精神和理论联系实际的原则，对当时经济理论界和经济实际工作中的一些重大问题，展开了热烈探讨。

年会分为大会和九个分组会，分别为政治经济学、世界经济、经济学说史、国民经济史、农业经济、工业经济、计划统计、财政金融、会计，共收到论文62篇，中国人民大学政治经济学和财经各系的教师共提交18篇学术论文并进行了讨论。在5月23日举行的计划统计分组第二次讨论会上，到会的24个单位53人主要讨论了先生提交的论文《论统计科学的性质》，讨论会由铁华主持。在这篇长达26 000字的论文中，先生论述了三个主要问题：（1）从统计工作的产生和发展来考察统计工作的性质和任务；（2）探讨统计学术的历史过程，分析统计学的发展和变革；（3）考察统计学与统计工作以及其他社会科学的关系，研究统计学在社会主义制度下的科学性质。

① 戴世光：1968年3月31日所写材料，未刊，中国人民大学档案馆存。

第一，统计工作的产生和发展。大量社会情况的统计工作是社会上层建筑中国家政权机构活动的一个组成部分，是政治经济管理的工具。

先生首先回顾了统计工作的产生和发展历程，分析、比较了各社会形态下统计工作的特点，指出封建社会的简单叙述和计量只是原始形态的统计工作，资本主义社会建立了专业的统计机构，统计工作开始进入全部用数字统计社会经济情况的阶段，社会主义制度下统计工作发生了根本变革，统计工作成为科学的计量工作，进而指出了统计工作的性质，认为统计工作始终是上层建筑中政治组织机构的一个组成部分，是掌握政权的阶级在这种组织机构中所组织的计量社会情况的工作。文章说：

> 统计工作的性质决定了它的任务。统计工作的任务就在于按照政治经济管理的需要，用数字计量全面的社会情况，为行政管理提供统计资料作为依据。这是历史上统计工作的共同任务，但是，在不同的社会发展阶段，统计工作为完成其任务而进行计量的内容和运用的方法是不同的。一方面，社会的上层建筑决定于社会的经济基础，因而所需要调查统计的内容在社会发展的各个阶段是不同的；不仅随着社会经济发展的需要由简单到复杂，而且统治阶级所需要着重了解的内容也是不同的。另外一方面，作为政权机构之一的统计工作是与社会思想相适应的，因而对所需要了解的社会经济情况是按照统治阶级的政治经济观点和方法来进行调查统计的。
>
> 统计工作的性质和任务决定统计工作所考察的对象是国家范围内的全部社会情况，其中不仅包括经济基础的活动情况，也包括上层建筑的活动情况，如政治、法律、宗教等等。
>
> 统计工作的基本问题应该是如何以一定的政治经济观点和方法为依据，按照一定的政治经济管理的需要，用科学的统计方法来如实地反映客观社会经济的具体情况。“如实”作为统计工作的基本要求来说，应该包括正确性和准确性两方面的要求。准确性是作为客观情况的数字度量来说的。统计工作提供的统计数字必须尽可能的准确，才能全面综

合，相互比较，来说明社会情况的规模、结构、水平、比例及其变化程度。但是，准确性并不等于正确性，正确性是作为客观社会情况的科学认识来说的。统计工作所提供的统计数字必须正确地反映社会的实际情况，才能获得关于实际规模、结构、水平、比例等等的科学认识。应该说，正确性是基本的，准确性在一定意义上是必要的，但系从属的。

第二，虽然先生表示统计学在社会主义制度下才真正成为科学，但是仍然明确传达出自己的主张，即统计学不同于统计工作，统计工作是社会上层建筑的一个组成部分，而统计学是一门关于统计方法的独立科学：

统计学是一门科学，是统计实践经验的概括，是关于统计社会情况工作的知识总结……从其孕育、产生和发展的历史情况看来，统计学始终是一门关于统计方法的独立科学。资产阶级统计学虽然在资本主义社会兴起时，孕育在配第的政治经济学中的统计方法在性质上是正确的，但是，随着资本主义社会的日趋没落，资产阶级统计学家们的阶级性和认识的错误，把统计方法引向数学形式主义的歧途。所以，统计学作为一门方法科学在资本主义社会的产生和发展过程是曲折的。一直到社会主义革命胜利，在社会主义制度下统计学家们以马列主义作为理论武器，统计学密切的联系着统计工作的实际，统计学才真正成为一门统计方法的社会科学。

先生在论文中评价了 1954 年召开的苏联统计科学讨论会议，再次表达了自己“统计学是方法论”的学术主张：

此次会议对社会主义制度下统计科学的发展作了总结。就会议的最后总结来看，成绩是很大的。一方面肯定了统计是在质与量的密切联系中研究社会现象的数量方面，统计学是一门社会科学；批判了统计学是“通用方法”的观点。另外一方面，明确了统计理论的主要内容，把具有共性的统计学原理与具有特性的经济统计学结合起来；批判了统计学原理也即统计一般方法是国民经济各部门统计学和经济统计学的基础的观点。这样，就从统计学的内容上肯定了我们前述社会主义统计学变革的巨大成就。但是，该次统计科学会议的总结中也有两个重要缺点。一者是未区别统计工作与统计学的关系，把统计工作考察的对象简单的作为统计学的研究对象，竟认为“统计学的研究对象是社会现象的数量方面”。另一即简单地认为“统计学是方法论”的观点是错误的，未对资产阶级“通用方法”与作为社会主义科学的统计方法作出区别。实际上，从苏联以及我国的统计学方面的重要著作来看，内部都是在探讨统计方法，阐明如何用数字如实地反映社会经济现象和过程，并以社会经济指标方法作为统计方法的中心；相反地，在统计学的著作中并未把具体条件下的统计数字作为探讨的对象，也没有总结出任何有关研究社会现象数量方面的具体结论。因此，上列两点不能说不是苏联统计科学会议总结中的错误。

第三，详细阐述了统计学与统计工作的关系、统计学的性质和任务，主张统计学是一门社会经济统计方法的科学。

先生认为，统计学与统计工作的关系是理论与实践的关系。统计学的研究任务“在于研究统计工作过程中的基本问题，研究统计工作如何组织、调查、分组和综合、指标计算和比较等一系列的方式方法问题”，可以概括为“统计学是一门社会科学，它以社会现象及其质量关系为根据，从政治经济管理的任务出发，研究统计工作如实地反映社会经济现象数量方面的方式和方法”。

关于统计学与政治经济学的关系，先生不同意根据社会经济现象的不同属性来区分政治经济学和统计学的观点，即政治经济学研究社会经济现象质的属性，而统计学则研究其量的属性。他认为，客观上质与量是密切联系的，不能把客观经济关系中质量统一的两面，机械地分为质量属性和数量属性：

统计工作的结果是反映具体的社会经济情况的统计资料；这些资料首先是提供给党和政府政治经济管理作为依据，其次，可以成为政治经济学研究工作研究一定的经济问题需要利用的一种资料。统计学除去研究统计组织、统计调查等统计工作一般过程的方法以外，还研究社会经济情况的具体分组、具体指标及具体指标比较和分析的方法。因此，统计学为政治经济学研究者提供指标方法、分组加工和比较分析的方法，作为利用统计资料研究经济问题的一种工具。政治经济学与统计学两种科学的性质是不同的，政治经济学属于理论科学，研究客观经济关系的发展规律；而统计学是社会经济统计方法的科学，相对于研究社会经济发展规律的理论科学而言，是一门实用科学。政治经济学是统计工作和统计学的科学基础之一，是统计工作经济计算的依据，也是统计学研究经济统计方法的理论根据。

先生还论证了统计学与调查研究的关系，他认为：

（统计学）并不等于社会经济调查研究的方法论。调查研究作为辩证唯物主义的认识论来说，它是统计学的理论基础；调查研究作为具体的社会经济调查研究工作来说，统计方法是调查研究的一种必要的手段。特别是统计分析方法，它是通过分组和综合的指标数值的比较来分析社会经济情况数量差别和数量关系的专门方法。因而，在社会经济调查研究中利用与研究问题有关的统计资料，运用专门的统计分析方法就可以为全面的质量分析提供社会经济情况的数量特征，揭露数量关系和数量变化的线索和征兆，进而可以为研究问题、认识规律性提供数据。如果我们不看到统计学与调查研究的这种关系，而以统计方法代替调查研究方法，在理论上就会夸大统计方法的作用，歪曲调查研究的认识作用；在实践上，会有害于对社会经济规律性的认识，从而会错误的把统计资料所反映的数量关系和数量变化简单地看成为社会经济发展的规律性。

最后，文章得出关于统计科学性质的几点结论：

（1）统计科学是一门社会科学。这一点决定于统计工作的社会性质和统计工作所考察的对象的社会性质。

（2）统计学是对大量社会经济现象数量方面进行综合计算和比较分析的科学。这一点决定于统计工作提供全面综合统计资料的任务，以及与统计工作相联系的统计学术的产生和发展。

（3）统计学是研究社会经济统计方法的科学。这一点决定于统计学与统计工作的关系，以及统计学与其他社会科学的关系。显然，若只是抽象地探讨统计学的定义是"统计学研究社会现象数量关系"，不做区别、不加分析地反对"统计学是社会经济统计方法论的科学"，则不仅割断了统计学的发展历史，而且也不符合当时的实际。

先生的论文引起了与会人员的热烈讨论，当天的年会简报第 7 期记述了讨论情况：

祁鹿鸣、戴世光两同志首先介绍了他们提交年会的论文：《略论有关统计作用的若干问题》和《试论统计科学的性质》。然后，以戴文为重点，围绕统计学的性质、任务进行了讨论。有邬沧萍（人大）、孙世铮（经济研究所）、杨学通（人大）、胡健颖（北大）、肖嘉魁（河北财院）、张守一（市统计局）六位同志发表了自己的看法。

发言同志一致指出：不是从定义出发，而是从大量历史资料和现状进行研究从而得出结论，是两篇论文的共同特点。邬沧萍认为戴文本着百家争鸣的精神能对某些已有结论大胆怀疑（如正式提出对 1954 年苏联统计会议结论的反批判）并对某些问题有新的提法（如统计工作是上层建筑），对于"统计"一词，应区别统计工作、统计资料、统计学三种含义的主张，也得到发言同志的赞同。

讨论比较集中在统计学的对象问题上。

先生感谢与会人员对他研究的建议，但是，他坚持自己关于统计学是方法论的观点。

11月，中国科学院哲学社会科学部委员会第四次扩大会议在北京召开，先生和中国人民大学吴玉章、郭影秋、黄松龄、聂真等18位同志参加了大会。大会的主题是“在社会科学阵线上反对修正主义”，会议着重讨论了在哲学社会科学战线积极开展反对现代修正主义的斗争、重新学习马克思列宁主义、学习毛泽东思想的问题，加强对当时革命斗争经验的研究的问题，以及培养和锻炼哲学社会科学队伍的问题，吴玉章在会上发了言。刘少奇主席针对会议做了重要讲话，国务院副总理薄一波在会上做了题为《当前我国经济形势和任务》的报告，会议由中国科学院院长郭沫若主持，中共中央宣传部副部长周扬在会上做了题为《哲学社会科学工作者的战斗任务》的报告，哲学社会科学部副主任潘梓年做了学部工作报告。在小组会上，先生做过两次发言，一次是以反对苏联式的度量经济学为主旨，一次是建议有关方面集中力量编制、改造资本主义国家统计资料，以便利用来分析帝国主义国家的经济情况。16日，毛泽东主席接见了全体参会人员。

1964年，56岁

6月，先生担任1964年度校招生委员会委员。

10月9日，先生参加统计系系务委员会会议，会议传达了学校关于农村社会主义教育运动（即“四清”运动）的动员会精神，要求在大部分同志下乡开展“四清”期间，留在校内的同志继续搞好教学改革。怎样搞好教学改革呢？铁华做了布置：“对教学改革要思想积极，行动也要积极（要积极当中稳妥），因此在现在教学当中积极贯彻，不断研究、探索，不断提高教学工作。现行教学工作要大改也有困难，能改多少改多少。在方法上、内容上本着少而精原则，积极贯彻，本着教书教人的精神，了解同学思想动态。教学中要结合同学思想进行教育。”[1]先生在发言中希望教学改革，特别是了

① 1965年统计系系务委员会会议记录，中国人民大学档案馆存。

解学生业务思想问题的方法能够再具体一些，针对学生分析能力有限的问题，他建议有关思想方法上的问题要结合讨论辅导，要与业务学习相结合。

10月，中国人民大学组织教师干部和高年级学生共2 440余人，分成三路，前往陕西、山西、湖南参加“四清”运动，先生参加湖南一路。

本年，先生推荐中国人民大学统计系毕业生、青海财经学院教师吴浦月（又名吴圃）到北京经济学院工作。

1965年，57岁

6月17日，“四清”运动结束，先生深夜回到北京。在湖南，先生开始思考苏联统计理论的弊端，提出一门统计学的建议。

回校后，先生着手整理湘潭人口统计资料。

1966—1969年，58～61岁

1966年3月，为了贯彻高教部半工半读会议精神，统计系高年级学生、留学生和部分教师在春季学期先后参加现场教学和教学实习。先生带领统计学班的同学到北京西郊蓝靛厂做农村各阶级家庭收支情况的调查，作为统计课的实习。

1966年5月，长达十年的“文化大革命”爆发。“文化大革命”中，先生因昆明译员训练班问题长期接受审查。其间，被关押和抄家，家人一度被迫到清华大学容身。

1970—1972年，62～64岁

1970年12月，先生和人民大学第七批下放职工110人到江西余江“五七”干校，三个子女分别在黑龙江、陕西下乡插队。1971年3月，先生在江西干校，给军宣队写信，要求搞清楚自己的“问题”，以便继续工作：

“在我受审查的两年半（以前不论）以来，我是经历了不少的困难的，我曾尽一切力量克服这些困难。因为我相信党，相信忠于毛主席的广大群众，我相信我的历史问题总有一天会彻底搞清楚的。只是，我的年龄已经不小了，我还想为党、为人民、为祖国作几年有益于人民的事情。我迫切地希望一清二批三用”。1971 年 4 月，全国教育工作会议确定撤销中国人民大学等 45 所高校。1972 年 7 月，先生从“五七”干校回到北京，等待重新安置分配工作。

戴世光“文化大革命”期间摄于中国人民大学校门前

1973 年，65 岁

1 月 6 日，中国人民大学召开干校三年工作总结大会，宣布结束连队编制，仍旧回归各系。

7 月，全校教职员工成建制分配至北京师范大学、北京大学、北京第二外国语大学、北京语言大学等单位。先生随统计系（不含经济地理教研室）教师和干部一起被分配至北京师范大学，由北京经济学院代管。

10月，中共北京市委、市革委会通知，撤销中共中国人民大学领导小组和中国人民大学革委会。军宣队全部撤离学校。中国人民大学正式宣告结束。

1974年，66岁

本年，先生在北京经济学院经济研究所下属的人口研究室从事人口学研究工作，工作地点在中国人民大学西郊校园北五楼。从1974年至1978年，先生在此重拾搁置了30多年的人口研究，将人口研究与统计科学结合起来，和刘铮、邬沧萍、查瑞传等研究室同事一起，产出了一批研究成果，参与了法国著名人口学家阿尔弗雷德·索维（Alfred Sauvy）的名著《人口通论》一书的翻译。关于人口研究室的设立背景和开展的工作，邬沧萍晚年有过回忆：

> 为了参加1974年在布加勒斯特召开的第3次世界人口会议，组成了一个临时性的人口研究小组。中国加入联合国后，那个时期也是殖民地国家纷纷独立时期，联合国认为要搞清楚各国的人口，不然对这些国家的援助都被人口增长抵消了，中国是大国，首先要搞清中国的人口。临时小组交给人大（负责），是因为20年了，没人搞人口问题，只有人大以前有人批判过马寅初，就算是搞人口问题了。小组主要是为会议准备资料，翻译材料，没有戴老师。
>
> 1974年人口会议后，小组解散，国务院文教办、北京市委、计划生育办公室就联合向上建议成立一个常设机构研究人口问题，首选就是临时小组的人，因为人大停办，统计系划到北京经济学院，这个常设机构就设在北京经济学院了，只是建制上的，人员、办公地点都是人大的，就在北五楼，人称“牛鬼蛇神窝”。那时候，政治环境相对宽松了，1976年打倒了“四人帮”，所以出了不少成果，其实还是资料性质的，算不上研究。都是自己研究，上面没有组织，也没有任务。成果有的正式出版，有的油印本。研究各国人口问题，戴老师研究美国、法国，我

研究日本，还有人研究印度，这些是油印本。《人口通论》是联合国推荐翻译的，为什么翻译法国人的书？后来才知道作者的几个学生，连续担任了联合国人口司的司长。这本书中“人口老化”章是我翻译的，1982 年联合国开会，人家翻译成“老龄化”，我觉得还是人家译得好，“老化”有点儿悲观，老龄化，有“增龄”的含义，并不是老化。

人大恢复统计系，我和戴老师谈了很久，他说，“我搞统计搞了一辈子，我还想搞统计”，他这时候也觉得（苏联统计学）不是很科学，回统计系后就开始搞一门统计学了。[①]

本年，先生编写研究资料《美国的人口政策》。

1975 年，67 岁

本年，在北京经济学院经济研究所人口研究室统计组，先生参加编辑《世界人口统计简编——1974 年世界人口基本情况，二十年来世界人口和经济发展》一书，次年由商务印书馆出版发行。该书编辑的目的是适应社会各界了解世界各国人口现状和研究战后各国人口与经济发展关系的需要，全书共分四个部分：一、世界各大洲人口基本情况；二、世界各国人口基本情况；三、世界各国人口构成；四、世界各国人口和经济发展。

1976 年，68 岁

本年，先生撰写《世界各国人口政策》。

① 根据 2020 年 1 月 10 日袁卫、李惠、唐丽娜在北京世纪城远大园对邬沧萍的访谈记录整理。

1977年，69岁

11月，由先生和刘铮、邬沧萍共同编写的《资本主义国家经济统计指标基本知识》一书由人民出版社出版。该书主要参考了美国、英国、日本等国家以及联合国的现行统计规定并作为论述的根据，从资本主义国家常用的基本经济统计指标中，选择了40种，将之概括为七大部分：（一）劳动；（二）生产；（三）贸易、物价；（四）购买力、工资、收入；（五）财政、投资、国际收支；（六）国民生产、国民收入；（七）年率、季节变动指数。该书为研究资本主义国家经济状况，分析资本主义经济危机，使用资本主义国家统计资料提供了必要参考。值得注意的是，该书第六章“国民生产、国民收入”介绍和评价了资本主义国家统计的国民生产总值，不仅包括物质生产部门（制造业、矿业等）生产的物品和生产性服务（如货物运输、为生产直接服务的邮电等），而且包括非生产部门（金融、保险、社会服务、娱乐和文化事业等）和居民服务行业（理发等）提供的非生产性服务，甚至国家机关人员以及家庭仆役等的工资和薪金也包括在内。受时代的限制和政治环境的影响，作者对此采取了批判的态度，认为这种经济理论是虚伪的。这种态度在80年代产生了变化，表现在先生关于国民经济收入核算的一系列文章和论著中。

12月，先生与刘铮、邬沧萍等人编写的《人口理论》（上册）由商务印书馆出版，该书的编写目的是解答在宣传和贯彻执行党的人口政策、广泛深入地推行计划生育过程中遇到的理论问题。该书分别介绍了马尔萨斯的人口论和马克思主义的人口理论，论述了人口有计划地增长是社会主义人口再生产的客观规律，有计划地控制人口增长速度是马克思主义人口理论与我国实际相结合的产物。在介绍了人口规划的作用、内容和种类，编制人口规划的基本原则和方法后，作者进一步论证了实行计划生育是上层建筑领域里的深刻革命及其指导原则，提出逐步达到普遍计划生育的人口政策目标。

本年，先生编写《战后美国人口问题》。

卷五

1978—1999 年，70 ～ 91 岁

1978年，70岁

年初，先生在中国社会科学院召开的北京地区经济科学规划座谈会等多个会议上，围绕“统计科学性质问题”发言，主张“国际科学界只存在一门统计学”，开始公开为统计学正名。

2月，由先生和查瑞传、邬沧萍、侯文若共同翻译的《人口通论》（*General Theory of Population*）由商务印书馆出版。该书是法国人口学家阿尔弗雷德·索维的代表作，译著系根据原书第三版剑桥大学出版社1969年的英译本译出。索维是法兰西学院教授，担任全法（国）人口研究所和巴黎大学人口研究所所长多年，先后担任过联合国人口委员会和国际人口科学研究协会主席。《人口通论》是第二次世界大战后西方国家有代表性的人口理论著作，被认为是一本系统、全面论述适度人口问题的著作，在西方资本主义国家和苏联都同样受到重视。全书分为上下两册，上册《增长经济学》从纯粹的经济学角度探讨人口问题，下册《社会生物学》转而考察社会学问题。

3月，先生在《人口研究》第1期发表《评美国人口政策》，文章综合并分析了美国国内和国外的人口论点、政策和措施，指出：

> 一方面，美国在1965年还认为国内“人口增长问题是微不足道的”，到1970年美国政府才正式把资助家庭计划规划人口政策的要求制定为国家法案，美国政府到了1972年才老实承认“低收入家庭超过需要的生育是政府人口政策和方针应当注意的美国人口情况”。这说明，美国政府在国内制定节制生育的人口政策，为时比较晚，已是1970年起的事情；而代表垄断资产阶级利益的国内人口政策，其矛头实际上针对着广大劳

动人民，特别是黑人等少数民族的劳动人民。另一方面，美国实行国外人口政策，对亚、非、拉国家进行的人口活动的情况是：私人组织的家庭计划联合会从1917年起就开始活动，联合会的山额夫人在1923年以后就到亚洲等国进行组织活动，宣传节制生育；美国政府早在1963年就由美国总统向联合国宣布："美国愿对发展中国家的人口问题提供援助，现在已是我们必须考虑人口爆炸的时候了"。这就说明：美国私人和官方推行国外人口政策，进行人口活动的时间很早，而且危言耸听，宣传人口爆炸，把矛头直接对准被新老帝国主义侵略、掠夺的第三世界国家。在事实对比之下，充分说明了：美国的节制生育人口政策是以国外为主、国内为辅，针对受压迫的劳动人民的帝国主义人口政策。长期以来，美国国外人口政策就是在宣传新马尔萨斯主义的人口爆炸论，妄图以第三世界人口增长太快阻碍了经济发展，来掩盖帝国主义、殖民主义特别是超级大国的压迫和掠夺是第三世界国家贫穷落后的根源，并转移第三世界国家反帝、反霸斗争的大方向。而在二次大战后，美国经历了六次经济危机，失业愈来愈多，劳动人民生活日益贫困化，美国政府在国内终于利用"贫穷是由于生育太多"荒谬论点，要劳动人民节制生育，不要起来革命。应该说，美国国内和国外的节制生育人口政策都是为帝国主义的政治经济需要服务的。

7月26日，中国人民大学隆重举行了2 000多人参加的复校会师大会，正式宣布复校。复校经过了一年的筹备，原有系、所全部恢复，人员按建制调回，先生回到人大统计系，担任教授。学校确定了两步走的复校设想：第一步，抓恢复与整顿，树立骨架，建立和健全党、行政、群众团体等组织，保证教学科研活动的正常秩序，并在提高教师水平、提高教材质量和改进教学方法等方面，采取有力措施。力争用一年半的时间，即在全国三年大见成效的同时，大见成效。第二步，抓建设发展，使教学、科研、教材建设、现代化教学设备以及教学组织领导等方面，在较短时间内达到适应四个现代化要求的新水平，为社会主义建设快出人才、多出成果。当年全校有22个专业招收本科生，14 个专业招收研究生。统计专业招收本科新生 42 人和统计进修班学员若干。

复校后，先生在统计系统计研究室，重新开始统计学教学与研究工作，将自己的学术主张、思想贡献于统计系的恢复发展、统计学科的拨乱反正。不同于一般的教研室，统计研究室冠以“研究”二字，意在加强对数理统计方法的研究、吸收和借鉴，同时开设新课，把研究成果及时体现在课堂教学中。先生在国内首先提出统计学教育与科研应与国际接轨，主张改革统计学课程体系，增加数理统计方面的课程。他采用 *Applied Linear Regression Models*、*Quality Control* 等多部国外经典教材，相继为研究生开设了数理统计在经济中的应用、经济统计学、国民经济统计核算、统计学原理等课程，为进修班开设了“外国政府统计工作若干经验”等课程，组织统计研究室人员翻译国外统计专业教材。对于先生在统计教学方面的贡献及推动作用，统计系是这样总结和评价的：

> 改革开放以后，戴世光教授在国内首先提出统计学教育与科研应与国际接轨的问题，即要加强数理统计的研究和教育。统计学基本理论研究及应用专业从八十年代初开始，一方面保持和发扬原方向中紧密联系经济管理实际的优势，同时大力加强数理统计方法的研究和教学，使得本专业的统计学基础理论研究不但侧重于应用，而且在理论和方法上与国际水平接近。例如，过去这个方向的基础课程是“社会经济统计学原理”，从 80 年代中期起，我们就开始用描述统计学、概率论基础和推论统计学代替原来的“原理”课程。本专业的这一系列课程不但保持了原来“原理”的特色，而且大力加强数理统计和现代统计方法的内容，成为国内经济类院校中首先与国际接轨的专业之一，并对经济类院校的统计教育产生极大影响，推动了我国统计教育的改革。①

① 中国人民大学统计系：高等学校重点学科点申请表，1987 年，中国人民大学档案馆存。

戴世光全家福，摄于 1978 年

时任统计系教务秘书的刘爱平清楚地记得先生当时在统计系各种会议和课堂上坚持“一门统计学”的主张带给自己的影响：

1978 年人民大学复校后，我调入计划统计系工作，任本科教务秘书。当时学校各专业待兴，老师们倍加珍惜复校这一契机，对教学投入极大的热情与精力，积极为学校的建设与发展献策献力。我记得那时每周都有教研室活动或专业会议，我参加过几次统计专业的会议，每次开会老师们争论的焦点之一是我国存在一门统计学还是两门统计学。我国统计学的教学和科研以及政府统计工作较长时期沿用苏联统计理论的社会经济统计学，而国际统计只有一门统计学即数理统计学。在会上戴世光老师多次提出数理统计学的科学性及其在社会科学领域中应用的必要性，同意其观点的老师极少，大部分老师仍坚持社会经济统计学。当时本科生的课程设置，工业统计学、农业统计学、商业统计学、基本建设统计学、经济统计学等课程所占比重较大，而数理统计仅有“数理统计在社会经济中的应用”这一门课程。我在三线工厂工作时做过统计员，是工业企业统计，对数理统计学陌生，听了老师们的争论，很想学习相关知识，于是跟着79级统计专业本科生听课，而79级学生的第一门专业课就是戴世光老师和周复恭老师讲授的“统计学原理”。两位老师的授课不同于传统的统计学原理，既按照教学大纲，又尝试着讲授新知识点，开阔学生的思路。在学习和工作的过程中，我逐渐了解到一门统计学和两门统计学的争鸣，不仅是我校乃至高等教育界有关统计学科的大讨论，更是在改革开放中中国与国际社会接轨、中国统计与国际统计融合的大方向问题。①

10月，先生在《经济学动态》发表了学术论文《积极发展科学的统计学，为我国早日实现四个现代化服务》，停刊近20年的《统计》决定恢复发行，在内部试刊的第1期即转发了此文。《经济研究》紧随其后，于1979年2月再次刊登此文。这篇文章成稿于1978年3月，此时，党的十一届三中全会尚未召开，但是邓小平同志已经提出要完整地、准确地理解毛泽东思想体系和反对“两个凡是”的讲话，他所倡导的“解放思想、实事求是”的精神已经有了广泛的民意基础。先生敏锐地感受到改革的春风，遂将郁结于心多年已然成熟的思想认识诉诸文字，公之于众，以深厚的学术积淀、开阔的学术视野和追求真理的学术胆识，为统计科学正名，率先在统计学界开始了拨乱反正。

论文明确指出，国际科学界只存在一门统计学，即数理统计学，肯定数理统计学的科学性，强调统计学在社会科学领域中应用的必要性。1954年以来，我国的统计学界出现了按自然科学和社会科学划分的“数理统计学”和“苏联统计理论”两门统计学的问题，后者长期存在于我国各大学经济系、财经院校的教学和研究工作以及政府统计工作中。先生认为，从统计科学的性质来看，究竟是一门统计学还是两门统计学，不仅涉及我国社会科学的某些不实事求是的学风问题，还影响到我国统计科学研究为早日实现四个现代化服务。通过分析统计科学的发展历史及其现状，研究“苏联统计理

① 刘爱平：记戴世光老师二三事，未刊，2020年12月。

论”的实际内容和“理论”外衣，先生断言，“苏联统计理论”违背了马克思主义实事求是的科学态度，它阐述的是政府统计部门搜集社会、经济统计资料的某些工作经验，而不是一门“统计科学”，更不是一门“独立的社会科学的统计学”。根据矛盾论，先生进一步考察了统计科学的研究对象，运用“一分为二”的观点分析了统计理论与统计方法之间的辩证关系，指出现代统计科学主要是以概率论为基础的一门应用科学，其研究对象是客观世界存在的偶然性与必然性这一对特殊矛盾；统计科学所研究的就是大量现象中个别的偶然性与集体的必然性之间对立统一的数量规律，而统计理论与统计方法是相互矛盾的两个方面，统计理论是矛盾的主要方面，统计方法是矛盾的次要方面，二者在一定情况下相互转化并因而不断促进统计科学理论，即数理统计理论的发展。此文一经刊出，即在统计学界引起轩然大波，触发了统计学界关于“一门统计学还是两门统计学”的大讨论。这是中央关于解放思想、拨乱反正的方针在统计学界的贯彻落实，是统计学界的一场关于“真理标准”的大讨论。

天津财经学院经济研究所肖嘉魁[①]教授保留了先生在这篇论文面世前给他的信函和论文手稿的复抄件，信中，先生征求肖嘉魁对论文基本观点的意见，希望他支持并促进“一门还是两门统计学”的争鸣，足见先生预见到论文必然会引起争论，而真理越辩越明，他对争鸣做好了准备。这封信写于1978年4月8日：

嘉魁：

去冬以来，我在北京先后参加了世界经济讨论会、经济科学研究规划座谈会计划统计组、世界经济科研规划统计组（这个组我被指定作召集人）及社会学科研规划座谈会，获得很多的启发。在我的发言

① 肖嘉魁（1910—1997），1934年考取清华大学经济系，1939年毕业留清华大学经济系任助教，作为陈岱孙的助手开设经济学概论、经济简要、经济概论（讨论班）等课程。1946年考取公费赴美留学，1949年获哥伦比亚大学硕士学位。新中国成立后，1950年年初回清华大学任教，后调至北京铁道学院、内蒙古财经学院、天津财经学院任教授。

中，中心问题之一就是“统计科学性质问题”。现在，我已将这一问题写成一篇论文，题为“积极发展科学的统计学，为我国早日实现四个现代化服务”，并将论文各一份递交社会科学院胡乔木、于光远同志，现已复校的中国人民大学党委，及人大的计统系、电子计算专业、人口研究室。

我现将该论文的一份复抄件（是由家中都上班的家人抽空帮我复抄的，份数有限，校改的地方很多），请你评阅，并提出意见（对于论文的修改意见，这一次是来不及了，希望给我的论文提一些根本性的意见，可以简要的提成，如“不同意 ×× 论点或观点”）。如在根本问题上基本同意，还希望大力支持这一问题的争鸣，并在可能范围内作些促进争鸣的工作。这个复抄件作为送给你，不必寄回。

此致

敬礼！

戴世光

四月八日

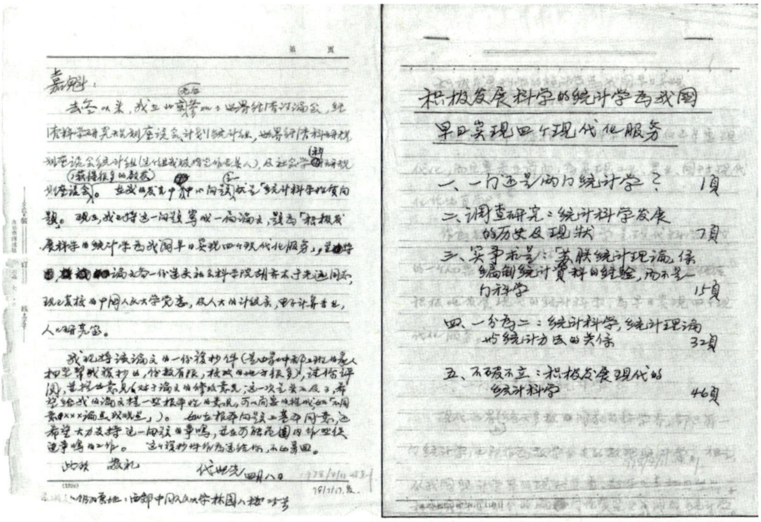
积极发展科学的统计学为我国早日实现四个现代化服务

一、一门还是两门统计学？ 1页

二、调查研究：统计科学发展的历史及现状 7页

三、实事求是：苏联统计理论体系编制统计资料的经验，而不是一门科学 15页

四、一分为二：统计科学，统计理论与统计方法的关系 32页

五、不破不立：积极发展现代的统计科学 46页

戴世光给肖嘉魁的信及论文手稿（复抄件）

11 月 27 日至 12 月 9 日，国家统计局在四川省峨眉县召开了“文化大革命”后首次“全国统计教学、科研规划座谈会”，业界称其为峨眉会议。全国 17 所设有统计学系或统计学专业的高校的负责人和专家，以及国家统计局和部分省市统计局的代表共 30 余人参加了会议。会议的主题是讨论“统计教育和科研工作的长远发展和当前规划”。按照“实践是检验真理的唯一标准”的原则，与会代表解放思想，打破禁区，就统计学的一些基本理论问题，如统计学是一门还是两门，统计学的性质和研究对象，怎样正确对待外国的统计理论与方法，应当用什么指标反映国民经济的发展速度，新中国成立以来我们在统计教育和科研方面有哪些经验与教训等，进行了广泛的讨论。先生没有被邀请，也没有被推荐参加这次会议，代表中国人民大学与会的是郑尧和徐前，但是先生在一个月前发表的《积极发展科学的统计学，为我国早日实现四个现代化服务》一文，作为讨论材料下发，无疑成了会议激烈讨论的内容。虽然对上述统计基本问题有种种不同观点，但代表们还是形成了基本共识，在一门还是两门统计学的问题上，会议的成果表现为：认可社会经济统计学和数理统计学是两门对象不同、性质不同的科学，应当同时并存，各学派应加强交流、共同繁荣；社会经济统计学是一门方法论科学，属于社会科学，受马克思主义理论的指导，应当把现有的以社会经济统计为内容的“统计学”如实地改称“社会经济统计学”。峨眉会议是统计界，特别是统计教育和统计科研领域，一次影响重大而深远的会议，开启了统计教育与科研的新纪元，在中国统计学受苏联统计学影响长达 30 年、思想严重禁锢的时代背景下，会议的这一结论无疑已是思想解放的极大突破，但是距离先生的学术主张，从根本上确立只有一门方法论性质的统计学，还有明显的距离。先生将峨眉会议的这个论断称为“双轨制”，是折中主义的，也是“以政代学”的一种表现。

12 月 4 日，中国人民大学复校后首届学术委员会成立，先生当选为委员。此后，先生连续当选为第二届（1980 年 7 月）、第三届（1982 年 5 月）校学术委员会委员。首届学术委员会由 45 人组成，主要任务是：在校长或副校长领导和主持下，对学校教育事业发展规划、科学研究工作和研究生培养工作中的重大问题提出建议，审查、鉴定科学研究的成果，评议研究生的毕业论文、毕业设计，参与提升教授、副教授工作的审议，主持校内学术讨论会，组织参加国内和国际学术交流活动等。成立当天，校学术委员会举行了扩大会议，就实践是检验真理的唯一标准问题展开了热烈的讨论。

12 月，中国社会科学院经济研究所书面征求中国人民大学意见，拟聘请先生兼任该所研究员。后经中国人民大学统计系研究并征求先生本人同意，认为先生年岁已高，校内教学与研究任务已经很重，不宜担任校外工作，谢绝了聘请。年届 70 的先生担负的教学与研究工作有四项：（1）1979 年招收研究生的培养工作；（2）统计专业普通班“数理统计在社会经济统计中的应用”课程建设，拟于 1980 年开课；（3）研究项目“数学在经济管理中的应用”；（4）翻译美国教材《工商业和经济学中应用的统计方法》，计划 1979 年定稿，1980 年出版。

本年，先生撰写《半封建半殖民地中国人口问题的分析》专论。他认为这篇论稿是解放思想的结果。他在 1986 年写的学术回顾性文章《社会经济统计科学研究五十五年》①中，梳理了自己在中国人口问题上学术观点的几次摇摆：

> 新中国建立后，在学习中批判了崇美思想，批判了马尔萨斯人口论，“人手论”压倒了“人口论”。我宁“左”勿右，在思想上也开始拥护“人手论”，批判了自己的马尔萨斯的人口论，并对我原有的中国人口问题的学术观点，发生了动摇。从而有二十年之久，我否定了马尔萨斯主义，也不再去考虑中国的人口问题。1974 年至 1978 年，我又一次担任人口研究工作，重新捡起了三十多年前的人口统计研究，除了合编《资本主义国家经济统计指标基本知识》《世界人口统计简编——1974 年世界人口基本情况，二十年来世界人口和经济发展》外，我还写了《世

① 初稿写于 1986 年，后略加增改以《统计科学研究 60 年》为题收入《戴世光文集》（中国人民大学出版社，2008 年 12 月第 1 版）。

界各国人口政策》《战后美国人口问题》《战后法国人口问题》等专题。1976 年，打倒了“四人帮”，我政治上得到了解放；1978 年，重新学习毛泽东“实事求是”的基本思想，我思想上得到了解放。再加上人口研究所关于中国计划生育问题的讨论，我开始丢掉“人手论”的幻想，看到了我国生产力，特别是农业生产力水平仍然很低，三十年来全国人口竟增加了一倍，而占 80% 的人口生活在“耕地少的广大农村”的客观事实。我从实际出发，来反复考虑，重新研究我国十亿人口的人口问题。同时，我还学习了马克思、恩格斯关于人口的论述，搜集并分析了大量有关中国人口问题的资料，终于写出了《半封建半殖民地中国人口问题的分析》专论。我分析了中国人民百年来受到三座大山的压迫与“人口多、耕地少”的关系，提出了对马尔萨斯人口论“一分为二”的观点，肯定了“马尔萨斯理论中站得住脚的东西”（引自恩格斯）。我对于中国人口问题的看法，徘徊了三十年，一直到打倒了“四人帮”之后，才以实事求是的科学态度，提高了我的人口学术思想。也正是由于这种转变，我才同意别人推荐我为国际人口科学研究协会的会员。

本年，先生编写《战后法国人口问题》。

1979 年，71 岁

1 月 10 日，先生出席校学术委员会会议。会议着重讨论了如何贯彻党的十一届三中全会精神，把工作重点转移到教学、科研上来。会议通过了校学术委员会暂行章程，审议了中国人民大学 1979 年科学研究和教材编写计划，确定了拟于 1979 年召开的“五四”科学讨论会和国庆科学讨论会的具体安排。先生围绕工作中心转移的议题，就教学科研要从实际出发谈了自己对十一届三中全会精神的学习体会，反思了过去受苏联本本主义影响，我国高校统计学科存在的问题。先生在会上重申一门统计学的主张，呼吁破除保守主义、本本主义，解放思想，加强调查研究，树立实事求是的作风，多研究一些新问题、新事物。

2月27日至3月5日，华东6省1市财经学校统计学科校际交流会议在无锡召开。出席会议的有江西、浙江、福建、上海、江苏、安徽各财经学校代表20余人，江苏省统计局也派代表列席了会议。会上对先生的论文《积极发展科学的统计学，为我国早日实现四个现代化服务》进行了讨论，提出了不同的观点，比较一致的看法是：经济统计学与数理统计学可以也必须并存。

5月15日，中国人民大学党委副书记、副校长孙力余分别向各学科资深教授就如何加强科学研究，提高教学质量，迅速恢复人民大学办学水平征求意见。先生围绕《积极发展科学的统计学，为我国早日实现四个现代化服务》的写作目的和发表过程，谈了在解放思想，丢掉苏联“本本”包袱方面的意见和建议，他把恢复数理统计的地位和作用，比作一场战斗。中国人民大学教务处全文整理了谈话记录：

一九七八年三月，我写了一篇题为《积极发展科学的统计学，为我国早日实现四个现代化服务》的论文。一九七八年十月先在《经济学动态》上发表，之后，十二月份国家统计局在四川召开的编写统计教材会议上把这篇论文又印发给与会者，今年二月《经济研究》又转载了该论文。文中我的观点是一九六四年在“四清”中形成的，“四清”回校后曾提出改革“苏联统计理论”的建议，但不久“文化大革命”了，对此问题，未能继续提出进行讨论研究。粉碎“四人帮”之后，党对知识分子提出了向四化进军的要求，自己虽然已七十一岁了，但有生之年能为祖国实现四个现代化服务，的确感到欢欣鼓舞。我为四化做出贡献，就是想从促进统计科学、培养接班人方面努力。人大成立时的统计专业，是在苏联专家用“苏联统计理论”的本本讲授、指导，在我们学习苏联一边倒的情况下建立起来的。“苏联统计理论”实际上是政府统计工作搜集编制社会经济统计资料的某些经验，另加上一个马克思主义的帽子，从而说成“一门独立的社会科学”。我们学习了苏联，在一九五九年又加上了“统计学是有党性、阶级性的科学”。这种苏联本本由我人大传播全国，影响很大。现在国际上，统计学是指数理统计学，没有“苏联统计理论”这种科学。苏联对两门统计学到七十年代还在争论，我国认识也不统一。一九七八年我开始争鸣，主张用数理统计这种现代科学方法、技术，为我国早日实现四个现代化服务。我感觉这是一场战斗，在认识上是比较有把握的。①

先生以“老母鸡下蛋遇到了困难”比喻自己在要求发表统计论文方面和争取培养研究生方面遇到的困难，以统计学科为中心，提出了办好人大、搞好教学研究需要解决的几个问题：

一、苏联本本对人大的影响

我一九五三年到人大后亲身受过苏联专家的培养，还对我表扬过。统计课是本本，其它课也有一些是本本。我说的“本本”，指某些课程的基本论点（或某些主要论点）是不实事求是非马列主义态度，理论是脱离实际的。苏联专家讲统计本本，教师随专家学本本，教师给学生讲本本，学生记本本、背本本，师生都离不开本本。其它课也有此情况，比如：（1）哲学课历史唯物主义部分，当时专家讲，苏联在一九三七年已经建成了社会主义，消灭了阶级，正在向共产主义过渡。我们也是以此看待我国的一化三改的，把三改后的社会主义说成向共产主义过渡的社会主义。这对师生影响很大。由这一例子来说明“本本”就不实事求是，就是理论脱离实际，形而上学，有时是极左的。（2）用政治经济学代替经济学，用对生产关系的研究代替对社会物质资料生产的研究。这个基本论点影响到财经各系。工经、农经、贸经等部门经济课及国民经济计划课都讲成了具体的政治经济学，甚至“苏联统计理论”的统计学也是如此。特别是统计学，它本来是一门统计方法

①《孙力余与戴世光谈话记录》，1979年5月，中国人民大学档案馆存。

（主要是数理统计方法）业务课，要加强理论性，就硬往上拔，实际是想把统计学也讲成政治经济学。一九五八年以后，当时农业经济系改成了人民公社经济系。计划课一开始就讲成了政治经济学。这些部门经济课都讲成了政治经济学，大家一个样，都研究生产关系，这是苏联本本的一个重要表现。

最近我们和国际上有文化交流。听说南斯拉夫无统计系，我们的统计专业无法对口。我有一个学生在美国一个州立大学教书，前些天回国想找我谈谈，我也愿意了解美国的情况。他说他们学校只设有两个经济方面的系：（1）在文法学院里设有经济学系；（2）在商学院里设有工商管理系。据了解，国外讲计划，是指企业管理课中的计划问题，经济、管理系一般只有两门统计方法（数理统计方法）课，只有数学系才设有统计专业。因此计划专业和统计专业与国外都无法对口。我们学校财经设六个系，加上政治经济学系，经济方面有七个系。我认为这是学苏联本本的另一种表现。美国只设二个经济系，解放前清华大学也只有一个经济系，我们设七个系，都是政治经济学，却分成七个搞实务专业的系，结果培养知识面窄而实务又过死的政治经济学人才。同时，我校财经六个系也不平衡，从政治经济学到现代化技术电子计算机专业，前者与后者差别大，更不配合。

胡乔木同志在国务院谈经济工作要按经济规律办事的一个发言中曾提到应该发展四门新的经济科学（即经济管理学、计量经济学、经济预测学、系统工程学），我是同意的。最近，于光远同志写了一本小册子《谈谈社会主义公有制和按劳分配问题》，其中就说到政治经济学是经济系的一个分科，我也很同意。我们则是以政治经济学代替经济学，甚而还发展到要以之代替统计学，说什么“统计学研究经济生产关系规律性的数量方面”。统计学也即数理统计学，这门科学已通过实践证明是有用的。而大学中设立统计专业，讲授“苏联统计理论”那一套（经济、工业、农业、基本建设、商业等统计），是为了给统计局培养统计员。其实国家统计局，省、市统计局工作的统计员，不需要在大学里培养，中专就完全可以了。那么我们究竟拿什么科学的统计学，为四化培养统计研究专业人才？三十年来我们统计专业一直按苏联统计本本培养教师、研究生、本科学生。现在为四化，需要大力、彻底改革统计专业的课程，我在系里却是一个少数派。社会在改变，人大改变的慢。国际上的经济管理计划和统计学都与我校者不对口。我们统计专业教的是政府统计工作搜集编制社会、经济统计资料的某些实际工作经验，并不是一门科学。在系里我也说过：我的论文已经发表了，青年学生都读过，在最近的将来的教学中会被动。现在系里还按苏联的本本培养统计研究生，在招收统计研究生的名额方面，我也是个少数派（5:12）。这不利于我国统计专门人才的新陈代谢。

二、领导、体制、资料、后勤工作

1. 领导问题。我这个母鸡要下蛋（按新的统计学培养青年一代），遇到了困难，我得靠边少下蛋，慢慢下蛋。我是自己要求回计统系（复校前在人口研究所），我想回系下统计蛋。回系以来将近一年领导对我并不支持。系里为我设了一个统计研究室（当时说是搞“外国统计”的），由林茂美同志当头头、任室领导。一个月前，我为培养研究生问题骑车去她家里（住北航）对她提意见：主要是统计科学方面保守与革新的矛盾，说她一保苏联本本，二保你的统计老战友，三保你的上级对统计专业的领导意图。统计研究室配备四个人：我是七十一岁，周复恭五十七岁，高庆丰六十四岁，林茂美五十八岁，三个老头加一个老太太。林茂美同志的统计学观点还与我这个少数派不一致。我的统计论文发表后，在四川召开的编写统计教材会议上国家统计局又印发了我的论文，作了讨论（系里没叫我去参加会议），最后并作了小结说：“社会经济统计（有阶级性）和数理统计（无阶级性）都要讲”。我叫它“双轨制”，是折中主义的（其实，这也是“以政代学”的一种表现）。我们统计专业教学计划的安排是社会经济研究（即“苏联统计理论”的那一套）五百学时，数理统计方法三十九学时，由此也看出了教学中的指导思想和对科学的数理统计方法的重视程度。

2. 体制问题。三中全会文件中指出：要改变以党代政，在学校是以党代学的现象。我觉得，我们人大就有这个问题。比如培养数理统计专业研究生的问题，从培养这一专业的研究生名额（现已砍，剩了三名）、培养计划，到入学考试的专业科目，我是导师，都不和我商量研究，听取意见。我愿在有生之年多为党工作，才为四化培养统计研究生的。如今年我校研究生的考试科目，应从实际出发。我呈报的统计专业只考初等数学就行了，后来也没有人同我说，就对财经六系全改定为考高等数学。统计专业还可以，其他系什么课对入学前的学生需要考高等数学呢！大概是为了时髦，就这样定了。还有财经各系研究生的政治经济学考试各系各专业指定的参考书都不一样，差别很大，却要统一出考题。财经各系各专业的研究生培养方案，一共三年，就要统一培养一年半，剩一年半给专业培养（上一周才知道，统一培养的课程改为资本论选读等至少一门，另加数学加外文）。看来，指导思想是想把财经各系、专业研究生统统培养成政治经济学研究生。不考虑现代经济管理，不区别专业，这怎么行呢！全都统起来，不与专业研究生的导师商量，不尊重专业导师意见，我认为这是体制问题。

3. 资料问题。我们统计专业理论联系实际，要与我国经济实际情况联系，需要我国的社会经济统计资料。但所需要的统计数字少而差，又保密。这样经济科学和统计科学的科学工作无法研究，只能从本本上作注释。系里曾对我说“可以写书吗”，我说，要写统计书却无我国的统计资料。美国人写了一本《对中国经济的重新估计》（上、下册），包括有很多的我国经济的估计数字，李先念同志看到还说不错。我们的统计资料却靠外国估计，而自己却没有，或者有而保密。

4. 后勤工作。我要借首都图书馆的外文书，给人大影印，留给人大图书馆，结果借书，要自己到处跑，影印该书，得自己跑科学院给人大图书馆影印。我写了两篇论文约四万字，系里交出版社打印，后来出版社说看不清，退回让重抄一份。系资料室找我，似乎是要我解决，我说：我没工夫重抄（实际上一个三万字的稿子很清楚，是我动员家人等复写的），可以请别人（指学校家属）抄。资料室先说：无处报销；我就说：党给我高薪，其中有研究费，请家属重抄，可由我自己出钱（后来仍由系里出钱重抄一部分）。

关于如何解决上述问题，先生提了四点建议：

一、宦乡同志在政协作了一个报告，题目是《中国社会主义经济现代化》，其中说到管理体制方面学南、罗[①]，技术方面学欧美。南、罗是从斯大林模式中走了出来的，有很重要的改革。我们国家也要从斯大林模式中走出来。我看，人大也要从斯大林模式中走出来，扔掉苏联本本的包袱，改变原来的系、专业设置，研究为四化培养人才的目标。

二、加强科学研究。科研是教学的基础，要适应为四化全国工作重点的转移。要加强学习，注重调查研究，实事求是，搞好科学研究。《人民日报》社论《伟大转变，重新学习》说的很好。要重新学习马列主义毛泽东思想。现在有多少人能按毛主席的“两论”办事呢！要学习现代经济科学、现代经济管理的科学方法技术，才能培养出适应四个现代化的人才。

三、实事求是，加强调查研究，以科学态度办事。在加强科学研究和调查研究的基础上提高教学质量，不应再用苏联本本搞循环了，不扔掉本本这个包袱，是提不高的。

四、大学教育体制要解决以党代政、以政代学的问题。我们学校体制与斯大林模式有关，要注意保模式的保守主义。培育新的接班人，才能搞好新陈代谢。大力抓好后勤工作及对青工的教育工作。大学后勤工作是为大学科学研究、搞好教学服务的。

① 即南斯拉夫、罗马尼亚。

关于斯大林模式在社会科学方面的表现，先生谈了几点认识：

（1）把社会发展规律与自然规律对立起来，将社会经济科学与自然科学对立起来。（2）把无产阶级社会经济科学与资产阶级社会经济科学对立起来，不加分析地一概批判，对资本主义社会的社会科学，统统说成是有阶级性的、反动的、非科学的。（3）以马列主义代替一切社会科学。比如，以政治经济学代替一切经济科学。再如，对社会学的看法就不一致，有人认为社会学是资产阶级的，历史唯物主义就是无产阶级的社会学。

最后，先生表达了只争朝夕为四化多做工作的紧迫心情：

去年二月在北京召开经济科学规划会议，我在会上说：党现在号召我们搞科学的人们向四化进军，自然科学与社会科学要为四化会师，像毛主席和朱总司令在井冈山宁岗会师桥会师一样。自然科学家响应党的号召，分别拿起科学武器，向会师桥飞跑，现已造成万马奔腾的局面。经济科学家（包括经济统计学家、经济管理计划学家）现在还不知道拿什么科学武器好，开始起步有些跑不了。社会经济管理科学家不象［像］自然科学家那样，这与苏联本本有密切关系。现在是老年人着急，为四化干活没有几年了！我的口号是：只争朝夕，见缝插针。我看，这方面也有“两头热，中间凉”的问题。

再说一点，我写的统计科学论文，是一九七八年四月通过于光远同志交给经济研究所而后才给发表的（发表的经过压缩，五个问题只有三个问题）。同时，我送交我校党委和计统系统计专业各一份（五个问题的全文），系里一直没有交出版社打印，以供大家讨论，我请求了许多领导，要求在人大刊物《教学与研究》上发表，始终没有人理我，“苏联统计理论”的本本是由我人大传播全国财经院校经济系及统计局的，我认为，我的论文中提出来的两门统计学的争论，最好由人大的《教学与研究》印发全国以及在国际上的公开讨论。

6月29日，先生出席校学术委员会第三次会议，本次会议讨论了如何总结“五四”科学讨论会的经验和成果问题。

7月11日至20日，中国社会科学院在北京召开全国世界经济规划会，先生和吴大琨、邬沧萍、郭丁等中国人民大学教师参加了会议。

7月，先生的著作《外国经济统计指标方法的评介》由中国人民大学出版社出版。全书共分三章：

第一章　世界各国统计工作一般统计方法

第二章　欧美等国家经济统计工作主要指标

第三章　对欧美等国家经济统计资料的评价和利用

在“导言”中，先生概述了全书的编写目的和主要内容：

> 国际的统计界，一般采用的“统计”概念有三：一为统计工作（在本书中或简称之为统计）；二为统计资料（或统计数字）；三为统计学（或统计方法）。统计工作为搜集、整理、编制社会、自然现象统计资料的工作，是关于取得统计数字的统计实务活动。统计资料则为世界各国统计工作（政府、研究机构、生产单位、学校、科学事业单位等调查、搜集统计数字的工作）所编制的统计数字的材料，用于满足国家政府、政治、经济、社会管理工作和社会、自然科学研究工作的需要。统计学为应用数学方面的一门研究大量现象数量关系和变化的科学，而统计方法则系根据统计学的原理和方法来概括、分析、综合、研究大量统计资料数量关系、变化的一套方法、技术。本书乃是一本评述世界主要国家社会经济统计资料的指标定义（或口径）计算方法的教材，目的是供我国社会经济研究工作及统计工作利用外国社会经济统计资料，研究外国社会经济情况和问题的参考。
>
> 当前，世界各国都在搜集、编制、发表大量的社会经济统计资料。在世界各国中，除去苏联、东欧等少数国家（或地区）以外，绝大多数国家都采用欧美等资本主义国家社会经济统计指标定义（或口径）的计算方法和一般的调查、统计方法。例如，在1976年联合国的《国民

核算统计年鉴》中，有关国民收入统计指标的定义（或口径），按欧美等国家统计工作计算方法计算者有154个国家，而按苏联的计算方法计算者仅8个国家。本书所评述的统计指标方法就是国际上绝大多数国家（包括联合国）统计工作中的社会经济统计指标，计算方法和一般的调查、统计方法。其实，在苏联等少数国家统计工作的社会经济统计指标中，除去国民收入统计指标计算方法与大多数国家者有所不同以外，其它统计指标与大多数国家者一样，都是来自欧美等国家统计工作的经验，计算方法基本上是相同的。联合国的统计工作（除去国民收入统计以外）就将六大洲一切国家计算的社会经济统计数字编入全世界综合表列的统计资料之内。例如，1975年联合国的《人口统计年鉴》列出各国人口的社会经济和性别年龄构成，和出生、死亡、平均寿命等等统计数字者计有欧、亚、拉、非、美、苏等204个国家及地区；1975年联合国的粮农组织的生产年鉴列出各国农业产量和农业生产指数者计有欧、亚、拉、非、美、苏等149个国家；1976年联合国的统计年鉴列出工业生产指数者为欧、亚、拉、非、美、苏等72个国家，列出消费者价格指数（即生活费指数）者为155个国家，列出制造业工人收入者计有83个国家。可见，欧美等国家统计工作中的社会经济统计指标方法在世界各国编制社会经济统计资料方面，是有代表性的，在国际上具有普遍的现实意义。

欧美等国家的统计工作（包括政府和私人机构的统计工作）按照政府政治、经济、社会管理工作和科学学术研究的需要，搜集和编制了表明社会、经济及自然资源情况的统计资料。他［它］们的统计工作在调查、搜集和加工、编制全国（及各地区）的社会经济统计资料中，一方面需要采用一般的调查、整理、综合、加工、分析的方法，来取得说明实际现象、情况的统计数字；另一方面对其复杂的社会经济现象（及自然情况），也要具体地制订种种统计指标定义（或口径）的计算方法，作为全国汇总和历史比较的标准。从欧美等国家统计工作各阶段所采用的一般统计方法而言，在综合、加工、分析阶段者，均属于统计学中一般通用方法（如平均法）的具体应用；而在调查和整理阶段者，虽然属于统计工作搜集资料的实地方法，但其中的选样调查方法却直接关系到统计学的随机选样原理。因此，这些一般统计方法实际上为统计学中某些原理的实际应用。至于欧美等国家统计工作所规定的社会经济统计指标计算方法，则主要是根据资本主义国家现实的社会经济情况和资产阶级政治、经济、社会管理工作的实际需要，来制订［定］的。因此，我们为了利用世界各国的社会经济统计资料，就必须研究欧美等国家统计工作中的一般统计方法和社会经济统计指标计算方法，这两个不同的方面。而且，还应当看到：欧美等国家统计工作制订［定］的某些社会、经济统计指标（如国民收入、人口的社会构成等）计算方法是会受到资产阶级的庸俗政治经济学和社会学的影响的，他［它］们按其指标定义计算的某些统计数字往往不能正确地反映他［它］们资本主义社会经济的实际情况。因此，我们在使用外国的这些统计数字时，还应当研究一些需要对之改算和估计的方法。

为此，本书将首先阐明世界各国统计工作中所采用的一般统计方法；进而评述欧美等国家统计工作所制订［定］的社会经济主要统计指标的计算方法；然后，再讨论我们利用和改算外国社会经济统计资料的一般原则，作为正确使用外国社会经济统计数字，进行科学研究的参考。

9 月，先生招收了国内第一批经济统计学硕士研究生高余先、朱汉江、章成平，三人的研究方向均为经济统计分析方法，即数理统计方法在经济科学研究和生产、管理研究中的应用。

10 月 2 日，先生给山西财经学院杭斌、翁君奕回信，答复二人关于统计学学习与研究的几个问题，鼓励二人打破苏联禁区，信函原文附录于此：

杭斌、翁君奕同志：

接到 9 月 18 日来信，同志们为四个现代化钻研现代统计科学的热情，跃然纸上。我虽然年纪大了（今年已 71 岁），体力差了，杂事太多，仍愿在忙碌中为您两位学习研究来尽一点力。有几点意见，供同志们参考：

（1）当前国内的形势为：在财经各系、经济系，以及统计局为“双轨制”（即既要数理统计学，又要“社会经济统计学”苏联统计理论），多数单位以后者为主、前者为辅。少数学校（特别是研究生）则反是。我对统计研究生，还是讲《国民经济统计核算》，意思是说：“苏联统计理论”的内容对统计核算（或统计局工作）还是有些用处的，但它不是一门科学，更说不上什么“独立的、有阶级性的社会科学”。我最近为三个科学讨论会写了一篇《实践是检验统计科学的唯一标准》，由人大铅印成小册子（一万八千字）。如有多的，我当寄给你们，学校也会寄给统计系的。我建议：我写了第二篇统计论文，也可以告诉你们系的统计老师；你们要团结老师一起学习研究，“苏联禁区”的突破，要有一个过程。

（2）财经院系、经济系统计师生学习研究作为现代统计学的数理统计方法，应该从应用于社会、经济、生产的角度，用辩证法指导研究“统计方法”，而不要像数学系那样从数学理论的角度钻研数理统计理论。

（3）国内现在没有“用于社会经济的数理统计方法”的书。人民大学翻译了一本（美）梅森《工商业和经济学的统计方法技术》[①]，这种文本恐怕要在明年夏天公开出版发行。目下，正由科学院翻译出版了一本书，（美）斯蒂尔《数理统计的原理和方法》（运用于生物科学），杨纪珂、孙长鸣译，科学出版社出版，价2.3元，北京已不好买了，太原可能还有（运用于生物科学，即适用于农业生产科学方法）。

（4）学习研究“统计方法”的条件为：1. 数学（高等数学即可）；2. 英文（或日文）。

匆此奉复，敬颂学祺，并向你校计统系统计教师问好。

戴世光

十月二日

北京西郊中国人民大学计划统计系

① 正式出版时书名为《工商业和经济学中应用的统计方法》。这里是比较随意的表达。

10 月，《积极发展科学的统计学，为我国早日实现四个现代化服务》一文发表后，先生没有停止对统计学性质的探讨，面对种种对立的观点和“商榷”文章，他继续思考检验统计科学的标准问题，并在各种会议上阐述自己的立场观点。10 月 5 日，中国社会科学院、教育部和中共北京市委联合主办的北京地区社会科学界庆祝中华人民共和国成立三十周年学术讨论会开幕，10 月 6 日以后举行分组会议，先生参加了经济组的讨论会，提交了会议论文《实践是检验统计科学的唯一标准》。10 月 23 日，中国人民大学召开庆祝中华人民共和国成立三十周年科学讨论会，先生在统计系分组会上宣读了研究报告《实践是检验统计的标准》。

11 月 1 日至 10 日，第一届全国统计科学讨论会在杭州召开，在这次会上，中国统计学会宣告正式成立。会议通过了《中国统计学会章程》，规定学会是研究统计科学的群众性学术团体，研究统计科学理论和国外的统计工作制度、方法、技术，以提高统计理论和统计工作水平。大会选举薛暮桥为会长，李成瑞、陈应中、张维华、王一夫、先生、刘叔鹤、钱伯海被推选为副会长，郑垚被推选为理事、副秘书长。先生出席了会议部分活动，在会上宣读了《实践是检验统计科学的唯一标准》，继续旗帜鲜明地阐述一门统计学的观点。《统计》1980 年第 1 期刊登的具有会议纪要性质的文章《第一次全国统计科学讨论会召开和中国统计学会成立》，记录了会议讨论的五个重要问题，第一个即为“社会经济统计学和数理统计学是不是两门科学？”。文章显示会上对这个问题存在三种意见：大多数同志认为，社会经济统计学和数理统计学是两门对象不同、性质不同、方法有别的科学，应当同时并存、共同发展；还有同志认为统计学是一门通用于社会现象和自然现象的科学，现在的数理统计学或社会经济统计学都不能算是独立的科学；先生坚持第三种意见，认为只有数理统计学才是唯一的统计科学。

《实践是检验统计科学的唯一标准》[①]可以说是《积极发展科学的统计

① 该文 1980 年被收入《统计研究》专辑第 1 辑，由中国财经出版社出版。

学，为我国早日实现四个现代化服务》的续篇，在这篇 18 000 字的论文中，先生进一步讨论了“统计数字与统计学是两个完全不同的基本概念”“实践证明：苏联统计理论是编制全国统计数字的经验，而不是一门科学”“统计学也即数理统计学是经过科学实践检验的一门方法科学”等问题。这两篇文章针对统计学的性质、研究对象，也即一门还是两门统计学的问题进行了深入、系统的分析，撼动了影响我国达 30 年之久的苏联的两门统计的基础，引起了整个统计界长达十年的大讨论。不同观点之间的交锋、砥砺进一步深化了对该问题的理论探索，共同促进了统计学界拨乱反正的进程。部分公开发表的争论文章计有：

（1）《关于统计学的问题——与戴世光同志商榷》，作者柴作楫，《统计》，1979 年 1 月；

（2）《论统计学与社会经济统计学》，作者颜金锐，《统计》，1979 年第 2 期；

（3）《统计学是方法论科学》，作者徐绍兴，《中南财经政法大学学报》，1979 年第 2 期；

（4）《实践需要一门社会经济统计科学》，作者陆华铎，《中南财经政法大学学报》，1979 年 2 月；

（5）《加强社会经济统计科学的研究 为实现四个现代化服务——与戴世光同志商榷》，作者颜日初，《中南财经政法大学学报》，1979 年 9 月；

（6）《试论统计学的性质及其与数理统计学的关系》，作者邹依仁，《经济研究》，1980 年 1 月；

（7）《统计学说发展变化的轮廓》，作者徐前，统计业务学习参考资料之一，国家统计局教育组编印，1980；

（8）《试论社会经济统计学的研究对象》，作者高成庄，《四川财经学院学报》，1980 年第 1 期；

（9）《关于统计学的研究对象》，作者姚志学，《财经问题研究》，1980 年第 1 期；

（10）《社会经济统计学是一门社会科学》，作者刘新、王文声、崔世爽，

《财经问题研究》，1980 年第 2 期；

（11）《谈谈我对统计学对象和性质的看法》，作者杨曾武，《经济研究》，1980 年 5 月；

（12）《论社会经济统计学的研究对象、方法和目的——兼谈它为什么不是一门方法性科学》，作者马富泉，《财经研究》，1980 年第 3 期；

（13）《试论统计学的性质》，作者吴敏，《陕西财经学院学报》，1980 年第 3 期；

（14）《社会经济统计学的任务、性质和研究对象》，作者贺铿，《湖北财经学院学报》，1980 年第 3 期；

（15）《研究社会经济统计理论为现代化建设服务——与戴世光同志商榷》，作者暴奉贤，《暨南大学学报》（哲学社会科学版），1980 年 7 月；

（16）《社会经济统计学不是一门统计科学吗？与戴世光同志商榷》，作者佟哲辉，社会经济统计学原理参考资料（第二集），山西财经学院计划统计系统计教研室，1980 年 10 月；

（17）《社会经济统计学是一门独立的社会科学》，作者付春生，社会经济统计学原理参考资料（第二集），山西财经学院计划统计系统计教研室，1980 年 10 月；

（18）《对社会经济统计一些问题的看法》，作者张文茂，社会经济统计学原理参考资料（第二集），山西财经学院计划统计系统计教研室，1980 年 10 月；

（19）《试论社会经济统计学的研究对象》，作者朱杰，社会经济统计学原理参考资料（第二集），山西财经学院计划统计系统计教研室，1980 年 10 月；

（20）《统计学的对象、性质和任务的初步探讨》，作者方崇智，社会经济统计学原理参考资料（第二集），山西财经学院计划统计系统计教研室，1980 年 10 月；

（21）《关于社会经济统计学的研究对象问题》，作者车诚定，社会经济统计学原理参考资料（第二集），山西财经学院计划统计系统计教研室，

1980 年 10 月；

（22）《社会经济统计学的对象和任务》，作者刘奇，社会经济统计学原理参考资料（第二集），山西财经学院计划统计系统计教研室，1980 年 10 月；

（23）《关于统计学研究对象的问题》，作者毕士林，社会经济统计学原理参考资料（第二集），山西财经学院计划统计系统计教研室，1980 年 10 月；

（24）《关于社会经济统计学对象和内容的几点看法》，作者陈允明，社会经济统计学原理参考资料（第二集），山西财经学院计划统计系统计教研室，1980 年 10 月；

（25）《统计学是一门方法论的社会科学》，作者刘宗鹤，社会经济统计学原理参考资料（第二集），山西财经学院计划统计系统计教研室，1980 年 10 月；

（26）《试从统计认识过程中的社会矛盾论统计数字真实性问题》，作者唐垠、莫曰达，社会经济统计学原理参考资料（第二集），山西财经学院计划统计系统计教研室，1980 年 10 月；

（27）《关于统计学原理之我见》，作者杨坚白，社会经济统计学原理参考资料（第二集），山西财经学院计划统计系统计教研室，1980 年 10 月；

（28）《关于统计科学几个问题的我见》，作者王一夫，《统计研究》第 1 辑，1980 年 11 月；

（29）《略谈社会经济统计学是一门科学和它与数学的关系》，作者陈应中，《统计研究》第 1 辑，1980 年 11 月；

（30）《试论社会经济统计学的对象、性质和内容》，作者马安、邵祥能、宋传升，《统计研究》第 1 辑，1980 年 11 月；

（31）《关于社会经济现象的随机性问题》，作者杨曾武，《统计研究》第 1 辑，1980 年 11 月；

（32）《从统计调查过程中的社会矛盾论统计数字的真实性问题》，作者唐垠、莫曰达，《统计研究》第 1 辑，1980 年 11 月；

（33）《数理统计不属于"统计学"的范畴》，作者王永胜，《陕西财经学院学报》，1981 年第 2 期；

（34）《对〈实事求是是研究统计科学理论问题的指导思想——评苏联《统计理论》及其“社会经济统计学”〉一文的一些不同意见》，作者郑尧，《统计研究》，1984 年 3 月；

（35）《就〈实事求是是研究统计科学理论问题的指导思想——评苏联《统计理论》及其“社会经济统计学”〉一文同戴世光同志商榷》，作者莫曰达，《统计研究》，1984 年 3 月；

（36）《怎样以实事求是的态度研究统计科学问题——与戴世光同志商榷》，作者李惠村，《天津财经学院学报》，1984 年 6 月；

（37）《社会科学统计学是正统的统计学——兼评“统计科学一门论”》，作者张昌法，《北京财贸学院学报》，1996 年第 2 期。

11 月 5 日，先生参加中国人民大学学术委员会第 5 次全体会议，本次会议的议题是讨论拟晋升的副教授名单。

本年，先生撰写论文《战后美国社会经济结构的变化》，收入《世界经济研究报告》。

本年，先生加入国际人口科学研究协会。

1980 年，72 岁

1 月 23 日，先生参加中国人民大学学术委员会和各系、所负责人会议，会议传达并讨论了教育部关于评定职称的规定。

1 月，先生和林茂美、高庆丰、周复恭翻译的《经济和统计名词词典》由中国人民大学出版社出版。这本词典是美国商务部社会经济统计资料管理署 1972 年编辑出版的，是关于美国政府统计工作社会经济统计指标的解释说明。该词典收入美国政府统计工作中与社会经济统计指标、经济统计核算方法相关的名词 176 个，分为国民收入和生产账户核算、收支平衡账户核算、经济和统计的指示数字、人口和社会的名词、经济和统计名词五章，均做出了明确、概括、简要的解释说明，并附有若干表明社会经济统计数量关系和变化的图表。

2月5日至9日，先生在上海出席中国统计学会第一届理事会第二次常务理事会议。本次会议明确了1980年至1981年统计科研的四个着重点，并委托先生与王寿仁、杨曾武、成平共同负责其中之一：数理统计理论及其应用的研究。

2月22日至24日，先生出席民盟北京市第四次代表大会，被选为民盟北京市委委员。

3月，经中国统计学会筹备组推荐，国务院第三次人口普查领导小组办公室致函中国人民大学，商议聘请先生为人口普查办公室顾问，得到中国人民大学同意。随后，先生主要参与了人口普查方案的设计工作，还参加了在无锡首先进行的人口普查试点工作。试点普查的项目很多，包括性别、年龄、婚姻、就学、教育程度、行业、职务等，先生强调要抓三个要点：第一是“画地图”；第二是“抓房子”；第三是“查常住”。实践证明这三个要点反映了搜集普查资料的规律。先生根据试点工作经验写了《从无锡试点看我国人口普查的几个问题》，收入《人口普查参考资料》。国家统计局统计资料管理中心编撰的《统计文史》第18辑有文章记述了先生等顾问的工作情况和发挥的作用：

> 人普办在1980年7月从大专院校和科研机构聘请了一些专家作为顾问，其中包括：西安交通大学的蒋正华，中国人民大学的戴世光、刘铮，复旦大学的吴斐丹，四川财经学院的刘洪康，中国社会科学院的陈道、张乐群，军事医学科学院的薛仲三。这些顾问主要参与了方案设计。他们虽然并不长期在人普办上班，但只要有需要就会前来，而且试点时基本都会参加。[①]

5月，先生出席清华大学校庆活动，与经济系毕业生共同为陈岱孙祝寿。

① 宋鹤．第三次全国人口普查办公室的那些人和事 // 国家统计局统计资料管理中心．统计文史：第18辑．2008．

清华大学经济系毕业生祝贺陈岱孙（前排居中）80寿辰，前排左起第六位为戴世光

6月12日，先生给天津财经学院1977级统计专业本科生袁卫回信，继续指导其修改论文，信中写道：

袁卫同志：

接到5/25日信和论文草稿。我比较忙，最近还要到外地去一下。现在挤出时间，看了你的论文草稿，并用红笔作了修改，请你参考、研究。文中有两个地方（均在左侧划了红道，注了字），一为（6）页，一为（7）页。（6）页的关于计划和定额的例子。这涉及到：计划是怎样来的？应该说：计划是根据客观已经实现了的平均数等，再加上科学预测，人为地来制定的；而统计方法（也即数理统计方法）则为人们制定计划的一种必要的工具。计划是主观的；已经实现了的现象是客观的。客观现象中存在必然性和偶然性；计划工作用统计方法分析、控制、消除（如平均数）偶然性，来探索、估计、预测客观的必然性。但是，计划并不就等同于客观的必然性（特别是不用科学方法，只凭简单材料作主观的推测，就完全脱离了客观的必然性，违背了客观必然性）。（7）页的问题在于对于“确定性”和“不确定性”的概念不够明确。我个人认为：确定性即必然性，不确定性即偶然性（英文为certainty; uncertainty）。

兹将原稿寄回，望再考虑、修改。我个人意见，仅供参考。

专此，即致

敬礼

戴世光上

六月十二日

事情的起因是袁卫受先生“一门统计学”观点的启发，写了论文《一个统计理论问题的初步探讨——客观自然、社会现象中普遍存在着偶然性》向先生请教。在近一年的时间里，先生多次与袁卫书信往来，提出书面意见，二人由此结下师生情缘，直接导致1981年袁卫决定报考中国人民大学的研究生。袁卫在《我的大统计使命》（2016年，未刊）中追忆：

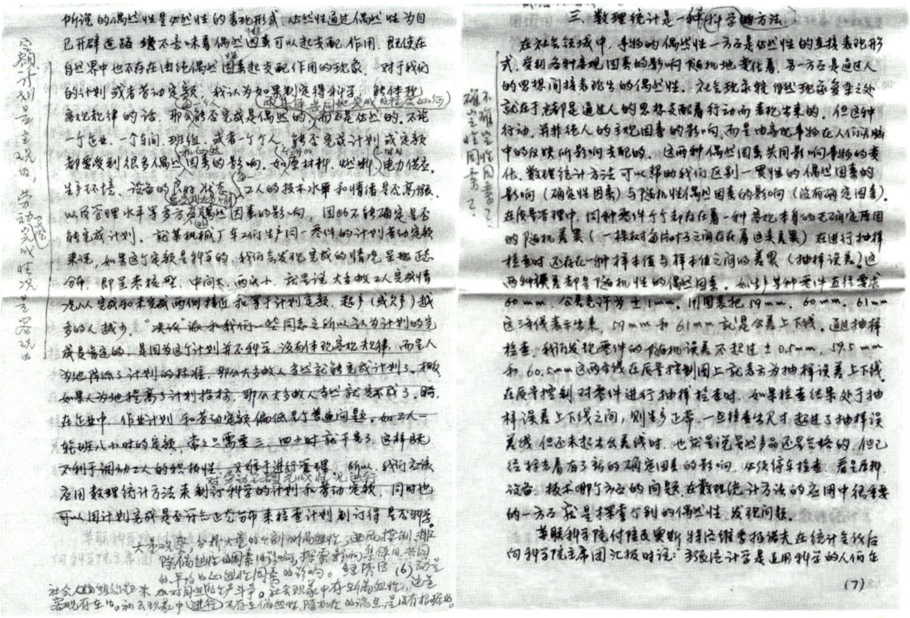

袁卫学生时代的论文草稿（部分），左侧有戴世光的修改意见

慢慢地，我对统计学研究的偶然性和随机现象问题有了一点自己的看法，在1979年大二时就鼓起勇气给戴世光老师写了一封信，并附上了我文章的草稿请他指正。信寄出后，我不知道戴老师能否收到我的

信，更不敢奢望戴老师能给我回信。大约一周后，有同学从学校收发室给我取了一封信，信封写着：天津财经学院工管系统计七七〇四班袁卫收，下栏写：北京戴寄。字体苍劲、有力。当时我欣喜若狂，急忙拆开，确是戴老师的回信。戴老师先是给了我鼓励，认为作为大二学生，有此认识，当予鼓励。但接下来就进入正题，希望我多读辩证法的文章，对必然性与偶然性、原因与结果、数量与质量等对立统一规律和范畴要深入学习，稿子要大改。就这样，我和戴老师从 1979 年到 1980 年夏近一年的时间里通了几封信，主要讨论和修改我的文章。到了 1980 年暑假，我回到北京。戴老师约我去他家面谈。当我踏进人民大学的校园，望着路边树丛中三层小红楼（红楼），典雅而宁静，觉得进入了知识的圣殿，羡慕之情油然而生。打听到林园 5 楼，来到一单元二层戴老师家的门前，却有些胆怯，不敢敲仰慕已久统计名家的门。平静一下心情，轻轻地敲了两下，赶紧后退两步静静地听门内的反应。过了一会，听到有人走到门前，打开门的是一位身材高大、满头白发的长者——戴世光先生。

戴老师 1908 年 12 月 1 日生在天津，我 1980 年去拜访时他已 72 岁。当我自报家门，说是天津财院的学生袁卫时，戴老师露出笑容，引我进入他家进门左边的书房。林园 5 楼是人大上世纪 50 年代盖的老楼，人大的多位名教授都住在那栋楼内。戴老师住在 2 层（共 4 层），是一套三室一厅的公寓。戴老师先问了问我在天津的学习生活情况，接下来就和我谈起文章的进步和存在的问题，谈了半个多小时后，我担心影响他的工作，就给他留下了文章的第四稿后告辞。一个多星期后的一个清晨，6 点多钟，我还在睡觉。突然被母亲叫醒，告诉我说戴先生来家了。我当时既惊喜，又紧张，怎么也想不到戴先生会来我家找我。我家当时住在后海，离人民大学大约有 20 里地，骑自行车约要一个小时。而且，师母施宝贞也和他同行。那时，我们家四合院的绝大部分屋子在“文化大革命”开始时被强占，全家六七口人还挤在一间 10 平方米的西屋和 6 平方米左右的小北屋，进了门就是床铺。师母没有进院，在后海河边等戴老师。戴老师在床铺上坐定后，就和我谈起这一稿的进步和存在的问题，告诉我一篇好文章要千锤百炼、精益求精。还说虽然他不是我直接的老师，但愿意和我做忘年交的朋友，一起努力改变国内两门统计的状况，用马克思主义辩证法指导统计学的研究，建立中国辩证唯物主义的统计学派。戴老师的这一番话，既感动我，又激励我。直接的激励就是使我下决心在天津财院本科毕业后考取人大的研究生，深层次的激励是继承戴老师一门统计学的宏愿，努力使我国的统计教育和统计学科与国际接轨，培养高质量的统计专业人才，服务国家和社会。

10 月，在校庆 30 周年之际，先生被评为中国人民大学先进教师，统计系整理撰写了其工作事迹，从中可以看出先生在复校初期珍惜得来不易的大好局面，为四化建设、为统计教育事业忘我工作的精神面貌：

戴世光教授系三级教授，民盟北京市市委委员，现已年逾七旬，患有高血压、肾炎等慢性疾病。粉碎“四人帮”，特别是人大复校后，戴世光同志坚决拥护党的三中全会制定的政治路线，愿以有生之年，为“四化”多做贡献。几年来，他不顾年迈体弱，不仅积极从事自己的教学和科学研究工作，并主动承担了一些校外的任务，为推动我国统计工作现代化做了不少工作。

一、戴世光同志根据自己的研究，1978 年写了一篇《积极发展科学的统计学，为我国早日实现四个现代化服务》论文（发表在《经济学动态》1978 年第 10 期上），其后于 1979 年本系科学讨论会及全国统计学会成立大会上又宣读了《实践是检验统计科学的唯一标准》，进一步阐明了自己的观点。这些论文引起了统计学界的注意，开展了一门统计学还是两门统计学的讨论，对贯彻双百方针、活跃学术空气起了一定的促进作用。

二、担负了大量的教学任务。复校以来戴世光同志于 1979 年春给计统系进修班讲了“外国政府统计工作若干经验”，于 1979 年秋给 79

级经济统计分析的研究生讲了《统计学原理》1～4章。

戴世光同志不仅担负校内的教学任务，而且还多次接受校外的教学任务，例如，曾为北京市科协组织的学习班讲授了“国民收入统计方法论”，为国家统计局举办的统计局局长学习班讲授了“外国政府统计工作若干经验”，后者连续一星期每天讲三小时，而最后一天，上下午连续讲了六小时。

三、积极开展科学研究工作，写出了多篇论文，有《法国人口问题》、《战后美国社会经济结构的变化》以及《半封建半殖民地中国人口问题的分析》等。

于此期间，还整理和出版了《外国经济统计指标方法的评介》一本专著，为社会上所需要，目前已销售一空。

在同一时期，戴世光同志参加了统计研究室组织的《经济和统计名词词典》一书的翻译工作，并负责该书以及统计研究室组织翻译的《工商业和经济学用的统计方法技术》[①]一书的总校工作，两书约计65万字。这两本译著，前者已由本校出版社出版发行，后者拟作校内用书出版。

四、主动关心统计研究室的集体工作。人大复校后新建了统计研究室，戴世光同志到研究室后主动提出翻译国外有关著作，主张招收研究生，并为研究生的教学工作作准备。虽然时间很急，戴世光同志主动提出研究生的教学计划，并积极指导担任经济统计分析及外国经济统计指标两门新课教师的学习、备课，亲自编制课程提纲，帮助查找有关图书资料，做了不少工作。

五、戴世光同志在全国统计学会上被选为副会长，他关心我国统计工作的现代化，使之适应我国的四个现代化的需要，因此，一有机会他就宣传统计工作现代化的问题。例如，在天津统计学会成立大会上和最近到南京参加会议，他都做了《关于统计科学现代化和统计工作现代化》的报告。

此外，戴世光同志还经常关心教学科研方面的图书资料的积累工

① 正式出版时书名为《工商业和经济学中应用的统计方法》。

作，他亲自将国外友人赠送的图书资料近500册加以整理分类，把其中大部分送交校图书馆，一部分暂留戴处供研究室的同志集体查阅。他还用一部分时间，经常以口头或书面的形式，解答校内外教师或同学提出的有关业务方面的问题。

本年，中国人民大学计划统计系编写的《经济计划、生产布局和统计论文集》收入先生的《国民收入统计方法论》一文。这篇文章具有历史的眼光和国际视野，摆事实，讲道理，旁征博引，对国民收入统计方法的学术渊源、国际研究现状与中国实际，结合需要解决的问题做了系统的阐述。国民收入统计方法问题是先生长期关注和研究的问题，明确主张并坚持不懈地推动我国经济统计应当改为按综合性生产来计算国民生产总值（额）。论文肯定了作为国民收入的国民生产总值的科学性，批判了苏联统计按照物质产品生产计算国民收入的理论“外衣”。

本年，先生撰写《统计的历史发展与我国历史统计工作现代化》《统计科学现代化与我国政府统计工作现代化》等论文，收入中国统计学会材料。

1981年，73岁

3月9日，中国人民大学校报以《各系教授副教授纷纷开课执教》为题，报道充实教学第一线、提高教学质量的情况，特别以先生作为典型：

本学期，我校250多名教授、副教授中有92人为本科生、研究生讲课，还有70人指导研究生写毕业论文，这是各系安排骨干教师加强教学第一线后出现的可喜现象。各系根据校党委关于以教学为主，加强教学第一线的精神，对教学、科研、教师提高等各项工作作了全面安排，各系教研室负责同志纷纷带头登台执教。有些同志不顾年纪大，体质弱，克服困难，积极开课，计统系的戴世光教授，为计统系研究生开了国民经济统计核算和经济研究统计选读两门课，并指导三个研究生写毕业论文。

古稀之年的先生，坚持活跃在讲台上，既是出于教书育人的使命感，也反映了复校初期教师队伍严重缺员的窘迫。就在同一天，计划统计系应学校教务处和科研处要求，提交了一份《计划统计系专业建设规划》，对教师队伍状况进行了分析：

> 教师队伍问题是我系各专业最大的不足与困难，主要问题是人数不足、年龄老化、知识老化。首先是总人数不够，“文化大革命”前我系教师最多时曾达120多人，现在仅有65人[①]，由于人数不够，有的配套专业课无人开。有的一人一门课，有一人请病假就无人上课。统计教研室尤其严重。人大解散后统计教研室调到校内、外者最多，原有骨干教师至今仅在校内还有十名没有归队……其次是年龄老化，统计教研室5名教师全部在60岁以上，健康状况也日渐不佳。再次知识老化，也是一个突出的问题，老教师有的外调，新教师没有增加，特别是十年动乱更是浪费了教师的宝贵青春，学业荒芜，外文和数学荒芜尤为严重。不仅对有批判、有选择的吸收国外科学成就受到一定的限制，研究新情况解决新问题，无力胜任，甚至一个人兼搞现有的其它课程，也有很大的困难……新生力量的补充迫在眉睫。

3月，先生为全国人口普查试点工作会议撰写论文《人口调查统计方法》，后收入第三次全国人口普查办公室《人口普查参考资料》，论文联系我国第三次人口普查工作，论述了外国和我国人口调查统计方法的原理。

5月25日，先生在北戴河出席第二次全国统计科学讨论会。

5月，美国统计学会执行主任 F. C. Leone，时任会长、佛罗里达州立大学统计系教授 R. A. Bradley 等六人组成的美国统计学会代表团，应邀前来我国访问，方毅副总理在人民大会堂接见了代表团，先生应邀参加接见和交

---

① 1978年中国人民大学复校初期设立计划统计系，此数字指原计划系和统计系两个系的教师。

流活动。R. A. Bradley 当年 9 月撰写了访问报告《统计学在中国高校》，肯定中国的统计学者克服了种种困难，为现代统计学的发展做出了艰苦的努力；他赞扬中国的统计学者积极进取、激情洋溢，相信中国的统计学将迅速取得进展。

前排左起 J.Press、戴世光、Bradley 夫人、李成瑞、R.A.Bradley、方毅、F.C.Leone、M.E.Muller、王一夫、V.Tsou、王寿仁

5 月，先生指导硕士研究生朱汉江、高余先、章成平到北京西郊皂君庙生产队，对该生产队的生产情况、居民人口、居民收入和支出情况实地进行调查研究，编写研究报告。

6 月 12 日，为推动关于社会主义制度下生产劳动与非生产劳动划分问题的研究，《经济管理》编辑部邀请部分经济理论专家在北京召开座谈会，中国社会科学院经济研究所副所长刘国光主持会议。先生和李成瑞、孙冶方、王积业等人在座谈会上发言。《经济学动态》1981 年第 8 期以《首都经济理论界座谈生产劳动与非生产劳动问题》为题，刊发了发言内容。先生认为划分生产劳动与非生产劳动的关键是如何看生产，具体的统计上，就是用什么样的国民收入指标来反映现代生产、分配、消费的全部情况。他首先介绍了国民收入按综合性生产和按限制性生产计算二者的异同：

国民收入按综合性生产或限制性生产计算，二者其实是大同小异的，区别就在于统计指标口径的大小不同。我们按苏联统计限制性生产计算国民收入时有三个主要指标：国民收入生产额、国民收入使用额（在没有进出口的情况下等于国民收入生产额）和国民收入价值分配额。世界绝大多数国家按综合性生产计算国民收入时也是计算三个指标。一是国民生产总值，即国民收入生产额（这里与前面限制性者相比有两点区别，一是口径大，二是不减折旧）。二为国民支出额，相当于限制性生产的国民收入使用额，同样的分为消费与积累。所不同的是，限制性生产的国民收入使用额中的消费只限于物质产品的消费，而综合性生产的国民支出额中则把服务消费也算进去了。最后一个指标，综合性生产的国民收入就相当于限制性生产的国民收入价值分配额，也即马克思提到的国民所得 = 工资 + 利润 + 地租。

苏联在十月革命后选择按限制性生产，即只按物质产品来计算国民收入，他们通过引证马克思的话来论证限制性生产的合理性，说明只有物质产品生产才是生产。先生认为其引证有些牵强附会，论据有二：

第一个论据。苏联统计学界常引的马克思《资本论》第三卷中说："总产物是全部再生产的产物……"；"就全社会的所得来看，国民所得是由工资加利润加地租，那就是，由总所得形成"。这里有两个问题。首先，马克思说的"全社会的所得"与前面的"总所得"（即与物相联系的总所得）不是一回事，与物联系的总所得只不过是全社会总所得的一部分。其次，不能根据马克思提到的国民所得 = 工资 + 利润 + 地租，断言只有工业、农业、建筑业这些物质生产领域才是生产国民收入。商业、运输等服务业也有劳动者和资本家，也存在工资、地租和利润。所以，我不认为马克思这里讲的国民所得只限于工业、农业和建筑业这些物质生产部门的总所得。

第二个论据。马克思在《剩余价值理论》谈到资本主义社会中教师的服务，医生的服务，律师、剧院、士兵、政治家等人的活动时，一再提到："这些服务本身有使用价值，由于他［它］们的生产费用也有交换价值"，"在消费品中，除了以商品形式存在的消费品以外，还包括一定量的以服务形式存在的消费品"。可见马克思正面认为：服务有使用价值和价值。所以，苏联统计引证马克思的话，提出只有按物质产品生产计算国民收入的观点是站不住脚的。

先生进而指出，按物质产品生产计算的国民收入并不能反映现代国家的全部生产、分配和消费，他主张物质生产领域里的劳动是生产性的，服务领域和管理领域里的劳动也是生产性的，应该按综合性生产来计算国民收入，包括物质产品、服务、管理全部生产活动的成果，以此反映我国全部生产、分配和消费与积累的水平。原因就在于：

社会发展的历史告诉我们，随着经济的发展，人类对服务性活动的消费在整个消费中的比重越来越大。在现代社会里，物质产品生产活动和服务、管理活动都是客观存在的。如果只就物质生产计算国民收入的生产、使用及价值分配，就不能反映物质生产和服务生产的全部经济活动。第一，现代国民经济中的货币收支运动绝不限于物质生产部门物质产品价值的价值运动。按物质产品生产计算国民收入价值分配的初次分配和再分配过程，是不符合实际情况的。第二，居民的生活消费不只是物的消费，而且包括服务的消费。如果仅就物质产品计算国民收入，则居民消费也只计算物质消费（即商品支出），显然，就缩小了人民的消费水平。

6月，为配合全国第三次人口普查，先生在《人口与经济》第3期发表文章《关于人口普查的几个问题》，介绍人口普查与人事登记方法及统计调查方法，指出全国人口普查是培养基层统计干部的一所大学校，统计工作实践是培养和提高统计干部业务基本功的重要途径。

7月，国家统计局、中国统计学会商请中国人民大学同意，派先生作为代表之一出席11月在阿根廷首都布宜诺斯艾利斯举行的国际统计学会第43届会议，后因故未能成行。

9月，先生和周复恭共同给中国人民大学统计学专业1979级本科生（三年级）开设数理统计课程，为时一年。这一年，被金勇进①视为极为珍贵的回忆：

> 我们读大学本科三年级的时候，戴世光老师和周复恭老师给我们讲“数理统计”课程，为期一个学年，从1981年9月至1982年7月，戴老师讲前半段，周老师讲后半段，使用的教材是香港胡孝绳写的《统计学》和美国罗伯特·D.梅森写的《工商业和经济学中应用的统计方法》。当时我国改革开放不久，国内统计学教材极度匮乏，这两本教材都是戴老师、周老师引进的。得知戴老师给我们讲课，同学们都很兴奋，戴老可是计划统计系（当时的名称）最大牌的教授啊。戴老师身材高大，但毕竟已是73岁的高龄，看上去有些驼背，精神却无比饱满。授课时戴老师手里总是握着一根教鞭，指点黑板上课程内容的要点，师道尊严体现得淋漓尽致。当时上课没有什么多媒体，全部都是板书。戴老师板书工工整整，字体秀丽，看上去很舒服。9月初的北京还是很热，戴老师常穿一件白色短袖衬衫，转身写板书时，背上的汗衫被汗水浸透清晰可见。教室里有一把椅子，但戴老师讲课时从来没有坐过，而是习惯在教室里边来回踱步，边踱步边演讲，讲到兴奋处，停下脚步，凝视远方，提高语调，像是深思熟虑的提问，又像是胸有成竹的回答。当时，学界正开展统计学性质的大讨论，这也是戴老师课程内容的一个要点，从统计学的起源、发展、渐进式的分化和演变，到目前发展的态势，学界的不同观点和看法，戴老师娓娓道来，层层剖析。其实那个时候我们刚刚进入专业课学习，对统计学是什么还不甚清楚，对戴老师所讲内容也没有很深的感悟，但老师讲的学习理念却留下深深的印记：“学习是一个求知和探索的过程，不能人云亦云，要具备独立思考的精神，在理论和

① 金勇进，中国人民大学教授，1979—1983年本科就读于中国人民大学统计系。

实践的结合中去探询真理，马克思主义最本质的是革命的和批判的”。许多年以后的回顾和追思，才越来越深地体味到戴老师当年所讲课程的用心良苦，其中所包含的味道和价值。戴老师求学、治学的精神值得我们一生去效仿和追求。

1979 级本科生张云至今保留着先生和周复恭所授“数理统计”课程的笔记和作业。先生十分重视学生基本功的训练，要求学生自己动手编制北京市人口性别、年龄、婚姻、民族、地区、就业、住房、农业生产等数据调查表、整理表和数据分析表，并认真批改全班 37 名同学的每一份作业。在张云的作业“婚姻状态调查表”中，先生认真地批改，指出“已婚”是时点数据，反映“状态”，而“结婚”是时期数据，反映“过程”。

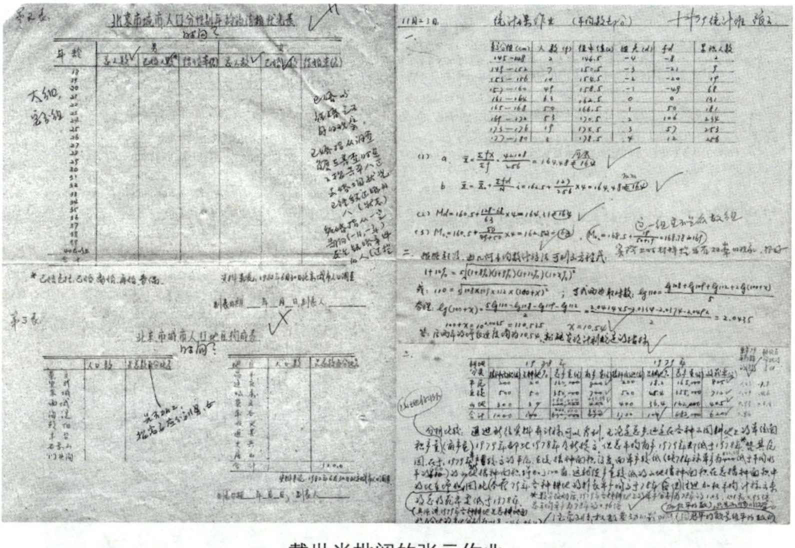

戴世光批阅的张云作业

11 月 3 日，国务院学位委员会批准首批硕士、博士学位授权点，中国人民大学获得 43 个硕士学位授权点和包括统计学在内的 9 个博士学位授权点。国务院学位委员会批准先生等 9 人为中国人民大学第一批相关学科专业博士生指导教师，具体学科专业和导师分别是：辩证唯物主义与历史唯物主义，肖前；中国哲学史，石峻；政治经济学，宋涛；世界经济，吴大琨；货币银行学，黄达；统计学，戴世光；中共党史，胡华；国际共产主义运动史，高放；中国古代史，戴逸。

12 月 23 日，先生参加中国人民大学学术委员会会议，讨论教授晋升问题。

本年，先生向中国统计科学会议和国际统计学会科学会议分别提交了论文《马克思主义哲学是应用统计学的理论基础》，这是世界统计学研究中第一篇论证马克思主义哲学辩证唯物主义是指导统计学应用的理论基础的学术论文。

1982 年，74 岁

3 月，先生在《教育研究》第 3 期发表《从我国社会情况看高等教育的数量和质量》。文章归纳了我国当时社会经济和政治情况的特点，也就是实现四个现代化面临的国情，指出实现四个现代化，特别是科学技术现代化，教育是关键，而我国大学的数量尚不能满足青年人的需要，大学的质量也不能适应四化的需要，必须提高。

4 月 15 日，中国人民大学学位评定委员会正式成立，先生被推选为委员。

5 月 8 日，先生出席中国统计学会常务理事会议。

前排左起：张维华、刘叔鹤、陈应中、李成瑞、王一夫、戴世光、王寿仁

5 月 28 日，先生参加中国人民大学第三届学术委员会会议，讨论职称问题。

暑期，先生指导的三名硕士研究生高余先、朱汉江、章成平毕业。三人相继通过了硕士论文答辩，获得硕士学位，其中高余先 1982 年 6 月 25 日通过答辩，毕业论文为《三十年来世界人口与经济发展的统计分析》；朱汉江 1982 年 9 月 6 日通过答辩，毕业论文为《统计平均方法论》；章成平 1983 年 6 月 5 日通过答辩，毕业论文为《三十年来中国和印度国民收入增长的统计分析》。

中国人民大学统计系 1979 级研究生和教师合影
后排左起：高余先、章成平、朱汉江、吴景山、夏宗勇、史津平
前排左起：马宝贵、荣英、林茂美、戴世光、李震中、周复恭、王经

7 月，先生作为全国第三次人口普查办公室的顾问前去昆明指导云南省的人口普查工作，与云南大学人口研究所陈旭光教授共同确定了合作研究课题“1942—1982 年昆明环湖县区人口的变动与发展”，该课题持续了三年。

戴世光在昆明指导人口普查工作

8月，先生的《实事求是是研究统计科学理论问题的指导思想——评苏联〈统计理论〉及其“社会经济统计学”》在《经济理论与经济管理》第4期发表，该文1984年3月被《统计研究》1984年第1期转载。文章科学地区别了统计与统计学（即数理统计学）、经济统计与经济统计学，论证了辩证唯物主义对统计学应用的指导意义。

9月29日，先生参加校学术委员会会议，评审副教授人选。

10月17日，先生出席国家统计局局长李成瑞主持的《中国统计年鉴1981》座谈会。座谈会在全国政协礼堂举行，于光远、许涤新、刘国光、王忍之、廖季立、许毅、李震中、杨坚白、董辅礽等首都经济学界、统计学界、新闻界人士在座。与会人员一致认为《中国统计年鉴1981》的出版为科研、教育、新闻报道提供了重要资料，同时对今后进一步完善年鉴的内容和编排提出了建议。

11月12日，先生参加校学术委员会会议，评审教授、副教授人选。

12月，先生所在的统计教研室在中国人民大学教务处组织召开的培养研究生经验交流会上分享了该教研室培养研究生英文能力的经验，汇报题目为《关于在研究生培养中研究生对英文工具掌握问题的汇报》。这份汇报是基于对先生指导的朱汉江等三名 1979 级硕士研究生的英语培养经验加以总结的，因此从中可以梳理出先生对于研究生英语水平的重视程度和培养手段。1979 年 9 月制定的统计学专业研究生培养方案规定，学生应在一年内通过一门外语的考试，要求达到比较熟练地阅读、翻译本专业书籍的水平。为了达到这一目的，统计教研室在各专业课程中提出具体要求，结合专业学习巩固和提高研究生的英文水平。该汇报谈道：

> "统计学原理"课程给研究生准备了英文专业书籍，要求他们阅读，他们感到很吃力，但表示要克服困难，坚持下去。在讲授统计调查时，我国正进行全国人口普查的准备工作，正是在这个时候我们掌握了美国 1970 年和 1980 年人口普查方案，为使研究生学好统计调查部分，锻炼他们的英译汉的翻译能力，我们要求他们合译美国这两个年度人口普查方案，并进行比较，写出评介。
>
> 在"经济统计分析"中，我们曾要求研究生写出两篇综述，即"相关与回归的综述"和"几种重要分布的综述"，指定的参考书，既有中文的，也有英文的，但多数是英文的。因而，若不阅读指定的英文书籍，势难较好地完成这两篇综述的学习任务。
>
> 在"外国经济统计"中，给研究生影印了许多英文的参考资料，供他们学习之用，其中有人口学原理的有关章节、经济统计之应用、社会统计之应用以及工资与价格等等。教师就有关部分，或者指定研究生当堂讲解，或者要求研究生在作业中作出评述。

统计教研室的汇报也检讨了由于条件的限制，没有注意口语训练的遗憾，表示"如果具备条件的话，还应该培养研究生外文其它方面能力的提高，如听、口语、写作等方面能力的提高"。

先生主张在条件允许的前提下，直接使用英语原版教材，一方面是出于专业本身的考虑，另一方面也是为了强化学生的英语水平。对外经济贸易大学贾怀勤教授曾撰文《戴世光学术思想指导贸大统计学科的建设和发展》，文中谈及1979年对外经济贸易大学教授李志伟向先生请教给研究生用什么教材。先生向他介绍了人大使用的梅森编写的*Statistical Techniques in Business and Economics*的内部汉译本，并建议该校使用国外原版教材，因为涉外性高校的学生外语水平高。

本年，先生的论文《国民收入经济核算理论的发展——综合性生产还是限制性生产》，收入北京大学巫宝三、陈振汉主编的《经济思想史论文集》，由北京大学出版社出版。该文与1981年6月先生在《经济管理》编辑部召集的部分经济理论专家北京座谈会上的发言一脉相承，是其观点的进一步系统化。论文从经济思想的角度，论述了“综合性生产还是限制性生产”这一国民经济核算的基本理论问题，澄清了在这一问题上对马克思主义的错误和教条理解，提出我国在向四个现代化迈进的过程中，应该理论联系实际，按照综合性生产来进行国民经济核算。文章首先梳理了国民收入经济核算理论的历史发展，指出，18世纪法国的重农学派按照限制性生产的观点计算国民收入，1805年普鲁士克鲁格主张只就农产品计算国民收入，这与当时法国还处于从封建社会准备向资本主义社会过渡的历史阶段是密切联系的，重农学派的理论虽然是资产阶级的，但不可避免地带有封建主义的色彩。而英国的威廉·配第主张按照综合性生产的观点来计算国民收入，则是受到资本主义社会的经济思想的影响。至于俄国，在1861年废除了农奴制，是俄国从封建生产方式过渡到资本主义生产方式的转折点，也是俄国波克罗夫斯基在1894年按综合性生产概念计算国民收入的历史原因。因此，可以认为：正是随着封建社会逐步过渡到资本主义社会，国民经济核算思想的生产观点也由限制性生产向综合性生产发展。应该说，综合性生产的观点要比限制性生产的观点先进得多。

论文对比了当时世界上两种国民经济核算体系，即欧洲国家、美国及很多亚非拉国家的市场经济的“国民核算体系”和苏联、东欧国家等的中央计划的“经济物质产品平衡体系”，指出，这两种国民核算体系中的基本指标体系都是以反映国民收入的生产和使用、国民收入价值分配等一系列经济主要活动过程为基础的。在理论上，这两种体系的根本区别在于“生产”的概念，也就是如何综合考察整个国民经济的生产活动。具体地说，这两种体系关于生产的概念不同：“物质产品平衡体系”认为只有物质产品的生产才是生产，而“国民核算体系”则认为生产不仅包括物质产品的生产，而且包括服务的生产，即提供服务的生产活动。从统计计算的目的来说，这两种体系都需要通过一系列统计数字来计算、说明一个国家在一定时期（如一年）整个国民经济生产、支出、分配、使用全部过程的数量表现，区别在于“生产”指标的计算口径。苏联的“物质产品平衡体系”的全部“生产”指的是社会总产品；美国的“国民核算体系”的全部“生产”指的是包括物质产品和服务在内的国民生产总额（值）。因此，先生将当时国际上国民收入统计中两种国民核算体系的根本区别归纳为“限制性生产”与“综合性生产”两种对整个经济的全部生产不同看法之间的区别。

文章分别对综合性生产国民收入和限制性生产国民收入的经济理论和统计核算进行了详细的阐述和分析，认为按综合性生产概念计算的国民收入生产额（即国民生产总额），国民收入使用额（即国民收入支出额），国民收入价值分配额和相应的分类、分组数字是与现代整个国民经济活动紧密联系，能够反映实际经济活动的全部情况的。其基本原因在于综合性生产概念范畴包括了现代经济中极为重要的服务性生产活动，如商业、运输交通、金融保险、教育、科学研究、医疗保健、文化娱乐、生活服务及行政管理。现代经济积极发展了服务性的生产活动，不仅促进了物质产品生产的提高和发展，而且提高了人民生活消费水平，保证了人民文化、娱乐、卫生、健康的发展。应该说，按综合性生产计算国民收入的经济理论与实际统计核算二者是紧密联系的，理论并不脱离客观的实际情况。而通过对苏联的限制性生产国民收入核算的经济理论和统计核算的分析，先生发现按限制性生产计算的国民收入只限于物质生产部门，使得国民收入支出额的使用构成资料，不适于进行消费与积累比例关系的分析，其理论完全脱离了现代国民经济发展的实际。而且，按限制性生产编制的物质产品国民收入计划来计划整个国民经济的发展，必然“见物不见人”，脱离人民生活消费的需要，显然是错误的。

先生针对现代国民收入经济核算的理论问题进行了探讨，通过马克思对萨伊“服务理论”的批判、对生产劳动与非生产劳动的分析、对服务具有交换价值与使用价值的分析得出论断，马克思在经济理论中是按综合性生产的观点来对待生产劳动的：

> 可见，马克思不论从一定的社会形式，从这个劳动借以实现的社会关系来看，或者从劳动产品的性质，从劳动作为具体劳动所固有的特性来看，都没有把“生产”的概念局限于物质产品生产，而是把服务生产（提供服务）也包括在内。并且，马克思除去对商品（物质产品）以外，同样地肯定了服务本身具有使用价值，由于它们的生产费用，也有交换价值。但是，当前的苏联经济统计自己选择了限制性生产的概念，按物质产品来计算国民收入，反过来却利用“马克思列宁主义的再生产理论”作为计算国民收入的理论依据。这显然是非常错误的。

先生主张，我国经济统计中的国民收入统计方法论，应该按照综合性生产的概念计算国民收入，来满足我国的经济理论科学研究、国民经济建设和四个现代化的需要，这个基本问题，具有理论和实际双重意义：

> 在我国向四个现代化迈进的过程中，不论从理论或实际来说，我们如何看待社会主义国家物质生产领域之外的服务领域和行政管理领域的经济活动，是一个非常重要的问题。属于这两个领域的国民经济部门，除商业、金融、交通、运输之外，还包括科学研究、教育、医疗、卫生、保健、行政管理、国防治安及旅游等人事服务的许多部门

类别。这些部门的劳动都直接或间接地促进我国国民经济的发展，有利于增加我们的物质财富，更好地满足全国人民生活、文化等日益增长的需要。

当前，国内学术界，除去业已认识到工、农业等物质生产部门生产劳动具有重大意义之外，还提出了许多重要的理论命题，如“科学技术为最大的生产力”“教育是生产部门”“知识分子为社会财富的创造者”“行政管理部门提供的服务也是生产性的，促进了国民经济的发展”等等。我们的国民收入统计核算从理论到实际都应该研究这些理论命题，正确对待、处理这些方面的统计问题，研究对这些部门的劳动成果（通常称为服务产值）进行计算的方法。

我国经济统计应该改为按综合性生产来计算国民生产总值（额）、国民支出总额、国民收入价值分配额与相应的分类和分组，并且提供连续性的国民经济核算体系的统计数字资料。如此，不仅可以满足我国国民经济建设、国民经济发展和经济理论科学研究的需要，而且有利于国际对比，分析我国国民经济逐步进入世界前列的进程，研究国际和国内经济发展的变化。

这篇论文后被评为中国人民大学（1978—1983 年）优秀科研成果论文类二等奖。统计系在推荐意见中认为：

综合性生产抑或限制性生产是一个长期争论的主要经济理论问题。作者在这篇文章中对这个问题进行了详细的阐述和有益的探讨，尤其是对国民收入核算的统计方法有不少独到的见解。当前我国实行对外开放，势必要求把我国的统计数字进行国际对比，为此需按大多数国家所采用的方法进行国民收入核算。作者在这篇文章中很中肯地提出了这个问题，这与中央的政策是相符合的。

北京大学陈岱孙教授受邀为论文评议人，对文章提出了中肯的评价意见：

本文内容涉及者为四五年前，一度曾经争论甚烈的，什么是生产和什么是生产劳动的问题。当时主要有两派意见，一派认为，只有物质产品的生产才是生产；只有生产物质产品的劳动才是生产性劳动，这就是文中所说的限制性生产的概念。另一派认为，生产既包括物质产品的生产，也应包括服务的生产；产生二者的劳动都应是生产劳动，这就是文中所说的综合性生产的概念。这两派的争论当时似乎没有得到一个一致的结论，本文的主张属于后者。

本文为这一主张提出有力的论证。

（1）从理论上论证，只有按综合性生产概念计算的国民收入生产额、分配额和相应的分类、分组数字，才能充分地反映现代社会实际国民经济活动的全部情况。

（2）从分析苏联（也包括东欧国家）限制性国民收入经济核算统计，指出苏东的计算不仅是理论与实际自相矛盾，而且无从利用这些统计资料，进行整个国民经济部门间比例关系的全面分析。

（3）对马克思如何对待生产劳动问题，提出自己的看法，认为马克思并没有如主张限制性生产概念者说的那样，把生产概念局限于物质产品生产，而把服务生产也包括在内；并且有创见性地提出，主张限制性生产概念者是错误地利用马克思列宁主义的再生产理论作为计算国民收入理论的依据的。

本文着眼于最近几十年来，服务劳动已成为国民经济活动中日益重要的组成部分的情况，而实际上联系到我们社会主义经济建设的前景；不仅是一篇理论探讨性的文章，而且是言之有物的联系实际的文章。

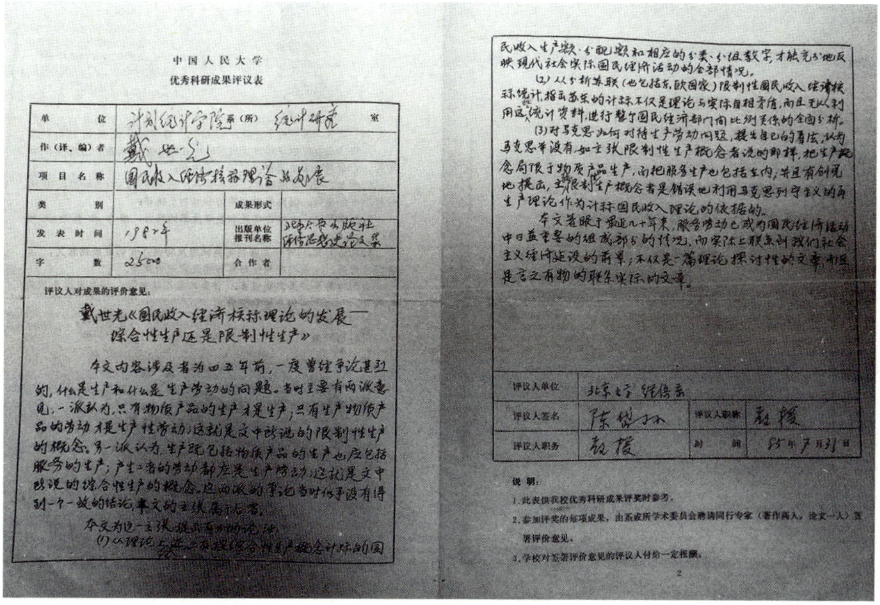

中国人民大学
优秀科研成果评议表

单位	计划统计学院系（所） 统计研究室		
作（译、编）者	戴世光		
项目名称	国民收入经济核算理论的发展		
类别		成果形式	
发表时间	1982年	出版单位 报刊名称	北京大学出版社 经济思想史论文集
字数	25000	合作者	

评议人对成果的评价意见：

戴世光《国民收入经济核算理论的发展——综合性生产还是限制性生产》

本文内容涉及者为四五年前，一度曾经争论甚烈的，什么是生产和什么是生产劳动的问题。当时主要有两派意见，一派认为，只有物质产品的生产才是生产；只有生产物质产品的劳动才是生产性劳动；这就是文中所说的限制性生产的概念。另一派认为，生产既包括物质产品的生产也应包括服务的生产；产生二者的劳动都应是生产劳动；这就是文中所说的综合性生产的概念。这两派的争论当时似乎没有得到一个一致的结论，本文的主张属于后者。

本文为这一主张提出有力的论证：

(1)从理论上论证了只有按综合性生产概念计算的国民收入生产额、分配额和相应的分类、分组数字，才能充分地反映现代社会实际国民经济活动的全部情况。

(2)从分析苏联（也包括东欧国家）限制性国民收入经济核算统计，指出苏东的计算不仅是理论与实际自相矛盾，而且无从利用这些统计资料，进行整个国民经济部门间比例关系的全面分析。

(3)对马克思如何对待生产劳动问题，提出自己的看法，认为马克思并没有如主张限制性生产概念者说的那样，把生产概念局限于物质产品生产，而把服务生产也包括在内；并且有创见地提出，主张限制性生产概念者是错误地利用马克思列宁主义的再生产理论作为计算国民收入理论的依据的。

本文着眼于最近几十年来，服务劳动已成为国民经济活动中日益重要的组成部分的情况，而实际上联系到我们社会主义经济建设的前景；不仅是一篇理论探讨性的文章，而且是言之有物的联系实际的文章。

评议人单位	北京大学 经济系		
评议人签名	陈岱孙	评议人职称	教授
评议人职务	教授	时间	85年7月31日

说明：
1.此表供我校优秀科研成果评奖时参考。
2.参加评奖的每项成果，由系或所学术委员会聘请同行专家（著作两人，论文一人）签署评价意见。
3.学校对签署评价意见的评议人付给一定报酬。

2

陈岱孙对戴世光论文的评价意见

1983年，75岁

4月2日至8日，全国社会学“六五”规划会议在成都召开，会议确定了三项“六五”期间社会学学科重点研究项目，其中中国人口问题研究，包括我国生育率降低趋势与问题、北京市人口的分析和预测两个专题，由先生和袁方、张乐群等负责学术指导，由北京大学社会学系、北京医学院卫生统计系等五家单位承担。

暑假中，先生前往太原，为商业部委托山西财经学院举办的部属高等学校暑期师资班讲课。参加讲习班的单位有北京商学院、天津商学院、黑龙江商学院、兰州商学院、南京粮食经济学院以及山西省有关高等和中等专业学校，共有教师和科研干部150余人参加了学习。

11月14日至20日，先生出席在昆明召开的第三次全国统计科学讨论会。会议期间，先生关于一门统计学的学术主张被理解为“不承认政府统计是科学”，会议组织者以反击统计学界的精神污染为名，在会议议程之外临时组织了对先生的批判。先生据理力争，认为政府统计固然十分重要，但政府统计工作本身不是独立的科学。争论无果，先生在会议中途离会回京，途中经停武汉，拜访湖北财经学院教授刘叔鹤。

对于这次会议，王寿仁、成平在1998年纪念峨眉会议20周年的文章《峨眉会议开创了统计学界各学科共同发展的新时期》初稿中有几句简单的描述："记得争论最激烈的一次会议是在昆明举行的全国统计科学研讨会，当时正值'左'的思潮在全国抬头泛滥，从而影响会议的协和，空气有点紧张"。该文正式发表时，为了淡化这段历史，改为"1983年11月在昆明召开的全国统计科学讨论会，由于种种原因，在不同观点的争论中空气有点紧张"①。

11月21日，由中国统计学会秘书处整理了第三次全国统计科学讨论会纪要，对于会议讨论的"社会经济统计学的理论基础"问题纪要如下，刊载在《统计研究》1984年第2期：

> 会上，有一位论文作者②提出："苏联《统计理论》(即我国现在新改名的'社会经济统计学'的前身)是依靠'理论'成'学'的，而理论'根据'却是虚构的。"他根据苏联《统计理论》中所说的"统计学对社会现象研究的结果，反映在数字资料中——即说明这些现象的统计指标中"的提法，断言："苏联《统计理论》把'社会经济统计数字'虚构成为'独立社会科学的统计学'"，"而客观具体现象的性质和空间、时间条件，就是规定统计指标方法的客观前提。联合国编制的世界范围的统计年鉴，所有各国的统计数字都是可比的，就是因为统计指标所计量的客观存在的现象都是一样的，根本不是以不同的政治经济理论为根据而有所不同"。
>
> 不少同志对上述论点提出了不同看法：

① 王寿仁，成平．峨眉会议开创了统计学界各学科共同发展的新时期．统计研究，1998（6）：63-64.

② 即戴世光。

第一，有的同志认为不同阶级、不同社会的社会经济统计是建立在不同理论的基础上的。社会主义国家的社会经济统计必须以马列主义作为指导思想。社会经济统计要运用马克思主义质和量的辩证统一原理，在定质的基础上，从事定量的分析；社会经济统计是依据共性和个性辩证统一原理，运用大量观察法和典型调查相结合的方法，认识社会经济现象的数量方面，进而探索其本质的；分组法是从感性认识过渡到理性认识阶段中由表及里的向导；等等。

第二，有的同志探讨了马克思怎样运用平均数法则来研究社会经济规律。认为：平均数法则运用的作用在于从复杂的现象中显示出某些社会经济规律的表现形式，而对这个形式作出解释，则有赖于对现象的客观性质的认识。因此统计研究是离不开马克思主义哲学和政治经济学指导的。

第三，有的同志以大量事实说明我们的社会经济统计学是在马列主义的思想指导下建立、存在和发展起来的。马克思、恩格斯和列宁，不但以他们的理论、思想，而且以他们的斗争实践为这门科学的建立作出了重大贡献。没有马列主义的指导，就没有社会主义国家的社会经济统计学和社会经济统计工作。社会经济统计学不是统计数字，但同统计数字有密切关系。收集、整理、分析统计数字也必须以马列主义作为指导思想。苏联《统计理论》有缺点或错误，但它所阐明的马列主义对统计工作、统计方法的指导意义必须肯定。社会经济统计学本身也要在马列主义理论的指导下不断发展和完善。

绝大多数同志认为，社会经济统计科学理论是要用来指导我国统计工作的实践的。数理统计方法中有不少有用的东西可以用来加深我们对社会经济现象数量方面及其变化规律的认识，但它的整个体系只能作为一种辅助工具。我们要认识社会，了解国情国力，探讨社会主义建设的规律性，必须发展以马列主义为理论基础的社会经济统计学。党的十一届三中全会以来，我国统计工作和社会经济统计科学的研究有了迅速的发展，就是因为坚持了马列主义、毛泽东思想的指导的缘故。

第三次全国统计科学讨论会参会人员合影

11月22日，在中国统计学会第二次会员代表大会（昆明）上，先生被改为学会顾问。

12月，先生身体不适，住进北医三院治疗。此后，即淡出中国统计学会事务，潜心于指导研究生、研究马克思主义唯物辩证法对统计科学的指导作用。

1984年，76岁

5月，先生组织统计研究室翻译的《工商业和经济学中应用的统计方法》由中国人民大学出版社正式出版发行（与之配套的习题集已于1983年12月出版），这是美国出版的《工商业数量分析丛书》中的一本，由托莱多大学教授罗伯特·D. 梅森编写，曾在1967年、1970年、1974年、1978年多次出版。该书的翻译始于1981年，作为内部用书应用于教学，林茂美、周复恭、倪加勋、黄运成也参加了翻译和校对。《工商业和经济学中应用的统计方法》是我国改革开放后最早采用的国外专业的统计学教材之一，反映了美国在社会经济方面应用的数理统计方法，既可以作为大专院校数理统计方法应用课程的教材，也可以作为统计工作者学习数理统计方法的入门书。译者总结了该书的三个特点：

1. 着重介绍在工商业和经济学中应用的数理统计方法，在介绍各种方法时，一般都是根据具体例子提出问题，使读者容易理解和掌握。关于数学原理则尽量简略，具有中学的数学水平，基本上就可以看懂。

2. 在讲述过程中，每个段落都有复习题，并附有答案，有利于读者及时巩固学到的知识。3. 包括的内容比较广泛，注重实际，所附的习题也比较多。

该书共计21章：

第一章　绪论

第二章　资料的搜集和描述

第三章　次数分配

第四章　集中趋势的计量

第五章　离差和偏态的计量

第六章　指数

第七章　时间数列分析

第八章　季节性分析

第九章　概率概念的概述

第十章　概率分布

第十一章　统计推论导论

第十二章　参数假设检验

第十三章　方差分析：单向和双向分类

第十四章　非参数假设检验：单一样本和两个样本的检验

第十五章　非参数假设检验：两个以上样本

第十六章　统计质量控制

第十七章　简单回归和相关分析

第十八章　复回归和相关分析

第十九章　联系的非参数计量

第二十章　偶然不确定性情况下的决策导论

第二十一章　贝叶斯定理和决策

6月27日，先生在家中接待老朋友吴泽霖，袁方和全慰天闻讯后也登门看望吴泽霖，晤谈甚欢，吴当晚留宿在先生家中。吴泽霖此次是为筹备中南民族学院民族学博物馆事从武汉到北京的。

本年，先生招收我国首届经济统计学博士研究生袁卫、任若恩、蔡志洲。早在 1980 年 12 月，中国人民大学就将社会经济统计学专业列为 23 个第一类“1981 年至 1990 年培养研究生的重点学科（专业）”之一，拟于 1982 年开始培养博士学位研究生，先生以自己没有博士学位为由，坚持不肯招生，直到 1984 年才接受学校安排，同意招生。

本年，先生为第三次全国人口普查科学讨论会撰写的论文《1982 年我国成都等四个城市居民家庭规模的统计分析》，收入北京大学社会学系《社会研究论文集》。文章对成都、昆明、西安、大同四个城市家庭规模大小进行了统计分析，进而比较了 1942 年呈贡县、1982 年成都市、1982 年美国的人口规模及性质。论文获得中国人民大学优秀论文奖。

◎1985 年，77 岁

2 月，袁卫、任若恩、蔡志洲三名博士研究生入学。这是我国培养的第一届经济统计学博士，课程设置、培养方案、培养目标、评价标准都没有现成的范本可以执行。先生在 1986 年 6 月写了一篇总结性笔记，题为《经济统计学专业博士研究生培养工作——博与专的对立统一》，记录了自己对博士生培养“博”与“专”问题的思考和做法：

> 1985 年二月，本人招收了三名经济统计学专业博士研究生（两名为我校统计系硕士研究生，一名为外校统计系教员）。三生入学至今已接近完成一年半的业务学习、研究，八月下旬即将举行“经济统计学”专业的总考（或称综合考试）。考之后将进入撰写博士论文的最后阶段（预计一年半）。在录取三名博士研究生时，本人就反复考虑“博与专对立统一的关系”，然后提出“经济统计学专业博士研究生的培养计划”。兹将一年半以来，按照“培养计划”博与专的想法对培养工作的实践过程，说明下列四个问题：

一、学习、研究三个科学领域，以达到具有与经济统计专业有关的渊博的科学理论知识

1. 数理统计学（即统计学的数学原理）

由我系委托科学院应用数学研究所王寿仁研究员开设课程，指导学习，最后由王寿仁老师给予学习成绩。

2. 经济学

包括《资本论》和微观经济学、宏观经济学、计量经济学。

《资本论》三生业已学习过，均有学习成绩的证明，不再选课学习。

《微观经济学》和《宏观经济学》由我系委托我校经济系高鸿业教授开设课程（主要参加经济系的研究生班），指导学习。最后由高鸿业老师给予学习成绩。

《计量经济学》由我系委托中国社会科学院数量经济技术研究所贺菊煌副研究员开设课程，指导学习，最后由贺老师给予学习成绩。

3. 经济统计学和经济统计

由本人和我系两位副教授一起领导经济统计学专业的研究班。最后，对于“经济统计学”的成绩：（1）研究班的学习、研究成绩，即中、小论文的成绩，见“二、经济统计学和经济统计”的学习、研究；（2）总考的成绩，即本专业综合考试的成绩。

二、深入学习、研究“经济统计学和经济统计”学科这一统计科学领域的专业知识，达到拥有统计学专业范围内渊博而详尽的科学知识

这里附带说明：硕士研究生和博士研究生主要学习、研究为数较多的研究院课程（研究生课程有别于大学本科的课程；我校最近举行硕士研究生座谈会，就有很多人指出：把本科生课程加上“研究”二字，就对研究生讲授，实际上是在“炒冷饭”）。例如，在美国芝加哥大学 1980 年的《毕业生纲要》中，对于人文科学院的各类毕业生的课程学习规定如下：“已得学士学位者，为了硕士学位，必须学习九门研究院的课程；已得硕士学位者，为了博士学位，必须学习 18 门研究院的课程”。这种规定就表明了：“专”（指论文）必须建筑在“博”的基础上。

1. 经济统计学专业研究班学习、研究的九门课程

关于经济统计学专业的研究班，本人预先提出一份“博士研究生学习、研究书目”（分为基本书目和参考书目），研究班在一年半的学习、研究实践中，师生在基本书目方面共同学习了28本书（包括少数专著和论文），学习、研究的统计专题，共定为九个专题：

（1）统计理论，主要指马克思主义哲学理论对统计科学应用的指导意义，及统计史；

（2）社会、经济调查、统计方法，主要为政府统计工作方法的五种基本功；

（3）经济统计，除世界经济统计外，还包括东方的国民经济平衡表和西方的国民经济核算体系；

（4）经济统计方法，即经济统计学（按：统计学也即数理统计学，可以分为理论统计学和应用统计学；理论统计学为统计学的数学原理，应用统计学为应用于社会，或经济，或生物，或教育，或心理，或医疗等等领域的数理统计方法。经济统计方法就是应用于经济研究和经济管理的数理统计方法）；

（5）决策论；

（6）回归、相关分析，指在行为科学领域，用以研究因果关系的回归、相关统计分析方法；

（7）工业产品质量控制，即全面质量管理的核心统计控制；

（8）农业田间试验；

（9）经济预测。

2. 研究班的学习、研究和问题讨论

（1）研究班的学习、研究和讨论。

首先按九个专题的学习进程，针对某书（以及有关论文），由本人及副导师提出研究讨论的问题。然后按研究班某专题的学习研究计划，每周举行一次四小时的问题研究（或讲授）讨论课。在问题讨论中，一般由本人最后作总结发言，但为了贯彻百家争鸣，对不同的意见予以保留。

（2）坚持实事求是的科学态度，纠正国内外的不正之学风（如在国内常见的“引经据典、逻辑推理”的研究方法）。

一方面，通过讨论题评论国外和国内的书籍（或论文等）中错误论点或观点（如西方的数学形式主义，东方的“贴教条标签”和“主观演绎”）；另一方面，在讨论中注意三生的思想方法问题（多数问题为不从实际出发，主观地进行逻辑推理；少数问题属于迷信数学，不自觉地陷入数学形式主义），本人结合讨论，指出具体的思想方法问题，或者积累三生在几次发言中有关思想方法问题的材料，由本人作一简短的评述（一年半以来，只在今年作过一次“思想方法问题分析”的评述）。

（3）结合九个专题先后布置了十二个作业（或称为“小论文”），用以提高博士研究生的研究能力（见“三、研究能力的培养”）。

三、研究能力的培养

本人经验：一个人科学研究能力的成长是通过科学研究工作实践中来培养的。从而，对于三名博士研究生的研究能力，设计“小、中、大”三级论文写作的培养计划。

1.“小”论文，指结合“经济统计学和经济统计”专业的九门课程，一共提出十二项“小”论文题目。“小”论文实际上包括四种小型的科学研究工作：

（1）评论，如评 Yule《统计理论》一书的导论章、评苏联编写的《统计理论》；

（2）研究，如北京市三环西路清晨带篓自行车农民从事运输行业的规律性；

（3）作业，如论证全部国民经济部门、企业、机关增加值之和等于国内生产总额；

（4）实习，如编制 1982 年山东省男、女合计，男子、女子的生命表。

2.“中”论文，指三人利用寒暑假，到县、市作实地调查研究，或统计研究，共计规划两项：

（1）调查研究，北京市房山县马各庄1981—1984年农民经济体制改革实际情况和问题的调查研究；

（2）江苏省无锡市1985年全市国内生产总额的估计（后因地方提出了经费问题，未能实现）。

3.“大”论文，指博士论文（见“四、博士论文”）。

关于三生在一年期间所完成的十二项“小”论文及一项“中”论文，由本人对每篇论文给予具体的评注意见，或者就每人的写作问题进行分析（有时给予批评），对于三生合作的“中”论文，除请一位副教授参加指导和由系提供十名本科一、二年级学生参加调查、统计工作外，本人领导：（1）调查研究的设计工作；（2）拟定实际调查统计的方案；（3）写作大纲的研究；（4）初稿的审阅和批注。本人的经验是博士研究生通过“小”“中”论文科学研究工作的实践，逐步地改正了“不正的学风”，提高了研究能力，分析、研究、写作的能力正在成长。

四、博士论文

三生的博士论文题目业已初步决定为：

①《马克思主义哲学对统计方法应用的指导意义》；

②《计量经济学的方法论》；

③《国民经济核算体系统计资料用于经济分析和经济政策的研究》（或简称《国民经济核算体系应用的研究》）。

例如，写第一篇论文，就需要理解并善于应用马克思主义哲学的理论、经济学、社会学、统计学和数学。写第二篇论文则需要理解微观经济学、宏观经济学、经济统计学、数理统计方法原理，和我国经济体制改革下的生产关系、人口概况、就业体制、价格、财政、金融、银行等方面的经济政策问题。写第三篇论文，不仅需要理解经济学、统计学、数学，而且还需要了解：（1）发达国家的经济问题和经济政策、经济统计工作与经济分析工作；（2）我国经济体制改革下的生产关系，人口概况，就业体制，财政、金融、银行等方面的经济政策及其实施情况。

以上有关三篇博士论文写作的研究方案，和前列培养计划中的一、

二、三等三项学习、研究方案，就足以说明：“博”与“专”是对立的统一。“博”是研究生撰写专题博士论文的科学理论基础，没有“博”，就不可能“专”。同时，正是在“专”题论文研究、分析、论述中对“博”的科学知识的需要，从而促使研究生“博览群书”，进而深入地钻研有关的科学理论，了解国内外广博的经济、社会、政治的实际情况。

先生不但为三位博士研究生制定了培养方案，而且给他们前一年半（三个学期）的学习和研究亲自安排了详细的学习计划。具体到三位博士生的专业课程“经济统计学”，学习分为三个学期，即第一学期（1985年春季学期，3月4日至7月20日）、第二学期（1985年秋季学期，9月1日至1986年1月）、第三学期（1986年春季学期，1986年2月至1986年7月底）。每个学期20周，10周一个单元，共6个单元。分别是：第一单元（第一学期前10周），统计基本理论问题；第二单元（第一学期第11～20周），经济统计工作方法和世界经济统计一般问题；第三单元（第二学期前10周），世界经济统计；第四单元（第二学期第11～20周），统计方法（上）；第五单元（第三学期前10周），统计方法（下）；第六单元（第三学期第11～20周），统计专题研究。以下仅为第一学期20周每周讨论的内容：

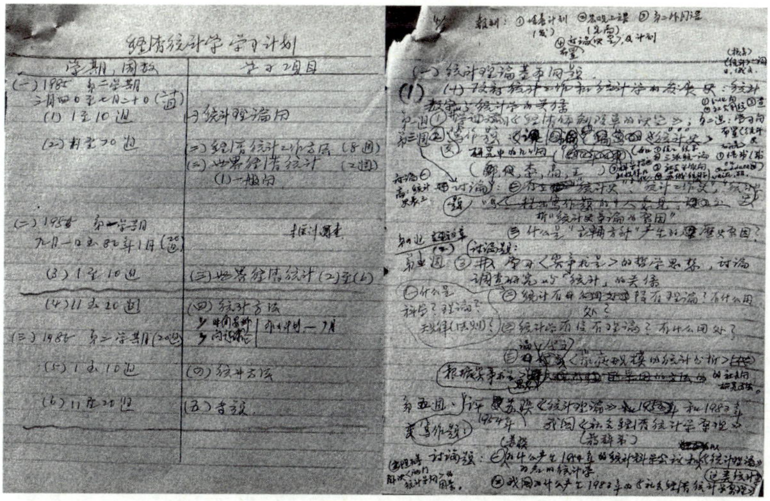

戴世光为博士研究生制定的学习计划手稿（部分）

第一周，开始“统计基本理论问题”单元，学习《关于经济体制改革的决定》。

第二周，研究学科分化问题、社会学说，查“核算”“统计”一词的日文和俄文，布置统计史研究，要求每人写“统计史研究的几个问题”，参考邹依仁、戴世光（右图）、李惠村、高庆丰关于统计史的论著。

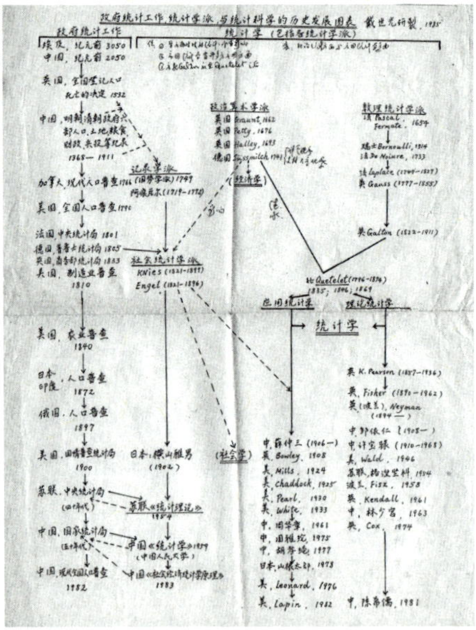

戴世光为博士生学习讨论专门研制的“政府统计、统计学派与统计科学的历史发展图表”，1985年。这张统计图十分清楚地体现了戴世光的观点，即政府统计（国际上称为“官方统计”，即 Official Statistics）与统计科学的关系

第三周，讨论问题1，高庆丰《欧美统计史》书中表3；讨论问题2，分析统计史争论的原因；讨论问题3，什么是“主辅方针”产生的历史原因。

第四周，讨论题：学习“实事求是”的哲学思想，讨论调查研究与“统计”的关系。1. 什么是科学？理论？规律（法则）？ 2. 统计有没有理论，有什么用处？ 3. 统计学有没有理论，有什么用处？ 4. 根据实事求是的社会问题研究方法，评论戴（世光）文《家庭规模的统计分析》。

第五周，交写作题目：评1954年苏联《统计理论》和1983年我国《社会经济统计学原理》（教科书）；讨论题：1. 苏联为什么产生1954年的统计科学会议和以“统计理论”为名的统计学？ 2. 我国为什么产生1983年的《社会经济统计学原理》这类统计学？ 3. 阻碍解决“两门统计学”的因素？

第六周，讨论题：郑尧《毛泽东思想对统计学的指导意义》（《毛泽东思想论文集》）。评莫曰达、郑尧的文章（《统计研究》1984年第1期），钱伯海的论文（《人民日报》1985年2月8日），就是否存在违背实事求是的学风问题，提出个人看法。

第七周，讨论 Yule，Bowley，Fisher，Mood 的 *Introduction to the Theory of Statistics*（1963），评论戴文《实事求是……思想》三部分的几个基本统计观点，关于统计理论和统计方法与研究现象的关系。

第八周，阐述：1. 对唯物辩证法的规律和范畴的理解，举例说明；2. 偶然性与必然性和统计规律。

第九周，基本书目（3）（4）（5）的马克思、恩格斯思想。

第十周，研究戴《马克思主义哲学是应用统计学的理论基础》和刘鸿万《惯常原因与偶然原因》，讨论辩证唯物主义对统计科学的指导意义？交小论文"评朱汉江《统计平均方法论》"。

第十一周，开始"经济统计工作方法"单元第一部分"关于政府统计工作"，布置写作论文"读 Casley 一书（*Data Collection in Developing Countries*，D. J. Casley，D. A. Lury）"，联系我国社会、经济统计，谈资料搜集的几个问题。

讨论：1. 政府统计工作与一般统计工作的关系和区别；

2. 社会、经济统计工作与自然科学统计工作的关系和区别；

3. 社会经济统计调查与科学试验统计观察的区别（Griffin书第二章），胡孝绳书 676 页，Moore 书第 2 章；

4. 一般调查与统计调查的关系和区别；

5. 全面调查与选样的关系与区别；

6. 代表选样、外延选样、典型调查及调查与研究的涵义问题。

第十二周，写作论文。

第十三周，开始第二部分"社会经济统计调查研究方法"。

讨论：我国政府统计工作的现代化问题（写作论文），交"评 Casley"写作论文。

布置：评 Lerche 的 *Social and Economic Statistics*。1. 对社会经济统计资料用途问题的体会（前 4 章）；2. 评社会经济统计分析方法应用的经验（后 9 章）。

第十四周，写作论文。

第十五周，交“评 Lerche 一书”写作论文。

讨论：讨论“陈允明《经济统计》上、下”。

第十六周，开始第三部分“基本功训练”。评苏联《统计理论》及《社会经济统计学原理》对统计工作实践的损害。

布置：我国 1982 年第三次人口普查的调查统计方法的研究（统计工作基本功问题，着重对我国基层统计干部的培养）。

1. 评人口调查统计方法问题（规定、表、整理表、整理方法）；

2. 设计一个人口调查表（参考美、日等调查表，研究普查项目）；

3. 设计一个县的人口统计整理表。

第十七周，讨论上周布置的内容。

布置：1. 读 Mills（1938 年）*Statistical Methods*。

2. Graphic presentation Ratio Chart 绘制实习（图示方法，36 页、37 页、38 页）。

第十八周，1. 查找实际资料；2. 绘制自然尺度图和半对数图；3. 按自己所绘图形，制三个尺度（38 页图下三个尺度）。

讨论 Mills 书，布置：评苏斯洛夫《统计指标理论》。读《世界经济统计》，重点“统计指标理论”。

第十九周，交“评苏斯洛夫《统计指标理论》”作业。

讨论：1. 评苏联《统计理论》的指数法；

2. 基期加权平均指数法的优、缺点和合理性；

3. 我国当前物价指数编制方法问题。

第二十周，经济动态分析的实习，要求：

1. 查找资料（提示：日本统计月报）；2. 测定季节指数；3. 测定长期趋势和循环趋势。

袁卫还记得，专业课程的学习方式是讨论班的形式（seminar），先生提前给出每周讨论的题目和内容，三位博士生提前阅读相关文献，每周半天学习讨论（周四上午 8：00—12：00），地点在教学 3 楼 4 层西南角的一间教室。先生每周四早上 7：30 左右离开林园 5 楼的家，穿过学生食堂、图书馆、资料楼等，爬上教学 3 楼的 4 层（教学 3 楼共 4 层，没有电梯），一般的年轻人还要多喘几口气，对于已近 80 高龄的先生来说，尽管身体一直非常健康，但每次爬完 4 楼坐在教师椅子上，先生还是要喘一会儿气。围着一个长方桌，先生和副导师周复恭、林茂美，以及教研室徐芸芳、倪加勋等五位老师和三个学生就开始每周一次近 4 个小时的讨论。如果先生前一周布置了作业，下一周讨论班开始时通常由三位学生首先发言，谈读过的文献和体会，其他老师参加讨论。先生时常提出问题，引导讨论也加入讨论，甚至是争论，并无高高在上的感觉。

4 月，先生的长篇论文《马克思主义哲学是统计科学应用的理论基础》由中国人民大学出版社出版单行本。这篇长达 64 000 字的论文，是先生运用马克思主义哲学对现代统计科学应用的根本问题进行理论研究的成果。先生提出，科学研究工作分析客观大量现象的数量方面，何以需要一套以概率论为基础的应用数学方法？而客观的大量现象又与概率论的数学原理之间具有何种科学的应用关系？这是统计科学在其应用方面必须解决的哲学问题。遗憾的是，统计理论本身和统计方法应用的大量成果，都不能从哲学理论的高度，对这一问题做出科学的理论解释，必须求助于马克思主义哲学。论文分为七个部分：（一）应用马克思主义哲学揭示统计科学发展中的若干理论问题；（二）统计学的基本问题：什么是统计科学研究的特殊对象；（三）统计学的基本方法：大量观察与平均法；（四）统计学的基本理论：大数定律与概率分布；（五）辩证唯物主义是统计科学应用的理论基础；（六）“实事求是”是应用统计方法的指导思想；（七）具体地分析统计方法在科学研究客观规律性中的具体作用。先生应用马克思主义哲学观点，提出统计科学研究的特殊对象是大量现象中个体的偶然性和集体的必然性之间对立统一的数量规律性，阐述了统计理论与统计方法的辩证关系、统计科学中定性研究与定量研究的关系、统计方法与具体学科的关系，把统计理论与统计方法的应用提高到了辩证唯物主义高度来认识。该论文后由香港易通出版社发行英文版，1986 年获得中国人民大学优秀论文奖，推荐意见认为这篇论文开辟了统计理论研究的一个新领域，所提出的新观点与新概念对我国统计学理论和应用的发展具有重要意义。关于这篇论文的写作目的，先生在 1986 年的《社会经济统计研究五十五年》中有过记述：

> 马克思主义哲学思想指导我开始对国际上的统计科学（也即数理统计学）进一步作出唯物的、辩证的科学解释。现代统计学是以概率论为基础的数理统计学，而概率的数学理论则是以抽象的随机变量分析的数量规律性，作为所研究的特殊对象。三十年来，从苏联《统计理论》到国内的统计学界，一贯认为“数理统计学是资本主义的东西，社会主义社会并不存在随机现象”。1978 年我挑起统计科学论战之后，国内统计界有人写了《关于社会经济现象的随机性问题》的论文。这就又提出了数理统计学对社会主义社会现象是否适用的问题。而且，国际上的数理统计学属于一门应用数学，统计学家们相信实证论，只管数学理论本身的科学性，而不考虑研究概率数学理论与客观社会、自然现象普遍规律和各实体科学领域特殊规律之间的关系。我三十年来，学习、研究了辩证唯物主义，我应该在统计科学研究中应用唯物辩证法，来研究数理统计学的应用问题。因此，我在广泛的科学研究基础上，在世界统计科学日益发展的情况下，在 1981 年进一步写了《马克思主义哲学是应用统计学的理论基础》专题科学论文。到了 1985 年，我又将之扩大为一本专著，仍名为《马克思主义哲学是统计科学应用的理论基础》，希望在国内外引起对统计科学基本理论问题的讨论。

7—8 月间，先生在昆明驻留十余天，完成了《1942—1982 年昆明环湖县区人口的变动与发展——一个城乡社区的人口学研究》一书的写作。该书 1989 年 11 月由云南大学出版社出版。这本区域性人口学专著，运用了 1939 年呈贡人口普查数据和 1982 年第三次全国人口普查昆明地区的人口统计资料，对 40 余年来这一地区人口的变动与发展做了详尽的描述和分析，进而将昆明市人口的经济社会特征与国内的无锡市、北京市，以及作为发达国家的日本做了比较分析，揭示出昆明这个西南部城乡社区在人口现代化问题上的差距。这一研究课题和著作对于丰富和发展人口学，探索一个地区人口与经济社会发展关系的规律性，解决现代化建设过程中所面临的人口经济问题等都具有一定的理论和实践指导意义。全书分为五章：第一章，1942—1982 年，昆明环湖县区人口数量的增长和发展；第二章，1942—1982 年，昆明环湖县区人口社会特征的比较分析；第三章，1942—1982 年，昆明环湖县区人口经济文化特征的变化；第四章，1942—1982 年，昆明环湖县区人口与生产的发展变化；第五章，昆明市与无锡市、北京市及日本人口的比较分析。合著者陈旭光在后记中追述该书的编撰过程写道：

> 在本书的编撰过程中，他（戴世光）不顾高龄，多次来回于北京昆明之间，关怀和指导本书的撰写和定稿工作，并亲自动手写了前言和二、三、四三章，为本书的完稿倾注了大量心血。

在昆明撰写书稿期间，由袁卫陪同，先生重访呈贡，看望国情普查研究所聘用过的调查员，他们当年都是当地的小学教员。

1985 年 8 月在云南大学，左起：袁卫、陈旭光、戴世光、夏一成、张葵祥、吕昭河

戴世光与学生袁卫在云南大学

8—9 月，先生指导袁卫、任若恩、蔡志洲三位博士生在北京房山县城关镇马各庄村进行调查，为期三个星期。通过北京郊区的一个村庄观察研究 1981—1984 年农村经济体制改革的变化情况，并从全村 348 户中随机抽取 28 户进行更深入的家庭收支等调查，用国民经济核算的思想和框架，计算该村第一、二、三产业的增加值以及农民收入和农民生活的变化，编制了房山地区物价指数。通过这次实践，培养了三名学生实地调查研究的能力以及国民经济核算的实际计算与分析能力。

9 月，先生撰写《怀念抗战中的西南联大》一文，后收入 1988 年 10 月出版的《笳吹弦诵情弥切——国立西南联合大学五十周年纪念文集》。文章总结了西南联合大学对自己治学报国的影响以及老骥伏枥，为四化做贡献的决心：

我现在已 76 岁，但身体还好，还能为四化贡献一些力量。去年我同意带三名博士研究生，我要求他们着重学以致用，正如我在昆明时一样，边调查、边运用。我带他们到房山县调查农村生产责任制实施情况，选择了30个典型户进行访问，之后写出调查报告。我常去那里了解他们工作的进展。去时，我不请学校派车，自己到永定门买长途汽车票，有时在车上要站两个多小时，这也算是继承西南联大艰苦治学的传统吧。其次，今年暑假期间，我去昆明与云南大学、云南省统计局、昆明市统计局商定共同编写《40年来昆明人口的发展》。这本书由我主编，并提供40年前的调查统计资料。编写一本我国一个社区的人口学著作，是一个新的尝试。可以说，我在西南联大八年时间，走遍了昆明环湖市、县的城镇和村庄，进行实地人口调查的研究工作，没有虚度时光，是对当前我国四化建设的一点贡献。

戴世光重返西南联合大学旧址

本年，先生在《无锡统计通讯》发表文章《统计科学现代化和统计工作现代化》。

1986 年，78 岁

4 月 5 日，先生邀请香港中文大学胡孝绳教授来统计系做学术报告。胡孝绳从统计学和统计数字的关系、统计学和统计工作的发展等方面，介绍了统计学科发展的历史和动向。

5 月 2 日，先生受聘为《中国人民大学丛书》编委会委员并参加编委会第一次会议，和编委会其他成员一起审议了预计在 1986 年至 1987 年完成的部分丛书选题。《中国人民大学丛书》的编辑和出版，是中国人民大学为了进一步整合教学和科研力量而推出的科学研究和教材建设的骨干工程，编委会职责主要是审定丛书出版方针、选题计划和能否列入丛书等重大问题。

5 月 26 日，《中国人民大学校报》以《适应四化建设需要调整更新教学内容》为题，报道了统计系积极探索具有中国特色的统计学课程体系的做法。

7 月 10 日，先生给肖嘉魁写信，邀请其担任博士研究生综合考试委员会委员。

8 月 15—17 日，先生主持对袁卫等三名博士研究生的综合考试，考试委员会委员还有天津财经学院肖嘉魁、北京大学胡代光、对外经济贸易大学李志伟、中科院应用数学研究所王寿仁以及中国人民大学统计系林茂美、周复恭。考试范围是经济统计学和经济统计两大部分。经济统计学指将数理统计方法应用于经济科学研究的“应用统计学”，考试的核心内容是 *Basic Statistics for Business and Economics* 或者 *Statistics for Modern Business Decisions* 中介绍的统计方法在工业产品质量控制、农业田间试验、经济预测等中的应用。由于考试采用了口试形式，故只涉及概念、原理、方法、理论，没有涉及推导和计算。经济统计部分包括经济统计工作方法、经济指标体系、经济统计数字的解释和分析，考试的核心内容是 SNA 及 MPS 主体的全部知识体系。

10 月，先生应邀到上海财经大学为现代应用统计专业 1985 级研究生班讲授经济统计学。讲学内容分三个部分：（1）统计和统计学；（2）东方的国民经济平衡表体系 MPS 和西方的国民经济核算体系 SNA 的比较；（3）统计与哲学。参加听课的还有上海财经大学统计学系和复旦大学的部分师生。

本年，先生撰写了《社会经济统计研究五十五年》，简要追述了自己从 1931 年在清华大学研究院开始的长达 55 年的统计学研究历程，对自己学术思想的发展变化进行了反思。他毫不讳言这 55 年“并非一条直线发展的过程，而是曲折的、摇摆的过程”，“宁左勿右”曾一度导致其学术观点的动摇和否定：

> 新中国成立后，从政治到经济，从学术思想到统计学和经济学，我都认为：应该与资产阶级的东西决裂，要“一边倒向苏联”。当时我想：我是研究统计方法（即社会、经济用数理统计方法）的，理应学习“苏联《统计理论》”，为新中国的统计教学研究服务。“苏联《统计理论》”认为：“统计理论是以历史唯物主义、政治经济学（指研究资本主义生产关系的政治经济学）为理论基础的一门有阶级性的社会科学，而数理统计学是资产阶级的东西，作为方法，它实质上混淆了没有阶级性的自然科学与有阶级性的社会科学的思想，至少它在社会、经济科学领域是不适用的。”我当时简单地认为“苏联《统计理论》”就是马列主义统计学。

先生结合 55 年来的实践、挫折和不断思考，总结了自己统计研究一生中的四个“基本问题”，或曰认识：

> 一、统计工作，特别是社会经济统计工作提供的统计数字（数据），是科学统计方法（指数理统计方法）应用于分析研究社会、经济现象的科学根据。
>
> 研究科学（如经济学、社会学、生物学等）统计方法的统计学家最好能以某一实体科学领域作为应用统计方法的客观实体，调查研究该科学领域的某一具体科学研究问题。

二、“实事求是”是端正我在研究中国人口问题学术思想上徘徊、摇摆的指导思想。

三、“实事求是”的科学态度导致我在统计学术思想上摆脱了“苏联《统计理论》”的束缚，为祖国四化，恢复并促进了统计科学（即数理统计学）的发展。

四、马克思主义哲学思想指导我开始对国际上的统计科学（也即数理统计学）进一步作出唯物的、辩证的科学解释。

这篇总结性文章，后以《统计科学研究 60 年》为题，收入 2008 年出版的《戴世光文集》。

本年，经济日报社与辽宁人民出版社合作编辑《中国当代经济学家传略》，先生被选列其中。受编辑部委托，肖嘉魁执笔为先生撰写传略。

◎1987 年，79 岁

3 月下旬至 4 月上旬，先生先后在深圳大学、暨南大学和广州市讲学。4 月 9 日，应广东省统计学会和广州市统计学会的邀请，先生在广东省科学馆作了题为《东西方国民经济统计指标体系问题》的学术报告。该报告后经整理，刊登在《统计与预测》1987 年第 4 期上。在深圳期间，先生会晤了正在深圳大学经济系讲学的胡孝绳。

4 月，先生主编的《世界经济统计概论》由人民出版社出版，这是一部系统介绍世界经济统计指标和指标体系的教材，在高校广为使用。早在 1983 年，该书即作为讲义由中国人民大学出版社油印。1988 年 10 月，该书被评为中国人民大学优秀科研成果著作类一等奖；1991 年 12 月，获评北京市第二届哲学社会科学优秀成果一等奖；1992 年 1 月，获评国家统计局首届全国高等学校优秀统计教材。全书共计十章：第一章，世界经济统计研究方法；第二章，人口统计；第三章，劳动统计；第四章，生产统计；第五章，国内外贸易统计；第六章，居民生活统计；第七章，财政金融统计；第八章，国民收入统计和国民经济核算体系；第九章，世界经济统计重要指标方法的研究；第十章，世界经济统计的评价和政策。

先生在 1984 年 12 月书稿完成时起草的前言，体现了该书实事求是的指导思想：

> 《世界经济统计概论》这本书的主要内容则系阐述和研究：（一）调查、编制、计算、加工一个国家主要的经济统计数字的方法；（二）使用若干国家的经济统计数字，着手统计比较分析经济动态的方法。这本书的作者们基本上是以“实事求是”的科学态度，作为计算、加工经济统计数字和使用经济统计数字的指导思想。是以，本书编写的重点是：在阐明联合国和若干主要国家（如美国、日本、英国、法国、苏联等）经济统计指标计算方法的基础上，具体地探讨世界经济研究者如何从各国的实际情况出发，使用统计数字资料，了解各国的经济情况和动态，来寻“求”（主要是应用比较分析法）各国社会经济发展中的数量特征、数量关系和数量变化等一些带有规律性的“是”。同时，本书本着“实事求是”的态度，进而还要评价世界各国经济统计工作是否如实地计算、编制反映各国客观存在的全部经济活动实际情况的统计数字的问题，作为世界经济研究者使用统计数字的参考。
>
> 《世界经济统计概论》这本书是作者们在研究了欧美及苏联等主要国家的经济统计工作及其所设计的经济统计指标计算方法（也即指标口径）的情况下，通过分析研究的实践，使用联合国和若干主要国家的种种统计年鉴中的经济统计数字，进行了比较分析的基础上，撰写的一本教科书。全书由戴世光主编，并撰写第一、二、七、九、十章；徐芸芳撰写第三、四章，朱汉江撰写第五章，林茂美撰写第六、八章。

该书初稿完成后，先生征求了一些专家学者的意见，其中肖嘉魁的评阅意见，先生特别重视。1984 年 11 月 27 日，先生致信肖嘉魁表示感谢，并对其健康状况表示关切：

嘉魁老弟：

数月前曾写一封长信，寄津和平区河北南路209号（这个通讯处，是否有错误），不知收到否？本月上旬，我因事与李惠村同志写信，还曾托他问候你，并问及你的健康（李已回信，但匆匆中未提到你的近况）。甚以为念。

我从四月起，即着手修改或重写经过你评阅的《世界经济统计概论》（初稿）。估计下月中即可修改完毕。在我征求评阅意见的来信中，以你的评阅最细，意见具体而明确，而且列表说明误正，对这本《统计》修改的用处最大。我在组织表列全部意见时，是以你的意见（章、页）为纲，来提高我的修改删减的工作效率。我很感激你的帮助。但是，看到你的深而细的工作，每每使我担心这种工作对你健康的影响。

今特挂号寄上问候的信，希望你告诉我你的健康状况。我们是非常挂念的。上月，中央公布了《关于经济体制改革的决定》，形势大好。希望你健康长寿，多为四化作出贡献。

专此，致

敬礼

戴世光上

十一月二十七日

10月，先生专程赴武汉，出席中南民族学院、湖北省社会科学联合会、湖北省社会科学院联合主办的吴泽霖教授执教六十周年及吴泽霖教授学术思想报告会。先生与吴泽霖在西南联合大学，特别是昆明译员训练班时期结下了深厚的友情，各自的人品学养以及在民族危难和大是大非面前的气节与勇气，彼此深为敬重和感佩，两人的友情延续了半个世纪。先生撰写了纪念文章《吴老！我在继续向您学习》，回顾了与吴泽霖近半个世纪结下的深厚情谊，表示要学习吴泽霖“热爱祖国、追求科学、献身教育”的精神，在80岁高龄，“继续发扬爱祖国、爱教育、爱科学的热忱，尽力工作，为祖国的科学现代化奋斗”。作为纪念活动的一部分，先生应邀为武汉部分高校师生做了学术报告《国民经济核算体系——当前我国最重要的经济问题》。《吴老！我在继续向您学习》一文被收入 1988 年出版的《吴泽霖执教 60 周年暨 90 寿辰纪念文集》，后又收入 2008 年清华大学出版社出版的《我心中的西南联大——西南联大建校 70 周年纪念文集》。

戴世光夫妇与吴泽霖（左）游览颐和园

10 月，中国人民大学校庆之际，先生在校报《我与人民大学》专栏发表关于校训“实事求是”的见解：

科学理论来自科学研究的实践，科学研究成果必须经过实践的检验。“实事求是”不仅是马克思主义的科学态度，而且也是马克思主义的科学研究方法。科学研究务必“先实事，而后求是”，并掌握“求”的科学研究方法（唯物辩证法、数学、统计学等）。反对“先求是，后实事”或“先求是，后求事”。希望中国人民大学坚持以“实事求是”为校训。①

1988年，80岁

1月初，先生指导的首批博士研究生袁卫、任若恩、蔡志洲通过博士论文答辩，后经中国人民大学学位委员会审议，三人于当年5月获授博士学位，成为我国首批经济统计学博士。袁卫以辩证唯物主义与统计学的科学关系为专业研究方向，其论文《辩证唯物主义是应用统计科学方法论的理论基础》，从“同一与差异”“必然与偶然”“原因与结果”三对哲学范畴出发，并与客观实际相联系，阐述统计学的方法与目的。论文提出了“平均数与方差的对立统一”的新见解，赋予了线性统计模型新的解释，对方差分析的作用在社会科学中的重要性进行了阐述，提出了值得重视的观点和见解。答辩委员会由王寿仁（主席）、黄顺基、李志伟、林富德、周复恭组成。任若恩的研究方向是计量经济学方法论，其论文《计量经济学方法论——关于在中国应用的研究》，就宏观经济计量模型中最重要的消费函数、货币需求函数、生产函数和投资函数的宏观基础、前提假设、理论模型、资料搜集、估计方法以及在中国的应用等进行了较为详细的论述和分析，预估了经济体制改革基本定型后，我国经济运行可能出现的大致情况。论文在建立我国货币需求函数方面提出了创新性见解。答辩委员会由王传伦（主席）、厉以宁、贺菊煌、李志伟、戴世光组成。蔡志洲的研究方向是国民经济核算体系和经济分析，其论文《国民经济核算体系统计应用于经济分析研究的方法论》，在国内首次将已有的四项分析方法结合起来用于分析国民经济核算的实际资料，揭示了国民经济各种活动之间的内在联系和具体的经济数量关系。论文不仅用数学语言进行了理论阐述，而且进行了大量具体计算和经济分析，具有示范作用和指导意义。答辩委员会由崔书香（主席）、林茂美、肖

①《中国人民大学校报》，751期，1987年10月26日。

嘉魁、贺菊煌、戴世光组成。

戴世光与学生袁卫（左一）、任若恩（左二）、蔡志洲（右一）在论文答辩会上

袁卫等三人毕业后，先生招收了第二批博士研究生刘新、汪叔夜，二人都是中国人民大学统计系毕业后留校任教的青年教师。当年，刘新考取王宽诚奖学金赴英国伦敦大学攻读人类学博士学位，1995 年起任加州大学伯克利分校人类学系教授；汪叔夜通过中加 CIDA 项目到加拿大麦吉尔大学进修，后转入加拿大康考迪亚大学攻读博士学位，毕业后到香港理工大学任教。刘新和汪叔夜出国深造都得到了先生的支持。

5 月 14 日，中国人民大学社会学系、社会学研究所、计划统计学院联合召开纪念著名社会学家吴景超教授学术思想讨论会，先生出席会议并发言。出席会议的还有费孝通、雷洁琼、钱昌照、袁宝华、李文海、王传伦、郑杭生、陶大镛、叶笃义、李震中、全慰天等人及吴景超的子女。与会者对吴景超严谨的治学态度、深沉的爱国热情给予了高度赞扬。

6 月，中国统计学会第三次全国代表大会在陕西省西安市召开，大会推举先生继续担任学会顾问，并特邀先生在开幕式上做大会报告。因年事已高，先生没有出席大会，但委派袁卫代表自己在大会发言。同时向会议提交了论文《统计、统计学、经济学三者之间的科学关系》①。袁卫以先生对博士生的要求和自身学习过程的体会，说明了先生对经济统计与政府统计的重视。

8月，先生在《群言》上发表《高教改革须适应经济发展需要》，文章列举了我国高等教育存在的四个主要问题，分析了问题产生的原因：一、系和专业的设置划分太细，学生的理论基础薄弱，科学水平很低；二、大学教育的管理体制不合理，组织庞杂，教职员工人数太多，人浮于事，吃大锅饭；三、社会科学领域大学教师的科学水平比较差；四、一部分高等院校由中等专门学校“变”为大学，名不符实，教师水平低，培养的大学生的质量更低。先生以社会学、经济学、统计学三个学科为例，分析了社会科学领域教师水平低下的根本原因，在于受教条、僵化和极左思潮的影响，按照苏联模式另行制造了一系列有“阶级性”的学科：

> 社会学。原有的社会学系，三十年前被取消了，而代之以哲学系的历史唯物主义。到了前几年，在某些大学中才恢复了社会学系。可是原有社会学系的教师已经很少，而且这些教师长期以来不能从事研究，现在要重新跟上国际科学水平，课程建设困难重重。
>
> 经济学。现代国际上的经济学，业已发展得更为完善，整个经济科学，包括三个相互联系的组成部分：微观经济学、宏观经济学和计量经济学。而三十年前的苏联模式，对于经济学则名之为政治经济学，实为依据马克思研究资本主义社会资本的产生、发展、灭亡历史规律的《资本论》所撰写的“政治经济学”。与此同时，苏联又撰写了研究社会主义生产关系的“政治经济学”。我国当前的经济体制改革，主要是反对僵化、教条，建立并发展社会主义的商品经济和宏观控制。研究资本主

① 中国统计学会. 建设有中国特色的社会主义统计理论：第五次全国统计科学讨论会论文选. 北京：中国统计出版社，1988：276.

义生产关系和社会主义生产关系的“政治经济学”，怎么能指导、解释、处理我国经济体制改革中的宏观控制、市场调节、企业管理等等经济科学问题呢？

统计学。国际科学界只有一门作为应用数学分支的统计学（即数理统计学），它乃是现代科学研究、科学试验、科学管理的一种必要工具。而苏联却在50年代初，自己制造一门作为“有阶级性的、独立的社会科学”的“统计学”，并且批判作为应用数学性质的统计学为“资产阶级统计学”。其实，苏式“统计学”的实际内容不过是政府统计工作调查、整理、表列全国（或省、市）社会、经济、生产、资源的统计指标数字的方法原理和国民经济统计指标等。苏联的政府统计工作却把国民经济统计指标计算称为“经济统计学”；同时，又进一步将国民经济统计指标分解为工业统计、农业统计、商业统计、基本建设统计等等。

现在，仅就这三门教条、僵化的学科而言，就可以看出极左思潮的影响，严重违背了马克思主义“实事求是”的科学态度。三十多年来，这三门学科对我国的经济学以及社会学的科学研究有极为深远的影响。我国财经院校的广大师生就是在极左思潮的影响下，学习、研究、讲授苏联模式的政治经济学及“统计学”，自然很难联系我国实际的社会经济情况。教师们的科学研究，也只能搞些“本本主义”的学术研究（统计系讲授政府统计工作实务的教师多半没有参加过统计工作的实践，就更难于进行实地的统计分析研究）。

先生呼吁要强调在大学经济系和财经院校中开设现代国际上的经济科学（微观经济学、宏观经济学、计量经济学）课程的特殊重要意义。他认为我国进行经济体制改革已有七八年，看来步履维艰，似乎不应该在课程设置上采用摸着石头过河的办法，摸摸、试试，而应该以现代经济理论联系我国实际情况，作为制定进行经济改革的经济决策、经济规划和措施的指导思想。先生将高等教育改革的紧迫性与经济体制改革和经济发展进程联系在一起，认为高等教育必须改革，才能满足经济发展对大量科学人才的迫切需要。尤其是经济体制改革的不断深化对高等教育改革提出了“培养通用的科学人才”的更高要求，不论是文、史、理、法等任何一种学院，都必须培养出具备科学理论、科学研究方法、科学技术，中、外语文通用的科学人才，只有这样，才能实现“百年大计，教育为本”的目的。否则，不仅是国家最大的损失，而且将影响到我国经济体制改革和经济发展的进程。

9月，先生被评为中国人民大学1988年“教书育人、服务育人先进工作者”。

12月1日，先生80周岁生日，统计系举行了“戴世光教授从教五十、科研五十七周年纪念活动”，校长袁宝华，副校长黄达、吴树青出席纪念活动，为先生祝寿。

戴世光与袁宝华（左）、吴树青（右）

12月中旬，先生出席民盟中央在北京举办的农业问题研讨会。此次会议约请了民盟内部分从事经济学、农学、生态学、遗传学、社会学、人口学的学者为农业的改革和发展出谋划策。《农业经济问题》1989年第2期对会议内容和学者观点进行了编发。

1989 年，81 岁

5 月 12 日，经中国民盟北京市第六届委员会第 23 次主委办公会议决定，先生担任民盟北京市经济委员会委员。

1990 年，82 岁

10 月，先生被确定为中国人民大学首批享受政府特殊津贴人员之一。政府特殊津贴首次设立于 1990 年，是党中央、国务院贯彻落实知识分子政策的一项重要决策，是为表彰在科研、高教、卫生和生产第一线做出突出贡献的专家、学者、技术人员专门设立的。中国人民大学首批确定享受政府特殊津贴人员共 5 人，分别是戴世光、吴大琨、宋涛、邬沧萍、肖前。

本年，袁方主编的《我国生育率下降趋势和问题》论文集由中国国际广播出版社出版，先生为该书撰写了序言，题为“社会经济调查研究的方法论”。

1991 年，83 岁

4 月 28 日，先生应邀返校参加清华大学校庆，与第 3 级（1927—1931 年）在京校友徐士瑚（北京交通大学外文系）、庄圻泰（北京大学数学系）、田德望（北京大学外文系）、陈善铭（中国农业科学院）重聚在清华园。故地重游，抚今追昔，先生等人相约待 2001 年第 3 级校友毕业 70 年时再回母校。

5 月，先生在《中国人民大学学报》第 2 期发表《“矛盾论”是研究经济规律的理论基础》。这篇论文的基本思想在于经济科学的研究对象为“人欲无穷”与“资源有限”这一对特殊矛盾。“人欲无穷”乃是矛盾的主要方面，而“资源有限”则系矛盾的次要方面。正是由于矛盾的主要方面规定了经济学的本质，因此必须控制“无穷”的“人欲”，节约使用“有限的资源”。文章进而阐明这一对特殊矛盾的具体表现为：商品市场中，存在需求与供给的矛盾，而需求是矛盾的主要方面，供给则为矛盾的次要方面。“人欲无穷”与“资源有限”的基本矛盾具体表现为由商品市场价格（广义的价格概念包括商品价格、工资、利润率、汇率等）反映的需求与供给的矛盾，而需求乃是矛盾的主要方面。所以，商品市场上每种具体产品的需求与供给的矛盾运动，就是整个经济运动的核心问题。所以说，在自由竞争的条件下，商品市场上需求与供给的矛盾运动的规律就是“人欲无穷”与“资源有限”这一基本矛盾运动所派生的经济规律。

戴世光与夫人施宝贞在中国人民大学林园家门前

12 月 7 日，中国人民大学举行仪式，由校长袁宝华向 1990 年、1991 年确定享受政府特殊津贴人员颁发证书，先生等 33 人出席了该活动。

袁宝华校长向 1990 年、1991 年两批政府特殊津贴获得者颁发证书后合影。
前排左起：何洛、吴大琨、许孟雄、戴世光、袁宝华、宋涛、苗力田、甘惜分、石峻、高鸿业；
后排左起：郑杭生、阎达五、塞风、钟契夫、许征帆、程秋原、刘佩弦、邬沧萍、罗国杰、黄达、李震中、彭明、方汉奇、肖前、陈共、萨师煊、高铭暄、陈先达

1992 年，84 岁

3 月 25 日，中国人民大学校务委员会换届，先生等 31 人担任委员。校务委员会是学校研究加强思想政治工作、教书育人、发展规划、改革方案、学期工作计划等重大问题的咨询机构，是反映师生员工对学校工作意见和建议的重要民主渠道。

9 月，在中国人民大学建校 55 周年前夕，中国人民大学出版社出版《学者谈艺录》一书，收入校内部分教师撰写的自己在施教、治学中的深切体会，其中先生撰写了《运用唯物辩证法从事统计学、经济学科学研究的经验》。他在文章中总结了自己运用唯物辩证法作为指导思想，从事统计学、经济学科学研究的实践，强调辩证唯物主义应该归结为关于外部世界和人类思维运动的一般规律的科学，而辩证唯物主义哲学对具体科学研究的指导作用，则表现为以客观世界和人类思维的一般规律的知识，为具体科学的科学

研究提供了正确的思维理论和科学研究方法。

9月，中国人民大学统计系为纪念建系40周年而编写的文集《统计理论方法应用研究》出版，文集收入了先生的《关于统计学的几个根本问题》一文。先生在文中论述了自己对于统计学三个根本问题的主张：一、实事求是：统计和统计学是两回事；二、学以致用：统计学是科学研究进行大量观察、从事数量分析的必要工具；三、控制偶然性，探索必然性数量特征：辩证唯物主义与统计学应用的关系。

11月1日，先生参加统计学系建系40周年庆祝活动，并做学术报告。

参加系庆活动的部分统计系教师和来宾，
站立者前排右四为戴世光，右五钱伯海，右六张尧庭

12月6日，先生出席在清华大学召开的“已故著名社会学家陈达先生诞辰百年学术座谈会”，回顾了在国情普查研究所与陈达先生共同工作的往事和体会，缅怀陈达先生为人口普查事业所做的贡献，强调社会学研究应从实地调查开始，坚持实事求是。出席会议的还有雷洁琼、彭佩云、袁方、查瑞传、郑杭生、罗青、陆学义等。

本年，国家标准局公布的科技和科研成果统计的学科目录中，首次将统计学从经济学中独立出来，成为与哲学、社会学、经济学等并列的社会科学学科。

1993 年，85 岁

8 月，首次“大统计”学科讨论会在中国人民大学召开。此次会议打破了社会经济统计、数理统计和生物卫生统计界学者之间的藩篱，会后逐渐形成了一门“大统计”的基本共识，即以数理统计方法作为基础，广泛应用到社会、经济、管理、教育、自然科学、工程和医疗卫生等各个领域的方法和交叉性学科。

1994 年，86 岁

1 月，先生的最后一本著作《应用经济统计学——控制偶然性，探索必然性数量特征》由中国人民大学出版社出版。在 1986 年的《社会经济统计研究五十五年》一文中，他就表露了撰写此书的计划：“在培养研究生工作结束之后，我将以马克思主义哲学作为指导思想，撰写一本教科书《经济统计学》（也即经济研究用数理统计方法），作为我从事社会经济统计科学研究六十年的一个总结。”全书分为四篇，共计十六章，先生运用马克思主义的唯物辩证法解释了统计理论及其应用的原理，为统计学哲学问题的研究做出了贡献。篇章结构如下：

第一篇　总论

　第一章　导论

　第二章　统计资料的搜集整理和表列、图示

第二篇　描述统计方法

　第三章　次数分配

　第四章　比例法和平均法

　第五章　离差和偏态、峰态的计量方法

　第六章　指数法

第七章　经济动态数列
第八章　回归、相关分析
第三篇　统计推论
第九章　统计推论概要
第十章　概率概念的概述
第十一章　概率分布
第十二章　统计推论方法具体应用
第十三章　参数假设检验
第十四章　方差分析
第四篇　全部统计方法的实际应用
第十五章　农业田间试验概要
第十六章　工业产品质量控制概要
附录

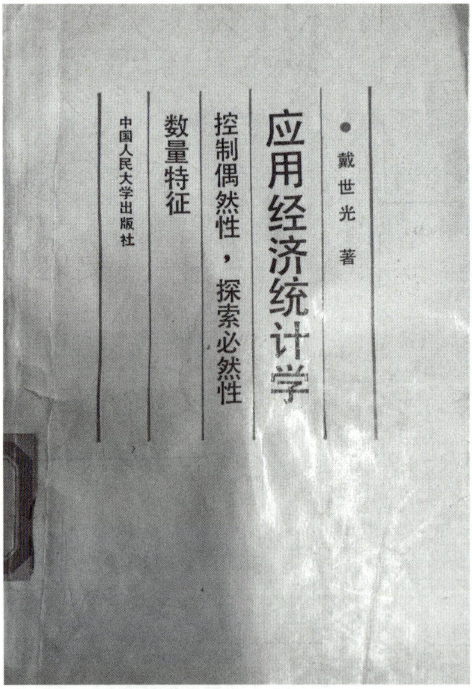

戴世光著《应用经济统计学——控制偶然性，探索必然性数量特征》，由中国人民大学出版社出版

先生说，编著这本书的目的是为经济研究工作者提供一本经济统计研究的工具书。这里提到的经济统计研究工作乃是：在大量观察下调查研究，探索经济活动数量特征和数量变化、数量关系的统计方法（如平均法、指数法、动态分析法、相关回归分析法等），特别是在农业、工业等物质生产活动中，探索必然性的平均数数量特征（如农业田间试验的平均生产量，工业产品生产过程中以平均数为准的产品质量控制）的统计方法。然而，进一步从另外一个角度看，经济统计学的全部内容一般又可分为描述统计学（如平均法）和推论统计学（如就样本平均数数值，运用概率论理论推论全域的总体均值）。统计科学的基本问题是统计这门方法性科学与客观规律性之间的关系问题，统计学既然是科学研究工作中探索必然性数量特征等的工具，那么为什么却以研究偶然性的概率论作为探索必然性的统计方法的理论基础？先生在“导论”中指出：只有运用辩证唯物主义理论，才能够科学地解决统计科学应用的这一基本问题：

> 理论统计学即以概率论为基础的数理统计学，是一门研究随机现象（或不肯定现象）数量规律性的科学。随机现象在哲学意义上说，就是由偶然性原因所形成的现象。客观上决定性现象，也即必然性现象与不肯定性现象也即偶然性现象之间，不是绝对分割开来的两种事物，而是对立统一的关系。根据辩证唯物主义哲学理论，必然性与偶然性的关系是对立统一的辩证关系。所谓必然性，就是指客观事物发展过程中不可避免的、一定要出现的趋向，是由事物的本质原因产生的，是规律性的东西。它是事物发展过程中居于支配地位的趋势，决定着事物发展的前途和方向。所谓偶然性，则是指事物发展过程中可能出现、也可能不出现，可能这样、也可能不这样的现象，是由事物的非本质原因产生的。它对整个事物的发展只起加速或延缓的作用。必然性之所以成为必然，偶然性之所以成为偶然，并不是由人们随意给它们确定的，而是由于它们产生的原因不同，也就是由不同性质的矛盾所决定的。可是，必然性和偶然性又是对立统一的；偶然性是必然性的表现，必然性通过偶然性

为自己开辟道路。在自然、社会和人类思维中，必然性和偶然性不仅同时存在，而且它们是相互依存、相互转化的。必然性是从事物中抽象和概括出来的，是一般事物本质的东西。它和一般不能离开个别，本质不能离开现象来表现自己一样，也不能离开偶然性而自己表现出来。任何事物都必须采取一定形式，必然性也是如此，偶然性就是他［它］的形式。必然性只有通过偶然性才能表现出来，偶然性乃是相互依存的另一极。当然，偶然性也不能脱离必然性而独立存在，而是在偶然性中隐藏着必然性。必然性要通过偶然性表现出来，并为自己开辟道路。不正确地认识和处理必然性和偶然性之间的辩证关系，就不可能正确地认识客观世界（包括生产、交换、分配、消费）。应当指出：经济统计方法，就是为了探索经济活动领域中客观存在的必然性数量特征（即平均数值）和具有描述性的数量关系（如回归、相关）和数量变化（如指数）。在科学研究中，应用统计方法分析客观大量现象的数量情况（即次数分配）时，就必须正确地认识和处理必然性与偶然性之间的辩证关系。这就是说：客观上，必然性与偶然性是结合在一起的。在统计分析集体大量现象的数字时，首先需要将大量数字资料，组织成为次数分配。进而，再应用平均法来消除偶然性，才能够探索到必然性的数量关系（即通过平均法所计算的平均数值）。

就作为科学研究方法的统计学的主要内容来说：首先，统计学是一门特殊的应用数学方法，用以分析、研究客观大量现象的数量差异（也称作变异）性。其次，为了分析研究大量数量差异，统计学从一开始就采用平均的方法，来描述分配（或分布）的平均数值。再次，关于大量差异的概率理论，乃是在分析样本数量特征（平均数）的基础上，运用概率分布，推论全域的数量特征，进而作出科学的估计和测验。总之，理论统计学（即概率论和数理统计）是以抽象概率也即偶然性的数量变化作为研究对象的数学理论的。而应用统计学的内容则主要为：（1）大量观察客观差异的统计方法。（2）平均法、标准差、回归、相关等分析数量特征以及数量关系和数量变化的统计方法。（3）由大数定律和若干概率分布等所组成的，就样本数字推论全域数字的统计方法。(1)和(2)的统计方法属于描述统计学，(3)统计方法则为推论统计学。描述统计学和推论统计学结合起来，组成了现代的统计科学——大量观察的前提下一切科学研究工作的必要工具。是以，统计科学乃是一门以概率论为基础，分析客观大量现象数量差异（或变异）、研究必然性的数量特征等等的方法性科学。

1995年该书获得国家教委人文社会科学研究优秀成果一等奖，推荐意见认为，该书的理论创新有三点：

第一，以唯物辩证法贯穿全书，特别是用必然性与偶然性对立统一的关系指导统计方法，给出明确的统计思想，为统计工作者提供了一把解开复杂客观现象内部规律性的钥匙。这本书在国内第一次明确指出，经济统计方法，就是为了探索经济活动领域中客观存在的必然性数量特征（如均值）与具有描述性的数量关系（如相关、回归）和数量变化（如指数）。

第二，体系上的创新之处在于改变统计方法排列的旧形式，从方法到应用，从描述统计到推理统计再到工农业的实际应用，给人耳目一新的感觉。编著者根据多年教学科研的经验，探索出统计研究工作的步骤，并用框图的形式给出了统计方法之间的内在联系。

第三，深入浅出地介绍了农业试验和工业产品质量管理的统计方法和应用，为广大统计工作者提供了理论联系实际的范例。

推荐意见认为该书的实践意义在于：该书取名“应用经济统计学”，突出统计方法在经济和管理中的应用，为广大实际工作者进行科学研究提供了切实可行的工具。为使读者能够学以致用，该书在各篇中都选用了实际数据，其中一些还是作者自己调查研究所搜集的数据，如第40页起使用的数据就是作者以77岁高龄带领博士生到房山农村深入调查的结果。特别是第四篇将统计思想和统计方法具体应用于工农业生产实践，给出了统计方法控制偶然性、探索必然性的实例，使统计工作者既掌握了统计思想和方法，又能够应用于实际工作，具有重要的实践意义。

1月，根据中国人民大学《关于博士生指导教师离退休年龄的规定》，先生办理了离休手续，自2月起离休，经国家教委人事司同意，享受司局级政治、生活待遇。

戴世光在中国人民大学林园寓所

本年，北京市高等教育局下发通知，要求各高校组织好力量撰写《北京高等教育志》人物篇释文，中国人民大学为先生撰写了人物小传，评价其“长期从事经济统计学的教学研究工作，为我国的国情普查工作奠定了基础，对中国统计学科的发展、对加强我国的人口问题研究及计划生育工作做出了重要贡献”。

1995年，87岁

10月21日，先生出席北京大学召开的“庆祝陈岱孙95华诞暨从事教育工作70周年大会”。朱镕基总理在贺辞中称颂陈岱孙“一代宗师，堪称桃李满天下”，陈岱孙在会上表示“在过去这几十年来，我只做一件事，就是一直在学校教书”，先生则在发言中称“我是岱老最老的学生”并为此自豪。

先生自清华大学起受教于陈岱孙，对其恭肃虔敬，二人亦师亦友。先生长子戴允琨谈起此事，曾说：

> 父亲知恩图报，一生受惠于两位大师级老师：梅贻琦和陈岱孙。他经常带我妈妈去北大看望陈老，春节时一定去拜年。梅校长的夫人韩咏华女士晚年定居北京三里河，父亲也常去看望。①

戴世光与陈岱孙

1996年，88岁

10月，袁卫作为富布赖特学者赴美国宾夕法尼亚大学进修一年回国后向先生汇报学习进修的收获和体会，先生鼓励袁卫继续以马克思主义唯物辩证法作为指引，学习借鉴国外统计科学和统计教育的先进做法，继续深化中国人民大学统计教育的改革，把我们的学生培养成为既有扎实的数理统计基础，又精通社会经济理论和实践的人才，激励他们扎扎实实地用好统计，为国民经济和社会发展做贡献。对于中国人民大学率先提出“大统计”，促进数理统计和社会经济统计、生物卫生统计的交流融合，即将于10月在桂林

① 根据2020年10月31日袁卫、李惠在中国人民大学明德楼对戴允琨的访谈记录整理。

举行的首次中国统计学会、中国概率统计学会和中国现场统计学会联合年会，先生表示满意并希望早日实现中国数理统计与社会经济、生物卫生等应用统计互相促进、共同繁荣。

1997年，89岁

7月，华东师范大学统计系原主任、《应用概率统计》主编茆诗松来北京专程拜访先生，代表数理统计学界看望先生，感谢先生在改革开放之初为统计学界拨乱反正，对中国的统计学科和统计人才培养做出了巨大的贡献。先生年事已高，精力也大不如前，但先生还是十分关注统计学科和统计教育。

1998年，90岁

本年，教育部颁布《全国普通高等学校本科生专业目录》，将“经济学门类”中的“统计学”专业和“理学门类”中的“概率论与数理统计”专业合并，独立成为“统计学类”（相当于研究生专业目录的一级学科），列在理学门类，注明“可授理学或经济学学位”，成为“一门统计学”。

中国人民大学党委书记马绍孟代表学校为戴世光贺寿

1999 年，91 岁

8 月 1 日，16 时 10 分，先生在北京海淀医院病逝，享年 91 岁。

8 月 8 日，亲友、学生在八宝山送别先生，中国人民大学治丧小组发布讣告，赞颂其“把自己的一生献给了统计事业，他为中国统计科学和统计教育的发展做出了巨大的贡献，他的学术成果和思想已成为中国统计事业的宝贵财富”。

先生去世后，统计学界的同人、弟子继续以各种方式纪念他为统计学事业奋斗的一生，继续坚持其倡导的“一门统计学”学术思想。1999 年 11 月 15 日，戴世光人口理论学术座谈会在中国人民大学举行，中国人民大学教授王传伦、邬沧萍、查瑞传、林富德和北京大学教授袁方，以先生生前好友、同事或学生的身份，对其 1948 年在《新路》周刊发表的论文《论我国今后的人口政策》再做评述，以此追思先生的远见卓识和科学精神。与会者高度评价了先生坚持真理的高尚学术品德，以及他对新中国统计学学科的发展、对新中国统计教育面向世界所做出的独特贡献。座谈会由袁卫主持。

戴世光人口理论学术座谈会，左起：袁方、林富德、王传伦、查瑞传、邬沧萍

2000年，先生的三位弟子袁卫、任若恩、高余先合作出版了《师道永存——纪念著名统计学家戴世光教授》，书中收录了先生90岁诞辰纪念文章11篇以及先生的代表性论文5篇，以附录的形式收入1999年11月15日戴世光人口理论学术座谈会上王传伦等五位教授的发言。

2008年6月22日，在先生诞辰100周年前夕，中国人民大学统计学院举办了“戴世光教授100周年诞辰暨学术思想讨论会”，境内外众多专家学者深情回顾了先生的学术贡献、学术风范、学术品德和高尚情操。与会人员一致认为先生是我国20世纪最杰出的统计学家之一，他对改革开放后中国统计教育事业发展的贡献将永载史册。同年12月1日，中国人民大学举办了“纪念戴世光教授诞辰100周年暨《戴世光文集》出版座谈会”。国家统计局副局长谢鸿光，九三学社中央副主席贺铿，中国人民大学党委书记程天权、常务副校长袁卫，来自中国人民大学、北京大学、清华大学、云南大学、华东师范大学、北京航天航空大学、台湾辅仁大学、香港理工大学等高校的专家学者，先生的家人，生前同事好友出席座谈会，共同缅怀先生的人格风范、学术造诣。程天权在发言中说，今天的活动既是为了纪念戴先生为我国统计学、人口学和经济学发展做出的贡献，也是为了更好地弘扬统计科学精神，更好地发展我国统计教育、统计研究和统计创新，戴先生的贡献将永远留在人大师生心中。谢泓光表示，戴世光教授学贯东西，坚持真理，品德高尚，为我国统计学教育的发展和统计理论、方法在政府中的应用做出了巨大的基础性贡献。我们纪念戴老，就是要通过对老一辈统计学者的缅怀，运用新的统计人的热情、学识，促进我国统计事业和统计教育的发展，为国家伟大复兴做贡献。

12月，经袁卫、任若恩、高余先编辑整理，《戴世光文集》由中国人民大学出版社出版。文集收录了先生从1940年到1992年半个多世纪从事教学科研工作过程中具有代表性的17篇文章，将其归纳为三大部分：第一部分是“人口调查与人口研究”，共7篇，包括从20世纪40年代初在呈贡的人口和农业普查到80年代我国第三次全国人口普查研究。第二部分是“统计学基本问题研究”，共6篇 ，其中1979年和1980年连续发表的2篇关于统计学基本理论问题的文章，曾在统计学界引起巨大反响和激烈争论，事实证明这 2 篇文章经受住了历史的检验，不啻为统计学界拨乱反正的振聋发聩之作，对统计高等教育尽早摆脱托苏联极左思潮的影响，追赶并达到国际先进水平起到了解放思想、指明方向的作用。第三部分是“经济统计研究”，共 4 篇，其中《国民收入统计方法论》为我国国民经济核算与国际接轨，为我国社会主义市场经济实践奠定理论基础做出了积极贡献。编者通过编辑文集表达了对恩师的无限敬仰和怀念——先生“是统计学界的一座高山，先生之风，山高水长”。

2008 年 12 月 1 日戴世光百年诞辰纪念会。
上图：袁卫主持纪念戴世光先生诞辰 100 周年暨《戴世光文集》出版座谈会；
下图：与会人员，左起：李纲、茆诗松、贺铿、谢鸿光、陈家鼎、王学仁、谢邦昌、高余先、汪叔夜、蔡志洲、张玉妹、戴允林、戴允珵、倪加勋、林富德、程天权、王传伦、邬沧萍、贺耀敏、王晓军

2011年，清华大学百年校庆前夕出版了《清华大学志》，先生作为在清华建立和发展过程中影响较大的人物之一被编入其中，人物简介总结了先生在统计实践和研究中的突出贡献：一、早年在云南省的人口普查和农业普查工作及研究成果，为奠定中国现代人口统计理论基础做出了贡献；二、20世纪40年代在《新路》上发表《论我国今后的人口政策》一文，提出社会革命、工业革命及人口革命的呼吁，主张控制中国人口增长，明确提出应将节制生育作为基本国策；三、1980年发表的论文《国民收入统计方法论》对中国国民经济核算科学具有重要贡献；四、在统计学术思想上，认为现代统计科学，即数理统计学，是以概率论数学理论为基础的一门应用数学。

戴世光生前多次参加清华大学校庆活动，上图是1991年清华大学校庆时1931届部分校友毕业60年合影。
前排左起为田德望、徐士瑚、施嘉炀、戴世光、陈善铭、庄圻泰，后排左一张维，左三校长张孝文，右一党委书记方惠坚

2011年也是老清华社会科学的四个学科经济学、政治学、社会学和心理学建系85周年，为此，钱颖一、李强主编了《老清华的社会科学》，将

老清华社会科学四个学科发展的特点——也是其独特贡献——总结为四点：一、科学的研究方法；二、国际视野和国际学术标准；三、注重对当时中国问题的研究；四、独立之精神。该书回顾了老清华社会科学学科发展的历程和成就，称许先生和费孝通、陈岱孙、吴国桢、浦薛凤、胡敦元、金岳霖、汪心渠、钱端升、王化成、伍启元、徐毓枏、刘大中、王亚南等一批老清华学者潜心治学、勇于创新，是现代中国社会科学研究乃至政治、经济、社会建设的一代英才。

2011 年 2 月，国务院学位委员会第二十八次会议通过了《学位授予和人才培养学科目录（2011）》，统计学上升为一级学科，设在理学门类中，既可以授理学学位，也可以授经济学学位。至此，在国家技术监督局颁布的中华人民共和国国家标准《学科分类与代码》、教育部本科专业目录和研究生专业目录三个主要学科分类中，都完全将统计学从数学和经济学中独立出来，统计学成了名副其实的一级学科。不久，袁卫在《统计研究》2011 年第 11 期发表《机遇与挑战——写在统计学成为一级学科之际》，在《中国人民大学学报》2012 年第 1 期发表《从“人口革命”到重构统计教育体系》，缅怀并告慰为之付出毕生心血、做出开创性贡献的戴世光先生。

附录一

统计科学研究 60 年

戴世光

我于 1908 年 12 月 1 日出生于天津市一个湖北省武昌籍贯的知识分子家庭。1922—1927 年，在南开中学读书。1927 年夏考入清华大学经济系，1931 年毕业，并升入清华大学研究院，在研究院专门学习、研究数理统计学和经济统计学。自 1931 年起在清华研究统计科学，1935—1938 年，先在美国学习研究两年，后来又到英国学习研究，并到印度考察人口统计整理方法。1938—1946 年，在云南省昆明市西南联合大学经济系讲授初、高级统计学，并在清华大学国情普查研究所主持人口普查，农业普查，人口出生、死亡登记的调查、统计整理工作。1946 年起在北平清华大学经济系讲授初、高级统计学及经济学概论。到了 1953 年，到中国人民大学统计系担任教学、研究工作。其后就专门培养硕士研究生，进而培养博士研究生。其间，撰写了许多统计论文，并且编写了一些有关统计科学的专门著作。延至今日，我从事统计科学的教学、研究工作，已经 60 年了。

1931年，我毕业于清华大学经济系，获得经济学学士。随之，我按“大学四年，学习成绩平均分数在80分以上，得以升入经济研究院”的规定，进入清华大学研究院研究“社会、经济统计方法应用问题”。1934年，我考取清华留美公费生“国情普查统计”门（即“人口、农业、工业、商业等普查资料的统计整理方法、技术研究”）。我在国内除学习、研究应用数学、微积分等课程之外，还走访国内统计专家，请教对国情普查统计整理方法学习、研究的意见。完成对这些国外留学和国情普查工作实习、研究的准备工作之后，于1935年夏去美国密歇根大学数学系研究院学习研究了一年，获数理统计学硕士学位。1936年，我进入哥伦比亚大学经济系研究院，学习、研究经济统计学，1937年夏，我为经济统计学硕士学位提交了《美国人口预测》（英文）的科学论文，就离开大学到美国国情普查局实习、研究国情普查，主要是人口普查统计资料整理的方法、技术。随后，我渡海到英国伦敦，一方面在伦敦大学旁听数理统计学，一方面到人口生命统计局调查、研究人口统计工作的整理方法。随后，我又到德国和法国的统计局了解人口统计方法。不久，就离开欧洲到印度人口普查局学习人口统计工作的整理方法：条纸法。

到了1938年，我回到苦难深重的祖国，在云南昆明西南联合大学清华国情普查研究所担任人口统计研究工作，并在联大经济学系担任统计学的教学工作。自1943年起，我就专门担任西南联大经济学系的初、高级统计学的教学研究工作。抗日战争胜利后，我随清华大学由昆明北迁，返回北平市的清华大学。当时，我在清华大学经济系讲授初级统计学、高级统计学和经济学概论。

1948年冬，清华园解放，之后迎来了中国共产党领导的新中国。我学习历史唯物主义，参加了一年多的土地改革工作。1952年由清华大学转到中央财经学院，我学习了毛泽东思想，并且开始“一边倒向苏联”的统计学术思想。1953年转到中国人民大学统计系，学习了辩证唯物主义和作为研究资本主义生产关系的政治经济学。随后又用了几年的时间结合教学，学习、研究了“作为一门社会科学的具有阶级性的苏联统计理论”，从而在人民大学开始了一项新型的统计教学、研究工作，担任苏联“统计理论”（实为政府统计工作中社会、经济指标的计算方法）的教学工作。只是在1974—1978年，我在北京经济学院担任了四年人口学的研究工作。此后，我又回到中国人民大学统计系担任统计学的教学、研究工作。1982—1985年，我专职培养三名硕士研究生。1985—1988年，我又专职培养三名博士研究生（1988年起我又培养两名博士研究生，但于1989年初，两生因故离校）。

以上种种，就是我60年来从事统计科学教学、研究工作的主要经历。

为了说明我60年来从事统计科学研究和小结教学与科学研究相互促进的经验，首先扼要阐明统计科学研究中的几个基本概念。“统计”一词，包含两个完全不同的概念：一为社会、自然现象的统计数字资料（如全国的人口数字或某年度的国民生产总值数字）；另一为作为应用数学分支的统计科学。就统计数字而言，一个国家为了政治、经济管理的需要，组织政府统计工作，搜集、编制全国和各地区（省、市、县）社会、经济生产的统计数字资料。另一方面，社会和自然科学工作者，为了科学研究的需要，另行组织统计工作，或科学实验工作，调查（或观察）客观现象的情况和过程，搜集社会和自然的统计数字资料，不论对政府统计工作搜集的社会、经济、生产统计数字，还是对科学工作者调查（或观察）的社会、自然统计数字，都需要运用统计学（也即数理统计方法）作为科学研究的工具，来分析、研究客观大量现象中的数量特征、数量关系和数量变化。因此，统计数字资料与统计科学是两回事。然而，二者又具有密切的关系：没有反映客观大量现象的统计数字，作为科学研究工具的统计学也就无从发挥它探索客观大量现象中必然性、偶然性数量规律性的作用。我在1981年2月写了《马克思主义哲学是应用统计科学的理论基础》，就是探讨上列论点的一本科学论著，也是我统计科学研究几十年，统计学术思想提高到一个新阶段的小结。当然，我从事统计科学研究工作几十年，并非一条直线发展的过程，而是曲折、摇摆的过程。如果说我对统计科学的认识有所深化和提高的话，也是真的从实际出发，做到理论联系实际，坚持实事求是地思维和实践，才达到写出这篇科学论文的境界。下面扼要地小结我60年来与统计科学研究有关系的四个科学基本问题：

（一）统计工作，特别是社会、经济统计工作提供的统计数字（数据），是科学统计方法（指数理统计方法）应用于分析、研究社会、经济大量现象的科学根据。

1938年夏，我首先在清华大学国情普查研究所科学研究的任务就是在云南省呈贡县设计并组织人口普查和统计，设计并组织农业普查和统计，以及设计和组织人口出生和死亡的登记、调查和统计。其后由我和其他教授、教师、练习生、统计员等一起在1939年举行呈贡县7万人口的人口普查统计，1940年举行呈贡县农业普查和统计。1942年举行环绕昆明湖的昆明市、昆明县、晋宁县、昆阳县50万人口的人口普查和统计。根据以上统计工作的实践，我不仅编写了《呈贡县人口普查》(统计报告)、《呈贡县农业普查》(统计报告)，并为陈达教授主编的《云南省户籍示范》编写了昆明市、县等50万人口的"统计报告"。而且我还进行了呈贡县人口普查选样试验，写了论文《人口普查选样研究》，分析了呈贡人口死亡率，编制了《呈贡县人口生命表》。

（二）"实事求是"是端正我在研究中国人口问题学术思想上徘徊、摇摆态度的指导思想。

1938—1943年，我在国情普查研究所担任人口、农业统计研究的过程中，在涉及中国人口与经济发展的关系问题时，理论上受了马尔萨斯人口论的影响。在中国人口高出生、高死亡，四五亿人口和人均耕地只有三亩，占全国人口80%～90%的是农村贫困人口的基础上，我认为："中国人口是太多了，不如少生，放慢人口的增长，来提高消费，增加积累"。为此，我先发表了一些关于中国人口问题的文章，随后在1948年写了一篇《论我国今后的人口政策》的科学论文，提出了"社会革命"(实为社会改良)、"工业革命"及"人口革命"的呼吁。

新中国建立后，在学习中批判了崇美思想，批判了马尔萨斯人口论，"人手论"压倒了"人口论"。我宁"左"勿右，在思想上也拥护"人手论"，批判了自己的马尔萨斯人口论，并对中国人口问题的学术观点开始动摇。从而有20年之久，我否定了马尔萨斯主义，也不再想中国的人口问题。1974—1978年，我担任人口研究工作，又捡起了30多年前的人口统计研究，除了合编《资本主义国家经济统计指标基本知识》《世界人口统计简编》外，我还写了《世界各国人口政策》《战后美国人口问题》《战后法国人口问题》等专论。1976年打倒了“四人帮”，我在政治上得到了解放；1978年重新学习毛泽东“实事求是”的思想，在思想上得到了解放。同时，我还学习了马克思、恩格斯关于人口问题的论述，搜集分析大量的有关中国人口问题的资料，终于写出了《半封建半殖民地中国人口问题的分析》专论。

（三）“实事求是”的科学态度导致我在统计学术思想上摆脱了苏联《统计理论》（该书认为，“统计理论”是以历史唯物主义、政治经济学为理论基础的一门有阶级性的社会科学；实际上，它不过是政府统计工作的若干经验，而“理论”则牵强附会地引用了马列主义的哲学和政治经济学中一些词句作为标签）。

1978年，我写了《积极发展科学的统计学，为我国尽早实现四个现代化服务》（肯定数理统计学的科学性，批判“苏联《统计理论》”违背了马克思主义实事求是的科学态度）。

（四）马克思主义哲学指导我对国际上的统计科学（也即数理统计）进一步做出唯物的、辩证的科学解释。

现代统计学是以概率为基础的数理统计学，而概率的数学理论则是以抽象的随机变量分布的规律性作为研究的特殊对象。1978年我挑起科学论战之后，国内统计界有人写了《关于社会经济现象的随机性问题》的论文。这就又提出了数理统计学对于社会现象是否适用的问题。而且，国际上的数理统计学属于一门应用数学，统计学家们相信实证论，只管数学理论的科学性，而不考虑概率数学理论与客观社会、自然现象普遍规律和各科学领域具体规律之间的关系。因此，我在广泛的科学研究的基础上，在世界统计科学日益发展的情况下，进一步写了《马克思主义哲学是统计学应用的理论基础》的专题科学著作。

以上四者就是我从事科学研究60年来对于统计科学研究，以及中国人口问题研究的经验小结。有生以来，我与统计科学相依为命者60年。现在，我虽年逾80，但体力尚健，我还希望为祖国实现四个现代化，继续从事指导青年、继续从事统计科学研究工作。

附录二
戴世光学术成果目录

一、 文章类

1.《美国人口增长的预测》(英文), 哥伦比亚大学毕业论文，1937年夏
2.《国情普查与云南的人口调查》,《今日评论》第1卷第6期，1939年2月
3.《我国政府统计事业的商榷》,《今日评论》第2卷第2期，1939年7月
4.《抗战中的生活费用与生活程度》,《今日评论》第5卷第10期，1941年3月
5.《国府新颁户口普查条例的商榷》,《今日评论》第5卷第13期，1941年4月
6.《选样人口普查问题的研究》, 清华《社会科学》第3卷第1期，1941年4月
7.《抗战中的粮食问题》,《当代评论》第1卷第4期，1941年7月
8.《呈贡县农业普查的实验》,《当代评论》第1卷第9期，1941年9月

9. 《论田赋征收实物》,《当代评论》第 1 卷第 14 期，1941 年 10 月
10.《印度一九四一年的人口普查》,《当代评论》第 1 卷第 22 期，1941 年 11 月
11.《我们对于当前物价问题的意见》（联名），重庆《大公报》，1942 年 5 月 17 日、18 日
12.《论云南省户籍示范工作》,《当代评论》第 2 卷第 5 期，1942 年 7 月
13.《论我国人口政策》,《当代评论》第 3 卷第 6 期，1942 年 12 月
14.《云南省呈贡县人口统计的分析》,《人文科学学报》第 1 卷第 2 期，1942 年 12 月
15.《论我国统计制度》,《当代评论》第 3 卷第 17 期，1943 年 4 月
16.《粮食购买办法的商榷》,《今日评论》，1943 年
17.《对战后工业区位的意见》,《当代评论》第 3 卷第 15 期，1943 年
18.《论我国政府统计事业》,《当代评论》第 4 卷第 5 期，1944 年 1 月
19.《我们对于物价问题的再度呼吁》（联名），重庆《大公报》，1944 年 5 月 16 日
20.《统计工作的改革》,《今日评论》，1944 年
21.《现阶段的物价及经济问题》（联名），重庆《大公报》，1945 年 5 月 20 日
22.《论我国人口政策与经济发展的前途》,《建国评论》第 1 卷第 5 期，1946 年 4 月
23.《从生活程度说到穷人翻身》，昆明《广播周报》第 5 期，1946 年 9 月
24.《物价问题的现阶段》,《经济论评》第 1 期，1946 年 10 月
25.《中国经济往何处去》,《观察》周刊第 1 卷第 10 期，1946 年 11 月
26.《中国人口》（英文），收入费正清主编的《中国丛书》，1946 年
27.《人口问题》,《北平时报》，1946 年
28.《统计学与社会科学研究方法》，清华《社会科学》第 4 卷第 1 期，1947 年 10 月
29.《论举办全国经济调查》，台湾《和平日报》，1947 年 11 月 8 日
30.《论我国经济改革的基本原则》,《周论》创刊号，1948 年 1 月
31.《救济特捐不能代替财产税》,《周论》第 1 卷第 4 期，1948 年 2 月
32.《由人口数量看我国经济问题》,《周论》第 1 卷第 9 期，1948 年 3 月

33.《我们对于政府举办全国户口普查的意见》(联名),台湾《和平日报》,1948年3月16日
34.《当前财政措施的错误》,《周论》第1卷第13期,1948年4月
35.《论出售国营事业》,《中央日报》,1948年4月28日
36.《指数计薪与生活费指数的正确性》,《周论》第1卷第19期,1948年5月
37.《对于联合国亚洲经济委员会的期望》,收入《独立时报集》第1集,1948年5月
38.《还我言论自由》(联名),《新路》第1卷第4期,1948年6月
39.《论我国今后的人口政策》,《新路》第1卷第5期,1948年6月
40.《忠告美国政府》(联名),《新路》第1卷第8期,1948年7月
41.《"按当月指数发薪"不能使待遇改善》,《周论》第2卷第2期,1948年7月
42.《物价上涨何时了》,《新路》第1卷第14期,1948年8月
43.《就"美援运用与中国工业"问题答编辑提问》,《工业周刊》第5卷第9期,1948年9月
44.《论币制改革》,《周论》第2卷第8期,1948年9月
45.《一个解决大学毕业生失业问题的具体建议》(联名),《新路》第1卷第20期,1948年9月
46.《制裁独占的立法》(联名),《新路》第1卷第22期,1948年10月
47.《币值与币信》,《新路》第2卷第3期,1948年11月
48.《就"配给制度与工业前途"问题答编辑提问》,《工业周刊》第5卷第12期,1948年12月
49.《论统计选样方法》,清华大学《社会科学》第6卷第1期,1950年4月
50.《资产阶级生命统计的反动本质》,《教学与研究》,1956年第11期
51.《人口统计》,《统计工作通讯》(半月刊),1956年
52.《印度的全国抽样调查——社会经济调查》,《统计工作》第9期,1957年5月
53.《我国1953年的人口普查》,《教学与研究》1957年第4期

54.《吴景超在国家统计局整风运动中所提的书面意见是反党反社会主义的右派言论》,《统计工作通讯》，1957年第14期
55.《统计工作如何为评比服务》，收入《统计理论几个基本问题的研究》，中国人民大学出版社，1958年7月
56.《论统计科学的性质》，北京市经济学会首届学术年会论文，1963年5月
57.《评美国人口政策》,《人口研究》1978年第1期，1978年3月
58.《积极发展科学的统计学，为我国早日实现四个现代化服务》,《经济学动态》1978年10月首发,《统计》第1期转发,《经济研究》1979年2月再次刊登
59.《战后美国社会经济结构的变化》，收入《世界经济研究报告》，1979年
60.《实践是检验统计科学的唯一标准》,《统计研究》专辑第1辑，中国财经出版社，1980年
61.《从无锡试点看我国人口普查的几个问题》，收入第三次全国人口普查办公室《人口普查参考资料》，1980年
62.《国民收入统计方法论》，收入《经济计划，生产布局和统计论文集》，1980年
63.《统计的历史发展与我国历史统计工作现代化》，收入中国统计学会材料，1980年
64.《统计科学现代化与我国政府统计工作现代化》，收入中国统计学会材料，1980年
65.《人口调查统计方法》，收入第三次全国人口普查办公室《人口普查参考资料》，1981年
66.《关于人口普查的几个问题》,《人口与经济》1981年第3期
67.《马克思主义哲学是应用统计学的理论基础》，中国统计科学会议和国际统计学会科学会议论文，1981年
68.《从我国社会情况看高等教育的数量和质量》,《教育研究》1982年第3期
69.《实事求是是研究统计科学理论问题的指导思想——评苏联〈统计理论〉及其“社会经济统计学”》,《经济理论与经济管理》1982年第4期首发，《统计研究》1984年第1期转载

70.《国民收入经济核算理论的发展——综合性生产还是限制性生产》，收入《经济思想史论文集》，巫宝三、陈振汉主编，北京大学出版社，1982 年
71.《1982 年我国成都等四个城市居民家庭规模的统计分析》，收入北京大学社会学系《社会研究论文集》，1984 年
72.《统计科学现代化和统计工作现代化》，《无锡统计通讯》，1985 年
73.《怀念抗战中的西南联大》，写于 1985 年，收入《笳吹弦诵情弥切——国立西南联合大学五十周年纪念文集》，中国文史出版社，1988 年 10 月
74.《吴老！我在继续向您学习》，写于 1987 年，收入《吴泽霖执教 60 周年暨 90 寿辰纪念文集》，湖北科学技术出版社，1988 年
75.《东西方国民经济统计指标体系问题》，《统计与预测》1987 年第 4 期
76.《统计、统计学、经济学三者之间的科学关系》，提交第五次全国统计科学讨论会，1988 年 6 月，西安
77.《高教改革须适应经济发展需要》，《群言》，1988 年 8 月
78.《社会经济调查研究的方法论》，收入《我国生育率下降趋势和问题》论文集，袁方主编，中国国际广播出版社，1990 年
79.《"矛盾论"是研究经济规律的理论基础》，《中国人民大学学报》1991 年第 2 期
80.《运用唯物辩证法从事统计学、经济学科学研究的经验》，收入《学者谈艺录》，中国人民大学出版社，1992 年
81.《关于统计学的几个根本问题》，收入《统计理论方法应用研究》，中国人民大学统计系编，中国统计出版社，1992 年

著作、报告类

1.《呈贡县人口普查初步报告》（国情普查研究所集体成果），1940 年 8 月完成，1941 年 8 月出版
2.《云南户籍示范工作报告》（统计部分），1943 年 7 月完成，1944 年 2 月出版
3.《呈贡农业普查报告》（国情普查研究所集体成果），1944 年 12 月

4.《云南省呈贡县昆阳县户籍及人事登记初步报告》(国情普查研究所集体成果)，1946 年出版
5.《经济统计学讲话》(集体编写)，统计出版社，1957 年
6.《统计学讲义》(合著)，中国人民大学出版社，1959 年
7.《世界人口统计简编——1974 年世界人口基本情况，二十年来世界人口和经济发展》(合编)，商务印书馆，1976 年
8.《资本主义国家经济统计指标基本知识》(合著)，人民出版社，1977 年 11 月
9.《人口理论》(上册，合著) 商务印书馆，1977 年 12 月
10.《外国经济统计指标方法的评介》，中国人民大学出版社，1979 年 7 月
11.《马克思主义哲学是统计科学应用的理论基础》，中国人民大学出版社，1984 年 4 月
12.《世界经济统计概论》，主编，人民出版社，1987 年
13.《1942—1982 年昆明环湖县区人口的变动与发展——一个城乡社区的人口学研究》(合著)，云南大学出版社，1989 年 11 月
14.《应用经济统计学——控制偶然性，探索必然性数量特征》，中国人民大学出版社，1994 年 1 月
15.《戴世光文集》，中国人民大学出版社，2008 年 12 月

译著类

1.《人口通论》，合译，(法) 索维著，商务印书馆，1978 年 2 月
2.《经济和统计名词词典》，合译，中国人民大学出版社，1980 年 1 月
3.《工商业和经济学中应用的统计方法》，合译，(美) 梅森著，中国人民大学出版社，1984 年 5 月

后记

Afterword

此前已经有两本书收录先师戴世光先生的学术成就，一本是2000年出版的《师道永存——纪念著名统计学家戴世光教授》，另一本是2008年的《戴世光文集》。为什么我们还要耗时两年，编撰这本《戴世光学术年谱》呢？这是因为我们一贯相信，对于学者的学术成就和贡献的研究固然大有意义，但探究其学术生涯之轨迹、学术思想之确立，学术品格之涵养、学人风范之魅力，以知“物有本末，事有终始”，同样意义深远，而且能够不失客观地对此进行全面、连续、系统的呈现，年谱无疑是最适宜的形式。先生道德文章高山景行，出于私心仰慕和职业敏感，李惠对校内有关先生生平事迹、学术活动的记载熟络于心、素有己见，袁卫自20世纪80年代初起即追随先生，长期留意搜集有关先生的学术资料，亦颇有积累。在初步研究了中国人民大学档案馆、清华大学档案馆部分珍贵馆藏后，我们意识到这项工作基本具备了条件。恰逢由袁卫领衔的教育部人文社会科学重点研究基地重大项目“中国统计学科史研究”课题也在同期进行，相当意义上为年谱的编撰提供了广阔的学科背景。此外，就戴先生在中国统计教育和统计学科史上的重要地位和影响而言，年谱的编撰出版既是中国统计学史的一个缩影，也是统计学科史研究领域的一项重要成果。

本书共五卷，按照时间顺序将戴世光先生的一生划分为五个阶段：（1）1908年至1935年，先生在天津出生至考取清华留美公费生出国；（2）1935年至1938年，先生在美国、英国、印度等国学习、考察国情普查；（3）1938年至1948年年底北平解放，先生在西南联合大学、清华大学任教；（4）1949年至1977年，除1952年院系调整之前外，先生主要是在中国人民大学任教；（5）1978年至1999年先生逝世，先生都在中国人民大学。本书坚持全面、客观的指导思想，力求在现有条件下，尽己所能，整理、辑录先生的学术活动和成果，为学界进一步研究先生的学术思想和中国统计学科史提供完备可靠的支撑。对于囿于时代局限的个别“潮流之作”，我们一并收入，毕竟“君子之过，如日月之食焉：过也，人皆见之；更也，人皆仰之”，这也符合先生一贯秉承的实事求是作风。先生在《社会经济统计研究五十五年》中，毫不讳言这五十五年“并非一条直线发展的过程，而是曲折的、摇摆的过程”。我们认为，在中国统计教育和统计学科的发展历程中，正是一大批和先生一样的有识之士，博学笃志，切问近思，尽管茫然过、惶惑过，但却从未停止过理论探索，从未丧失自省的勇气，理论联系实际，才迎来了统计学繁荣发展的今天。

在与作者交流时，先生的子女曾不无遗憾地表示：“父亲从来不和我们讲那些陈年往事，我们实在不大了解自己的父亲”。两年来，我们也每每为重新认识先生而心有感慨。随着资料的挖掘梳理越来越丰富、细致，先生的人生轨迹得以还原，学术根基、精神旨趣和理论自信得以溯源，其为人处事的旷达睿智、追求和捍卫真理的胆识、知识分子的良知与操守、终生未变的家国情怀，更是给我们以灵魂的震动和感佩。陈寅恪晚年有诗云：“今生所剩真无几，后世相知或有缘。”在先生辞世20余年后，我们有幸再次走进、贴近先生的精神世界，内心确乎怀有一种深深的敬意，也感到莫大的满足。

本书的完成，得益于很多同道中人的鼎力支持。戴世光先生的子女允琨允林兄妹提供了很多先生早年的照片和家庭信息，特别是他们表现出的充分信任和诚恳态度，令人动容；中国人民大学校长刘伟教授不仅深情追述了20世纪80年代初，每周三次从北京大学骑车到人民大学听先生主持的“数理统计”课程，还亲自为本书撰写了序言；中国人民大学档案馆蒋利华副馆长、清华大学档案馆朱俊鹏副馆长在档案利用、研究方面给予了我们大力协助；袁卫大学同窗肖绍明主动送来了先生与她父亲肖嘉魁的通信，其中先生1978年4月8日用复写纸誊抄的《积极发展科学的统计学，为我国早日实现四个现代化服务》草稿和征求意见函堪称珍贵文物；云南省统计局李赪查阅文献档案，发来当年清华国情普查研究所在呈贡文庙培训的照片；不同时期在中国人民大学及统计系工作、学习过的邬沧萍、刘新、吴微、倪加勋、任若恩、高余先、蔡志洲、刘爱平、金勇进、董克用、张云、唐丽娜、郑逸飞等几代统计学人，分别以不同方式为本书提供了回忆、照片、文稿、信函、笔记、译文等宝贵资料，在此一并表示诚挚的感谢。最后，还要感谢中国人民大学科研处、中国人民大学出版社，正是它们的支持以及严谨、负责的工作态度保证了本书的出版进度和质量。

李惠、袁卫

2021年暮春于中国人民大学

图书在版编目（CIP）数据

戴世光学术年谱 / 李惠，袁卫编著. -- 北京：中国人民大学出版社，2021.12

ISBN 978-7-300-30058-0

Ⅰ. ①戴… Ⅱ. ①李… ②袁… Ⅲ. ①戴世光（1908-1999）—学术研究—年谱 Ⅳ. ①K825.1

中国版本图书馆CIP数据核字（2021）第254710号

戴世光学术年谱

李 惠 袁 卫 编著

Dai Shiguang Xueshu Nianpu

出版发行	中国人民大学出版社		
社 址	北京中关村大街31号	**邮政编码**	100080
电 话	010-62511242（总编室）		010-62511770（质管部）
	010-82501766（邮购部）		010-62514148（门市部）
	010-62515195（发行公司）		010-62515275（盗版举报）
网 址	http：//www.crup.com.cn		
经 销	新华书店		
印 刷	涿州市星河印刷有限公司		
规 格	170mm × 240mm 16开本	**版 次**	2021年12月第1版
印 张	20.25 插页4	**印 次**	2021年12月第1次印刷
字 数	283 000	**定 价**	98.00元

版权所有 侵权必究 印装差错 负责调换